MILIONERKA

EWA WINNICKA

MILIONERKA

Zagadka BARBARY PIASECKIEJ JOHNSON

Wydawnictwo Znak

Kraków 2017

Projekt okładki
Michał Pawłowski
www.kreskaikropka.pl

Fotografia na pierwszej stronie okładki
Keith Meyers / The New York Times / East News

Redakcja
Daniel Lis
Grażyna Lubińska

Adiustacja
Anna Szulczyńska

Korekta
Barbara Gąsiorowska
Katarzyna Onderka
Barbara Wójcik

Opracowanie typograficzne
Oksana Shmygol

Łamanie
Edycja

ISBN 978-83-240-4101-5

znak
Książki z dobrej strony: www.znak.com.pl
Więcej o naszych autorach i książkach: www.wydawnictwoznak.pl
Społeczny Instytut Wydawniczy Znak, 30-105 Kraków, ul. Kościuszki 37
Dział sprzedaży: tel. (12) 61 99 569, e-mail: czytelnicy@znak.com.pl
Wydanie I, Kraków 2017. Printed in EU

Mój dziadek Seward odziedziczył po swoim ojcu fortunę i wydawało się, że wiódł życie idealne. Żeglował, przedstawiano go najważniejszym ludziom na świecie. Gdyby tylko wiedział, w jaki koszmar pod koniec życia wpędzi na lata siebie i naszą rodzinę.

Jamie Johnson, wnuk Sewarda Johnsona

PROLOG

Wielka Pani. Trenton, NJ, grudzień 1991

Samochód zatrzymał się pod domem przed wigilią. Wysiadło ich dwóch. Zapytali, czy jestem Danusia, i powiedzieli, że są z posiadłości Jasna Polana, Princeton, której to właścicielka chce mi pomóc. W tym celu muszę jechać do posiadłości jeszcze przed Nowym Rokiem.

Obiecali mieszkanie, wyżywienie i opiekę lekarską nad dzieckiem na koszt pani, na czas nieokreślony. Powiedzieli, że to jest rozkaz. Ostrzegli, że jeśli się nie zgodzę, to pani może zadzwonić do opieki społecznej. Jak zobaczą, w jakich warunkach mieszka dziecko, to mi je zabiorą. Trochę się wtedy przestraszyłam.

Przyjechali znowu w sylwestra. Wysoki Amerykanin i dwóch Polaków. Amerykanin, podobno John, wyjaśnił, że decyzja pani jest nieodwołalna. Dwóch Polaków zabrało łóżeczko i ubrania. Wprowadzili mnie z Kamilką do wielkiej limuzyny. W drodze, muszę powiedzieć, płakałam ze spuszczoną głową, chociaż kierowca uspokajał, że będę zadowolona, a pani nie zrobi mi krzywdy. Wtulałam się w dziecko i zastanawiałam, jak do tego wszystkiego doszło.

Zanim przyleciałam do Ameryki, nauczałam rosyjskiego na wsi pod Rzeszowem. W wieku dwudziestu pięciu lat owdowiałam. Mąż mój zmarł nagle na raka wątroby, a dwa lata po jego śmierci kuzynka ze Stanów Zjednoczonych przysłała mi

Główna brama do rezydencji Jasna Polana

zaproszenie. W sąsiedztwie się wyjeżdżało. Postanowiłam, że też skorzystam, ponieważ każdy szczegół w domu przypominał mi o mężu.

W lipcu 1986 roku rozpoczęłam sprzątanie na domkach w Wellington, New Jersey, na której to posadzie wytrzymałam cztery dni ze względu na marną posturę. Następnie podjęłam pracę w Trenton, New Jersey, w hurtowni zabawek należącej do rosyjskiego Żyda. Cztery lata minęły i niestety jeden z amerykańskich robotników doniósł na nas do Immigration. Biegiem uciekałam z biura przed nalotem. Już niestety nie wróciłam.

Dla pocieszenia bywałam w polskim kościele w Trenton, gdzie raz ksiądz powiedział z ambony, że polski lekarz za drobną opłatą będzie badał i leczył ziołami chętnych z okolicy. Ponieważ nie miałam ubezpieczenia, a pobolewała mnie nerka, pomyślałam, że warto byłoby się przebadać, i zamówiłam wizytę. Doktor okazał się rozmowny i niestary. Zapytał o nazwisko i okazało się, że nosimy takie samo, wesoły zbieg okoliczności. Ale nie było czasu na żartobliwości, więc poprosił o mój numer telefonu, aby spotkać się prywatnie. A jak zaczął badać moje serce, to sprawy przybrały taki obrót, że wkrótce nim zawładnął.

Wkrótce jak grom z jasnego nieba okazało się, że jestem w ciąży. Kiedy o tym powiedziałam Zdzisławowi, od razu przyznał się, że w Polsce jest żonaty i ma już dzieci. Doszło między nami do szczerej rozmowy – po której Zdzisław zadecydował, że będzie wracał do żony.

Został jeszcze w Stanach do chwili rozwiązania i po sześciu tygodniach od urodzenia córki wrócił do Polski.

Mimo że zostałam bez samochodu, pracy i znajomości języka, byłam bardzo szczęśliwa. Pomagał mi Pan Jezus oraz wierzyłam, że wszystko się ułoży. Miałam przy sobie ukochaną córkę imieniem Kamila i patrzyłam z ufnością w przyszłość.

Tak się prawie stało. Właścicielka domu, od której wynajmowałam pokoik na drugim piętrze, postanowiła otworzyć w Trenton agencję. Agencja to było pomieszczenie na parterze, w którym Polacy załatwiali sprawy, takie jak wysłanie paczki, tani telefon do domu czy zamówienie biletu. Był maj 1991 roku, moja córka Kamilka miała już wtedy pięć miesięcy. Dostałam pracę w tej agencji.

Właścicielka powiedziała, że mogę sobie pracować na dole, dziecko w tym czasie będzie spało samo w pokoju na górze. Będę je mogła podglądać na specjalnym monitorze telewizji przemysłowej. Kiedy dziecko się budziło, znosiłam je na dół do kojca i tam czekałam z nim aż do zamknięcia agencji. Praca nie była ciężka, ale długa – klienci lubili przedłużać swój pobyt, mówiąc o tym i o owym.

Jeśli chodzi o mieszkanie – byłam jedyną wynajmującą kobietą, do tego z małym dzieckiem. Dzieliłam toaletę z dziesięcioma mężczyznami.

Rano stało się w kolejce, to samo, kiedy trzeba było się załatwić i nabrać wody do kąpania dziecka.

W drugiej połowie grudnia 1991 roku siedziałam akurat w agencji, a Kamilka bawiła się w swoim playpenie, gdy otworzyły się drzwi i weszła znajoma Zdzisława, która pracowała z nim na Jasnej Polanie, rezydencji w rodzaju pałacu w New Jersey. Za nią wkroczyła starsza Amerykanka w błyszczącym futrze i obszernym kapeluszu. Od razu było widać, że jest z innego świata. Na ulicach Trenton takich się nie widywało.

Kobieta przywitała się ze mną uprzejmie, pochyliła nad Kamilką i ucałowała ją w czoło. Poprosiła znajomą Zdzisława o tłumaczenie. Powiedziała, że jest Robertową Wood Johnson, zamieszkałą w Princeton. Na podłodze swojej rezydencji zobaczyła zdjęcie Kamilki. Wypadło ono tej znajomej, która u pani

Robertowej służyła jako kucharka. Zdzisław, zanim wyjechał, pozbył się zdjęcia, żeby nie zobaczyła go polska żona. Znajoma opowiedziała pani Robertowej o mojej trudnej sytuacji. Następnego dnia pani Robertowa powiedziała jej, że biedne polskie dziecko śniło jej się całą noc i musi je zobaczyć. Stąd też dzisiejsza wizyta w agencji.

Pani rozkazała, żeby pójść do mnie na górę, zobaczyła toaletę i zdecydowała, że zabiera mnie do Princeton, gdzie jest dużo miejsca dla mnie i dla dziecka. Zauważyła, że jestem wystraszona, a więc poprosiła, żebym się nie bała i przyjęła propozycję.

Wyjaśniłam, że choć propozycja jest kusząca, to muszę odmówić. Nie znam bowiem języka, aby mieszkać w amerykańskim domu. Pani Robertowa Wood Johnson pojechała sobie, ale na tym się nie skończyło.

Następnego dnia pojawili się u mnie dwaj nieznajomi Polacy. Powiedzieli, że pani Robertowa Wood Johnson zadzwoniła wczoraj do swojej bratowej, tak jak oni Polki, chociaż już wielkiej pani, i opowiedziała o mej sytuacji i odmowie przyjęcia pomocy. Wpadła na pomysł, bym zamieszkała na Jasnej Polanie, na terenie posiadłości z pałacem. Skoro i tak pracują tutaj prawie sami Polacy. Wielka pani z Polski nakazała dostarczyć mnie do rezydencji.

Tak znalazłam się w tej limuzynie.

Wjechaliśmy na teren tylnym wejściem, a limuzyna zatrzymała się zaraz przy bramie. Stał tam parterowy budynek. Polacy wnieśli do niego moje rzeczy i powiedzieli, że to będzie mój dom. Nie było z niego widać pałacu, tak wielka to była posiadłość.

Powiedzieli też, że wieczorem przyjdzie do mnie kucharka z pałacu i przyniesie coś do jedzenia.

Nie kłamali, o osiemnastej zapukała do drzwi kobieta, która powiedziała, że pani poleciła odbierać ode mnie listę zakupów.

Okazało się też, że dwupokojowe mieszkanie będę dzielić z młodym chłopakiem – Piotrkiem, synem Waldemara Chrostowskiego, byłego kierowcy księdza Jerzego Popiełuszki, który za kilka tygodni miał wrócić do Polski. Wyjechał niestety po trzech miesiącach.

Życie na terenie posiadłości było monotonne. Pobudka o godzinie siódmej, poranne mycie dziecka, karmienie, śniadanie i pranie. Była sroga zima, więc nie wychodziłyśmy na spacer. Posiadłość leży w dużym oddaleniu od innych budynków. Do Princeton szłabym godzinę drogą bez chodnika. Z wózkiem – zatrzymałaby mnie policja z pytaniem, co robię. Mogłabym nie zrozumieć pytania i wpakowałabym się w jeszcze większe kłopoty.

W końcu poprosiłam o spotkanie z panią, ale powiedziano mi, że jest bardzo zajęta.

Kiedy się trochę ociepliło, wyszłam na spacer z Kamilką. Najpierw nieśmiało, blisko domu, a potem coraz dalej, choć ciągle na posesji. Któregoś słonecznego dnia, spacerując alejami między pałacem a moim domkiem, zobaczyłam kobietę z czterema dużymi psami na smyczy, po dwa w każdej ręce. Była to blondynka wyglądająca bardzo naturalnie – bez makijażu, włosy w koński ogon, ubrana była w bawełnianą bluzkę i zielone rybaczki.

Gdy się mijałyśmy, pani się zatrzymała i pochyliła nad wózkiem z Kamilką. Przepraszam, czy to pani Johnson? – spytałam. Tak, to ja – odpowiedziała. I dodała: Jaka ładna dziewczynka, ma takie piękne oczy, niebieskie jak moje. Takie oczy to wielkie szczęście w życiu.

Powiedziałam: Jestem pani bardzo wdzięczna za gościnę.

Czy dobrze się pani mieszka? – zapytała pani.

O tak, szczególnie od kiedy nie mam współlokatora.

Życzę zdrowia pani i córce.

Chciałam kontynuować rozmowę, ale ucięła ruchem ręki.

Ze światem zewnętrznym prawie nie miałam kontaktu, ale powoli zaczęłam przyzwyczajać się do życia na zamkniętym terenie.

Mogłam czasem zadzwonić, mogłam też od czasu do czasu przyjąć gościa. W takim przypadku musiałam dzień wcześniej zadzwonić i zapowiedzieć gości, żeby byli wpuszczeni na teren posiadłości. Prosiłam tylko sporadycznie.

Do kościoła w Trenton w niedzielę zabierało mnie zawsze małżeństwo pracujące na Jasnej Polanie. Wiele nie znanych mi osób podchodziło do mnie po mszy i oferowało odwiedziny, ale wiedziałam, że oni chcą zobaczyć posiadłość.

Raz w tygodniu widywałam panią Jasię, która przynosiła mi zakupy.

Samotność rekompensowały mi pierwsze kroki dziecka, pierwsze słowa i to, że mogłam mu poświęcać dużo czasu. Do okien niejednokrotnie zaglądały mi sarny.

Pałac oglądałam tylko zza bramy.

Miałam przygodę, bo którejś niedzieli dostałam telefon. Obsługa przekazała informację, że na dziedzińcu pałacu będzie odprawiana msza święta i jeśli chcę, mogę w niej wziąć udział.

Poszłam więc na dziedziniec pałacu, gdzie zebrali się wszyscy pracownicy Jasnej Polany. Mężczyźni byli przebrani w białe mundury. Musieli się w nie przebierać, kiedy brali udział w uroczystościach na terenie rezydencji. Stanowili oprawę. Zobaczyłam panią Johnson promieniejącą z zadowolenia przy polowym ołtarzu. Homilię wygłaszał ksiądz Henryk Jankowski. Bardzo wychwalał panią jako wielką patriotkę, która pomaga Polakom w kraju i za granicą, i porównał jej poświęcenie dla rodaków do poświęcenia Chrystusa.

Potem wśród Polaków były na ten temat komentarze, że ksiądz trochę w tej homilii przesadził. Mówili, że była to po prostu jego wdzięczność za pokaźny czek, który otrzymał.

Pierwsze święta Bożego Narodzenia spędziłam sama z córką. Kucharka oprócz normalnych zakupów przyniosła mi w Wigilię pieczoną rybę oraz dzbanek soku ze świeżych pomarańczy. Dodała, że to ulubiona ryba pani.

Próbowałam umówić się przez biuro na spotkanie z panią Johnson. Chciałam się dowiedzieć, co dalej ze mną będzie, ale odpowiadano mi, że pani jest bardzo zajęta i nie ma dla mnie czasu. Dużo wyjeżdżała za granicę.

Z czasem zauważyłam, że zmienił się do mnie stosunek pracowników. Po Nowym Roku kucharka powiedziała z wyrzutem, że znaleziono w moich śmieciach butelki po alkoholu i że to niedopuszczalne.

Była to oczywiście bzdura, gdyż alkoholu nie piję, a gości raczej nie przyjmowałam.

Wielokrotnie natomiast widziałam, jak w czasie pracy, szczególnie gdy pani nie było w domu, pracownicy pili alkohol na terenie posiadłości i chodzili raczej pijani.

Atmosfera wobec mnie zrobiła się nieciekawa. Kiedy poprosiłam o kupienie szamponu dla dziecka, pani Jasia wyraziła zdziwienie, że zużywamy tak dużo szamponu. Ustaliłyśmy, że będę go sobie kupowała sama.

Zimą 1992 roku Kamilka miała gorączkę. W pałacu nikt nie odbierał telefonu, więc zadzwoniłam do znajomego z Trenton, który przyjechał po mnie samochodem, żeby zabrać nas do lekarza. Wjechał, ale nie mogliśmy wyjechać, bo ochrona nie chciała otworzyć bramy. Zazwyczaj otwierała, kiedy zapowiedziany samochód pojawiał się w ich monitorach.

Staliśmy przez dziesięć minut i nic.

Znajomy wyszedł z auta i sięgnął przez żelazną kratę po zawieszoną po zewnętrznej stronie bramy słuchawkę domofonu. W tym momencie kilkutonowa brama ruszyła. Ścisnęła kolegę między słupem a kratą i zaczęła miażdżyć ramię. Zaczęliśmy krzyczeć, choć i tak nikt nas nie słyszał. Strażnicy zatrzymali mechanizm, kiedy brama zerwała ścięgna. Bardzo się oboje przestraszyliśmy, a kolega wylądował w szpitalu. Po tym incydencie zabroniono mi przyjmować gości. Kolega do dzisiaj nie rusza dwoma palcami.

Niedługo potem otrzymałam informację, że za dwa tygodnie mam się wyprowadzić. Do domu przyszedł ten sam John, który oznajmił złą nowinę, i pani Beata – bratanica pani Johnson. Namawiała mnie do wyjazdu do Polski. Nikt nie zapytał mnie, czy po czternastu miesiącach na odosobnieniu będę miała gdzie się podziać, czy mam pieniądze na czynsz i na kaucję za mieszkanie. Napisałam więc list z podziękowaniem, w którym wyrażałam wdzięczność i zapytanie, co się stało. Zostawiłam na stole w mieszkaniu wraz z bukietem kwiatów, ale nigdy nie otrzymałam odpowiedzi. Zaczęłam szukać schronienia dla siebie i córki. Pomógł mi Pan Jezus i ksiądz z parafii. Wynajęłam pokój ze zlewem.

Mam nadzieję, że pani żyła dalej szczęśliwa. Chcę jej bardzo podziękować za gościnę.

Pozdrawiam
Danusia

STUDENTKA

Dziecko wojny. Staniewicze – Poznań – Wrocław, 1937–1947

Czwarte dziecko Pelagii i Wojciecha przychodzi na świat w Staniewiczach, powiat Kozłów Poleski, obecnie Białoruś. Jest dziewczynką. Starsi bracia to Grzegorz, Piotr i Roch. Ojciec jest rolnikiem, uprawia spory kawałek ziemi. Matka choruje, również psychicznie.

Barbara Zygfryda ma dwa lata, kiedy wybucha wojna. Zaczyna się gehenna.

O tym, co przeżyła, opowiada sędzinie Marie Lambert, niechętnej jej służbistce z Surrogate's Court na Manhattanie, oraz kpiącym z jej akcentu reporterom. Jest połowa lat osiemdziesiątych, między Barbarą Zygfrydą a sześciorgiem dzieci jej zmarłego męża toczy się ostry, bezpardonowy spór o pół miliarda dolarów spadku. Na światło dzienne wypływają brudy, jakich media amerykańskie dotąd nie prały. Na pewno, jeśli chodzi o brudy osób z najwyższych sfer.

Barbara mówi tak:

„Moje pierwsze wspomnienie jest jak błysk światła. Ktoś chwyta mnie i odciąga od ojca. Potem mój ojciec był bity. Ustawili nas pod ścianą – całą moją rodzinę, byli tam moi bracia. Skierowali na nas karabiny maszynowe, jakby mieli do nas strzelać. Staliśmy tak przez długie godziny.

Z późniejszych opowiadań rodziców wiedziałam, że rozpoczęła się wojna. Zbombardowali kościół, zabili księdza. Leśniczego przywiązano do drzewa i zjadły go wilki. Po dwóch godzinach nic z niego nie zostało. Miałam wtedy dwa lata i siedem miesięcy.

To było wtedy, gdy przyszli bolszewicy i hitlerowcy. Najechali Polskę z zachodu i wschodu.

Planowali zniknięcie Polski na zawsze z mapy świata. I to jest moje pierwsze wspomnienie.

Jest jeszcze drugie wspomnienic. Byliśmy aresztowani w naszym własnym domu, ale udało nam się uciec.

Uciekaliśmy. Wieśniacy krzyczeli do nas. Dali nam gorącej, bardzo gorącej kawy i wtedy zdarzył się wypadek – ktoś wylał kawę na moją stopę. Poczułam straszny ból. Mama utuliła mnie i nie płakałam. Byłam w szpitalu, ale leżałam na pryczy na korytarzu, bo szpital był przepełniony. Leczyli tam moje oparzenie, jeszcze ciągle mam bliznę. Był tam też mój brat Piotr, chory na zapalenie płuc. Moja matka poświęcała mu więcej czasu niż mnie, gdyż był bardzo, bardzo chory. Widzę kobietę w bieli. Wygląda jak pielęgniarka. Przechodzi koło mnie, rozpoznaję jej nogi. Jest zaskoczona, słysząc, że wołam: »Mamo, chodź tutaj«. Potem ktoś pokazuje mi dwoje zmarłych ludzi. Widzę umarłych.

Moje następne wspomnienie – jest noc, śnieg i las. Leżymy na ziemi pokrytej śniegiem, a nad nami, na zboczu skarpy, słyszę stukot podków koni i głosy żołnierzy. Dotarliśmy do Warszawy w Wigilię Bożego Narodzenia.

Znowu przypominam sobie taki obraz: zbliża się do mnie ubrana na biało kobieta z czekoladą w ręce i mówi: »Powiedz *heil Hitler*, a dam ci czekoladę«. Moja matka szepce do mnie: »Nie rób tego«. I ja na głos stwierdzam: »Nie lubię czekolady«.

Zostaliśmy tylko z tym, co mieliśmy na sobie. Rozpoczynaliśmy wiele razy od początku. Drugi raz musieliśmy uciekać przed bolszewikami w 1945 roku. Zaczynać na nowo, na nowo.

Byliśmy w Warszawie. Mój ojciec świetnie znał niemiecki, tak że służył za tłumacza. Powstało getto dla Żydów i mój ojciec uratował wielu Żydów dzięki znajomości języka niemieckiego"[1].

Według relacji kilku znajomych po ucieczce przed Rosjanami z dzisiejszej Białorusi rodzina osiada na warszawskiej Pradze, a ojciec dostaje posadę w kopalni torfu, blisko Izabelina. W 1945 roku Piaseccy przenoszą się pod Poznań, do świeżo opuszczonego gospodarstwa: „olbrzymie dywany, wspaniałe obrazy, wspaniałe meble – piękny dom, podobny do tego w Jasnej Polanie, może tylko nie tak duży"[2]. Poprzedni właściciele uciekli przed Rosjanami ciężarówkami do Niemiec. Po dwóch latach, na mocy ustawy kolektywizacyjnej, rodzina traci nowy dom. Barbara wspomina: „Zabrali wszystko z domu mojego ojca. Może nie wszystko, ale wiele rzeczy. Zwierzęta, meble, obrazy. Przyszli też po fortepian. To wszystko prawda. Z naszego domu zrobili siedzibę dowództwa. Rosjanie ścigali mojego ojca przez cały czas. On walczył nie tylko za Polskę, ale i za Amerykę"[3].

Rodzina Piaseckich przenosi się do zrujnowanego Wrocławia, w którym właśnie wymienia się mieszkańców. Masowe wywózki Niemców, które zaczęły się jeszcze w październiku 1945 roku, teraz nabierają tempa. Oszczędza się tylko autochtonów, którzy potrafią obsłużyć miasto: ktoś musi znać rozkład ulic i budynków, poprowadzić tramwaje, odczytać plany kanalizacji. Nowi obywatele – jest ich ćwierć miliona – nie są zachwyceni. Dotarli do miasta w znoju: pociągami, wozami i pieszo. Nie chcą, by przegrani zajmowali miejsca pracy.

Na przednówku w 1946 roku otwarcie mówi się o krążącym nad miastem widmie głodu. Ale brakuje nie tylko jedzenia. Tysiące rodzin pozbawione są podstawowego dobytku. Jedna para butów przypada na siedmioosobową rodzinę. Dobrami najczęściej kradzionymi po wojnie są ubrania, buty i słonina. Hugon Steinhaus tak opisuje centrum miasta: „Na placu Grunwaldzkim bezustanna bitwa pod Grunwaldem. Z jednej strony tysiące łapserdaków w butach z cholewami, obarczonych plecakami, kanciarze, szabrownicy, rozwłóczeni żołnierze, Sowiety, Żydzi – wszystkoroby, paniusie skromnie spekulujące i pospolici złodzieje, z drugiej – Niemcy z białymi opaskami, Niemki w spodniach, oglądają, oddają, wracają, pakują i popychają się, największa kupa dziadów na największej kupie cegieł i rumowiska w Europie"[4].

Zamęt w mieście wprowadzają zdemobilizowani żołnierze Wojska Polskiego, rozżaleni z powodu wciąż nie spełnionych obietnic lepszego życia. Żyje się z dnia na dzień, przyszłość jest wielką niewiadomą.

Ludzie w powojennym Wrocławiu boją się kolejnej zmiany granic i powrotu Niemców.

Najbardziej jednak nienawidzi się Rosjan, o których wiadomo, że znęcają się nad autochtonkami, ale gwałtami i rabunkiem zagrożeni są też Polacy. Niektóre kobiety odnoszą wrażenie, że są świadkami nowej inwazji barbarzyńców. „Ciemnota kaukaska, azjatycka, głupota, ohyda"[5] – pisze mieszkanka Wrocławia pod koniec 1946 roku.

Strach przed czerwonoarmistami rozrasta się w ludzkich umysłach, nabierając coraz bardziej demonicznych form. Ma cztery oblicza: Armii Czerwonej, Sowietów, Związku Radzieckiego, komunistów.

Ta atmosfera musi mieć wpływ na dorastającą dziewczynę.

Dorosła Barbara Piasecka, milionerka, filantropka i kolekcjonerka, nie kryje swojej rusofobii. To jej prywatna wojna z Rosjanami i komunizmem.

Rynek we Wrocławiu, rok 1947

Jej znajoma pamięta, że Piasecka ostentacyjnie nie wstaje, kiedy w operze nowojorskiej grają hymn radziecki.

W 1947 roku Wojciech Piasecki dostaje posadę magazyniera w Miejskim Przedsiębiorstwie Komunikacji we Wrocławiu. Zarabia tysiąc pięćset złotych, co z trudem wystarcza na utrzymanie rodziny. Władze przyznają mu małe gospodarstwo pod Wrocławiem. Barbara kończy podstawówkę i III Liceum Ogólnokształcące we Wrocławiu. Jej mama miewa halucynacje, napady paranoi i gniewu, często kierowane przeciwko jedynej córce. Ona pomaga prowadzić jej dom. Raz podczas napadu furii matki słyszy, że nie była planowanym dzieckiem, że nikt jej nie chciał. Jest przeszkodą i darmozjadem.

Twierdzi, że około piętnastego roku życia zaczynają się jej zdarzać wizje. Na przykład leży na łące pośród koniczyny. Jest głodna, tak jak cała jej rodzina. I wtedy słyszy głosy, które mówią, że powinna wyruszyć w świat i kupić wielkie dzieła sztuki, aby próbować pomóc zniewolonej Polsce. Na razie, w 1955 roku, odbiera świadectwo maturalne.

Barbara jest teraz ponętną blondynką o ciemnych brwiach i ładnym uśmiechu.

Jeszcze trzydzieści lat później w rozmowie z amerykańskim dziennikarzem wymienia imiona chłopaków, którzy się do niej zalecali.

Teczka studentki. Wrocław, 2015

W teczce studentki Piaseckiej – zdeponowanej w archiwum Uniwersytetu Wrocławskiego – znajduję odpis matury sporządzony równym pismem w roku 1965. Oceny przeciętne. Język polski – dostateczny, matematyka – dostateczny, biologia – dostateczny, fizyka – dostateczny, astronomia – dostateczny, język łaciński – dostateczny, historia – dostateczny, nauka o konstytucji – dostateczny. Z chemii, rysunku i logiki – dobry. Piątka z wychowania fizycznego.

Po maturze Barbara przerywa naukę.

Wprowadza się do brata Grzegorza, który dostaje uczelniane stypendium. Krótko mieszka w wynajętym mieszkaniu razem z bratem i jego świeżo poślubioną żoną. Nie wie, co mogłaby robić. Zapisuje się na studia rolnicze, ale nie podchodzi do żadnego egzaminu.

Potem zdaje egzamin na biologię. Bez powodzenia. W następnym roku podejmuje kolejną próbę.

W październiku 1958 roku zwraca się do rektora: „Bardzo proszę o przyjęcie mnie na studia filozoficzne albo na polonistykę. Mam zdany egzamin, ale nie dostałam się z braku miejsc. Studiowałam już na kierunku rolniczym, ale on zupełnie mi nie odpowiada. Zdawałam na biologię, nie dostałam się. Teraz zdawałam na filozofię i nie zostałam przyjęta. Jest już późno i nie ma możliwości dostania się na studia. Mnie mimo wszystko odpowiadałyby studia humanistyczne i naprawdę bardzo chciałabym studiować".

Rektor przychyla się do prośby, ale studentka Piasecka wytrzymuje jeden semestr.

Rok później prosi o przyjęcie na pierwszy rok historii sztuki. Czuje, że odkryła swoje zamiłowanie. Do podania załącza fragment indeksu z wpisanymi zaliczeniami z Wydziału Historycznego.

Na pierwszym roku ma średnie oceny. Piątkę z wuefu. W kolejnych latach jest lepiej.

W 1964 roku Piasecka prosi o pozwolenie na złożenie pracy magisterskiej. Składa kilka miesięcy po terminie, ale jest to udane magisterium.

Temat: „Jan Stanisławski jako twórca nowoczesnego krajobrazu polskiego". Stanisławski to krakowski modernista, autor niewielkich pejzaży.

Recenzenci chwalą układ pracy. „Dobrze przemyślany, jak i następstwo problemów. (...) Jest ambitna, autorka jasno sprecyzowała założenia, wykazując pełne zrozumienie dla kształtujących się nowych prądów w sztuce. Styl żywy i giętki. Łatwość w ujmowaniu tematyki malarskiej jak i wyróżnianiu poszczególnych elementów.

Dobra orientacja w sztuce europejskiej i zdecydowane opinie. (...)

Czasem w toku wywodów autorka powtarza się kilkakrotnie i zawraca, a także umieszcza sprawy, które do przeprowadzenia wywodów są zbędne".

W lutym 1966 roku Barbara odbiera dyplom. Ma dwadzieścia dziewięć lat.

W teczce Barbary Zygfrydy znajduje się jeszcze jeden dokument, znacznie późniejszy, z grudnia 1985 roku. Jest to wymiana teleksów między Genewą a Wrocławiem.

Uniwersytet Genewski (w imieniu pani Piaseckiej Johnson) prosi wrocławskie uczelnie o wydanie dokumentu potwierdzającego ukończenie studiów z zakresu historii sztuki.

Niestety, wynika z treści teleksu, Piasecka nie jest w stanie poinformować uniwersytetu, na jakiej dokładnie uczelni studiowała i kiedy skończyła studia.

Genewa wysyła zapytanie najpierw do Szkoły Sztuk Plastycznych.

Żadna Barbara Piasecka tam nie studiowała.

Próbuje na uniwersytecie. Odbierający teleks wyraża pisemne zdziwienie, że można nie wiedzieć, gdzie się studiowało, co i kiedy.

„Szkoda, że ta pani nie wie nic bliższego o swoich studiach. Pozdrawiamy i do usłyszenia".

Wydaje się, że osoba po polskiej stronie teleksu nie ma świadomości, że chodzi o jedną z najbogatszych wdów na świecie.

Koleżanka Maryla. Wrocław, 1960

Maryla pochodzi z Pińczyc. Jej ojciec ma gospodarstwo, nazywany jest wrogiem ludowym, więc Maryla nie dostaje się na architekturę. Przeczekuje rok na Wydziale Historii Sztuki.

Miasto zasilone przesiedlonymi naukowcami, a nawet akademickimi woźnymi ze Lwowa, powoli wyrasta na ośrodek kultury studenckiej. Władze państwowe przeniosły nad Odrę część zbiorów Ossolineum, pomnik Aleksandra Fredry oraz *Panoramę Racławicką*. W połowie lat pięćdziesiątych zaczyna działać Teatr Pantomimy byłego solisty Henryka Tomaszewskiego, a w 1964 roku rusza Jazz nad Odrą. Wrocław jest doskonałą scenografią dla filmowców, więc często widzi się tu aktorów, przede wszystkim w klubie Pałacyk.

Żeby opłacić wynajęty pokój, Maryla udziela korepetycji dziecku gospodyni. Tramwaj, którym dojeżdża z centrum na swoją kwaterę, wciąż mija gruzowiska i szkielety zbombardowanych domów.

Maryla pamięta Barbarę. Uśmiechniętą, rumianą. Pewną swojej urody, ubraną skromnie w spódniczkę z teksasu.

– Miała buzię pełną zębów i wielkie plany. Opowiadaliśmy sobie o nich w przerwach między zajęciami. Siedzieliśmy na ławkach, machając nogami, i wymyślaliśmy niestworzone historie.

Wszyscy mieliśmy niewiele, ale czuliśmy się ze sobą niezwykle związani – wspomina.

Opowieści o przyszłości, zwłaszcza o planowanych podróżach, nie są już całkiem absurdalne. Z roku na rok dla studentów świat robi się coraz bardziej dostępny. Wystarczy zapisać się do Zrzeszenia Studentów Polskich i uzbierać pięć dolarów. Maryla zwiedza Syrię, Liban i Jordanię. W Pińczycach nikt by nawet nie pomyślał, że gdziekolwiek można pojechać. Barbara też korzysta z wyjazdowych okazji i wymyśla następne. O tym wspólnie rozmawia się na przerwach.

Gdy Maryla Konieczna, od lat żona Mariana, projektanta warszawskiego pomnika Nike, w 1988 roku zastępczyni głównego konserwatora zabytków, spotyka Baśkę Piasecką, po mężu Johnson, w budynku Ministerstwa Kultury i Sztuki, zalewa ją przypływ poczucia studenckiej wspólnoty sprzed lat. Na chwilę. Baśka przyjechała z Ameryki nabyć zabytkową nieruchomość na Krakowskim Przedmieściu lub Bernardyńskiej. Są problemy, nieruchomości należą do państwa, nie można ich kupić nawet za niebotyczną gotówkę i nawet jeśli zamierza się je odremontować i uświetnić warszawską burą ulicę.

Urzędnicy rozkładają ręce, inwestorka jest w złym humorze. Koleżankę ze studiów traktuje obojętnie i z wyższością. Bez uśmiechu, bez wspomnień. Maryla widzi, że te sprzed małżeństwa Baśki są nieaktualne.

Kolega Marek. Wrocław, 1960

Młodszy kolega z wydziału i jego dziewczyna Iwona[*] wstępują na uniwersytet zaraz po maturze, pamiętają wspólne z braćmi

---

* Zmieniłam tożsamość Marka i Iwony na ich prośbę.

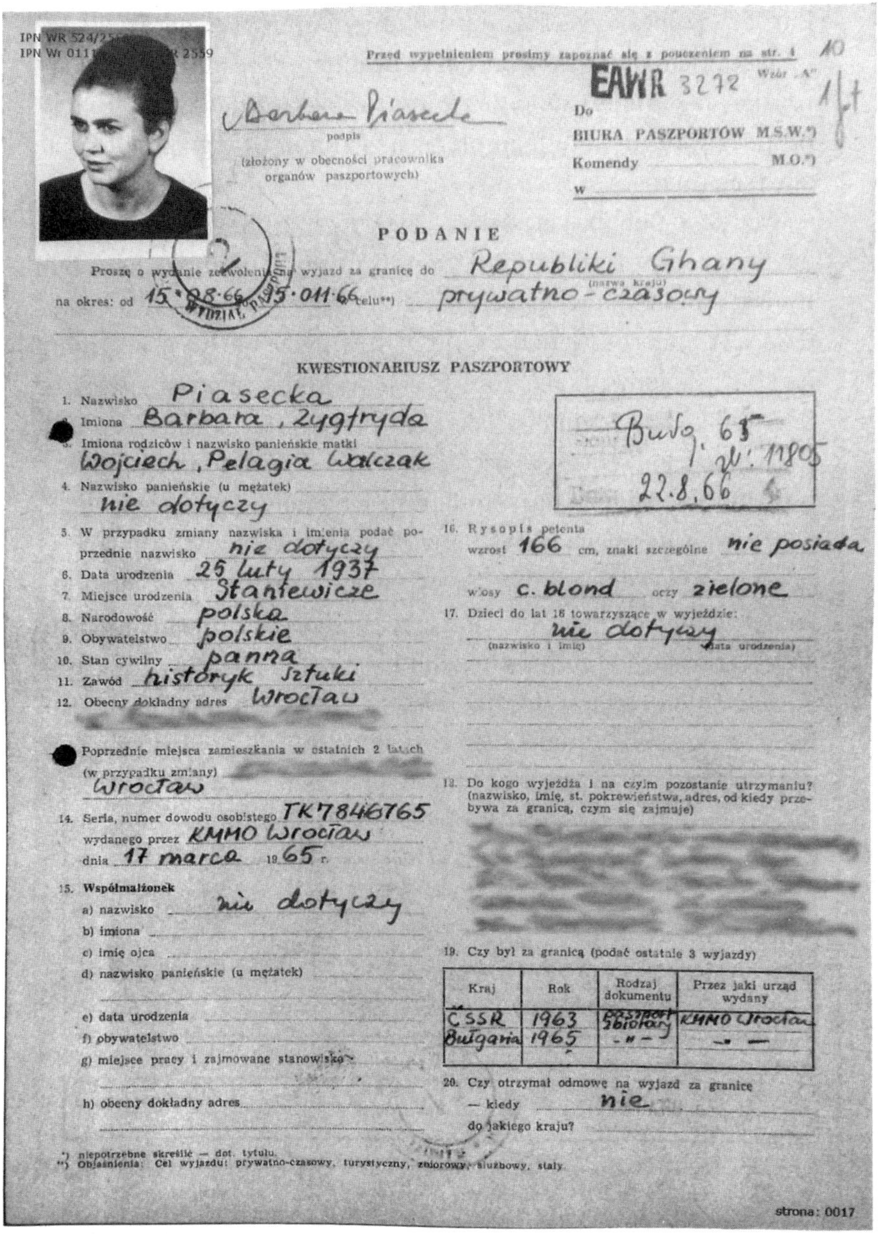

IPN WR 524/2559
IPN Wr 011[illegible] R 2559

Przed wypełnieniem prosimy zapoznać się z pouczeniem na str. 4

10

EAWR 3272

Wzór „A”

Barbara Piasecka
podpis
(złożony w obecności pracownika organów paszportowych)

Do
BIURA PASZPORTÓW M.S.W.*)
Komendy ____ M.O.*)
w ____

PODANIE

Proszę o wydanie zezwolenia na wyjazd za granicę do Republiki Ghany
(nazwa kraju)
na okres: od 15.08.66 do 15.011.66 celu**) prywatno-czasowy

KWESTIONARIUSZ PASZPORTOWY

1. Nazwisko Piasecka
2. Imiona Barbara, Zygfryda
3. Imiona rodziców i nazwisko panieńskie matki Wojciech, Pelagia Walczak
4. Nazwisko panieńskie (u mężatek) nie dotyczy
5. W przypadku zmiany nazwiska i imienia podać poprzednie nazwisko nie dotyczy
6. Data urodzenia 25 luty 1937
7. Miejsce urodzenia Stanewicze
8. Narodowość polska
9. Obywatelstwo polskie
10. Stan cywilny panna
11. Zawód historyk sztuki
12. Obecny dokładny adres Wrocław
13. Poprzednie miejsca zamieszkania w ostatnich 2 latach (w przypadku zmiany) Wrocław
14. Seria, numer dowodu osobistego TK7846765 wydanego przez KMMO Wrocław dnia 17 marca 1965 r.
15. Współmałżonek
a) nazwisko nie dotyczy
b) imiona
c) imię ojca
d) nazwisko panieńskie (u mężatek)
e) data urodzenia
f) obywatelstwo
g) miejsce pracy i zajmowane stanowisko
h) obecny dokładny adres

Bułg. 65
l. w. 11805
22.8.66

16. Rysopis petenta
wzrost 166 cm, znaki szczególne nie posiada
włosy c. blond oczy zielone
17. Dzieci do lat 16 towarzyszące w wyjeździe: nie dotyczy
(nazwisko i imię) (data urodzenia)
18. Do kogo wyjeżdża i na czyim pozostanie utrzymaniu? (nazwisko, imię, st. pokrewieństwa, adres, od kiedy przebywa za granicą, czym się zajmuje)
19. Czy był za granicą (podać ostatnie 3 wyjazdy)

Kraj	Rok	Rodzaj dokumentu	Przez jaki urząd wydany
ČSSR	1963	paszport zbiorowy	KMMO Wrocław
Bułgaria	1965	-„-	-„-

20. Czy otrzymał odmowę na wyjazd za granicę — kiedy nie
do jakiego kraju?

*) niepotrzebne skreślić — dot. tytułu.
**) Objaśnienia: Cel wyjazdu: prywatno-czasowy, turystyczny, zbiorowy, służbowy, stały.

strona: 0017

Podanie paszportowe Barbary Piaseckiej, rok 1968

Barbary wyprawy nad wodę, w kamieniołomy. Pamiętają biedę u Piaseckich. Najbliższy Barbarze brat Grzegorz ma malutką córeczkę Magdalenę i żonę, z którą zaraz się rozwiedzie (Barbara od początku nie lubi jego pierwszej żony). Grzegorz pomaga siostrze finansowo.

Markowi podoba się Barbara, ale widzi, że bliższe znajomości zawiera ze starszymi mężczyznami, nie myśli o założeniu rodziny. Nie mobilizują jej koleżanki, które rodzą właśnie pierwsze dzieci. W 1966 roku jeden z zainteresowanych Barbarą, inżynier na kontrakcie w Afryce, zaprasza ją na wakacje do Ghany. Barbara jedzie, ale znajomość się urywa.

Kiedy w 1967 roku Barbara ponownie składa wniosek o paszport, pierwsza decyzja urzędników jest odmowna – władze sądzą, że znów chce wyjechać do Ghany, tym razem na dłużej. Barbara prosi o zmianę decyzji. Tłumaczy, że bliska znajomość z inżynierem jest nieaktualna, jej celem jest Europa i szlifowanie języka. Odnalazła dalekiego krewnego, który chętnie zapłaci za kurs.

Ostatni polski narzeczony Barbary ma czterdzieści lat. Według znajomych nic sobą nie reprezentuje. Nudny, ale ma brata we Włoszech, który pomoże młodej narzeczonej. We wrześniu 1967 roku Barbara urządza pożegnanie. To wtedy mówi przyjaciołom: „Jeśli wrócę, to tylko rolls-royce'em".

POKOJÓWKA

Szczęśliwy Hieronim. Perth Amboy, NJ, 1968

Miasto Perth Amboy przytulone jest do Staten Island. Najsłynniejszy jak dotąd syn tego miasta, amerykański Włoch Jon Bon Jovi, ma osiem lat. Miasto jest szczęśliwe i syte. Huty Guggenheim and Sons oraz Raritan Copper Works, Anaconda (przez imigrantów z Polski zwana zdrobniale Koprownią) zatrudniają na potęgę, jednak ani hutnicze wyziewy, ani ropa spływająca ze statków dowożących węgiel nie zniszczyły miejscowych plaż. Latem miasto zmienia się w robotniczy kurort na wysokim poziomie: wiktoriańska architektura kąpielowa, restauracje z owocami morza, bary pękające w szwach w sobotnie wieczory. Tylko godzina jazdy na Manhattan, do centrum świata.

Koprownia oraz setki zakładów w stanie New Jersey od połowy XIX wieku ściągają tysiące zmęczonych wojnami i biedą Europejczyków. W Perth Amboy mieszkają Polacy, Żydzi i Włosi.

Hieronim Wyszyński przeszedł obóz koncentracyjny, wyemigrował do zimnej Anglii, którą pożegnał bez żalu w 1949 roku. Jest ważną osobą w tej historii.

Klimat dla uchodźców jest bardzo dobry. Zelżały procedury imigracyjne, Koprownia zatrudnia od ręki, płaci, daje oparcie w innych byłych żołnierzach i wynędzniałych uchodźcach po obozach koncentracyjnych. A także, choć w mniejszym stopniu, w starszych zamerykanizowanych żołnierzach wielkiej wojny od generała Hallera. Polonia Perth Amboy nie różni się od Polonii w Londynie czy Chicago: kilka organizacji toczy ze sobą polityczne pojedynki. Hieronim, człowiek ugody, wierzy, że na niby. Polonię łączy bowiem życie towarzyskie. O ich potańcówkach i przyjęciach krążą legendy. Nowi Amerykanie cieszą się nowym, wystarczająco dobrym życiem.

W 1968 roku Hieronim Wyszyński jest od dawna szczęśliwie żonaty z malarką Danutą. Żona pomaga w biznesie i pracy społecznej. Hieronim (zwykle Heniu) odszedł już z fabryki, potem z biura projektowego. Niedługo będzie zakładał największą gazetę polonijną w Ameryce, nowojorski „Nowy Dziennik". Tymczasem jak z nieba spadło niemieckie odszkodowanie za odsiadkę w Mauthausen i Wyszyńscy kupili bar. Prowadzi go Danusia z matką, ponieważ Henio jest dyrektorem wykonawczym Polskiego Komitetu Imigracyjnego. Zamiast do baru jeździ do biura na Manhattan.

Komitet działa od 1948 roku. Ma pomagać polskim uchodźcom, zwłaszcza w emigracji zaoceanicznej. Dopłaca do niego rząd USA, resztę zbiera się podczas pikników, mszy oraz namawiając do składek bogatszych obywateli. Komitet dysponuje listą osób, które mogą na jakiś czas przyjąć Polaka pragnącego zacząć życie w Ameryce. Dostarcza *Affidavits of Support*, czyli gwarancje pracy i utrzymania dla uchodźcy. Kieruje na naukę języka. Uszczęśliwia nawet dwieście osób rocznie (wzmożenie nastąpi po ogłoszeniu stanu wojennego w Polsce).

Danuta nie narzeka, że Polacy ci lądują najczęściej w pokojach gościnnych jej domu na Market Street. Trafiają się bardzo interesujący uchodźcy. Na początek primadonna opery wrocławskiej. Trudna, nie znosi sprzeciwu, ale uwielbia pozować do portretów.

Zamieszka też Róża Borusewicz, która wybiera Amerykę, żeby potem zaprosić syna i odwieść go od działalności wywrotowej. Syn ma dopiero dziewiętnaście lat i daje się aresztować za kolportowanie ulotek dotyczących marca 1968. Jak wiemy, plan matki nie wypali, bo Bogdan wsiąka w opozycję. Róża wróci do Polski dopiero po wylewie, na początku nowego tysiąclecia.

Robi się jaśniej. Manhattan, lato 1968

Jest wczesne lato, w godzinach porannych Hieronim odbiera telefon z Rzymu, gdzie już jest popołudnie. Dzwoni Witold Zahorski, szef tamtejszego Komitetu Imigracyjnego. Informuje, że w Wiecznym Mieście przebywa Polka, która czeka na wyjazd do Ameryki. Należy jej ten wyjazd umożliwić, bo kończy się jej włoska wiza. Polka wyraża niepokój o przyszłość, boi się, że nie zniesie warunków rzymskiego obozu dla uchodźców. Hieronim słucha i rozumie. Był tam służbowo i wie, jak słabo karmią w tym obozie. Tak więc jak zwykle *Affidavit of Support*, zaproszenie, a następnie wiza wjazdowa.

Protegowana Zahorskiego zjawia się w biurze Komitetu na drugi dzień po przyjeździe.

Wyszyński do końca życia pamięta ten dzień. Poświęca mu trzy strony swoich wspomnień.

Młoda kobieta siada naprzeciwko. Pyta, czy ma jakieś szanse w Ameryce. Następnie się uśmiecha i – Hieronim jest pewien – właśnie w tym momencie robi się jaśniej w ponurym pokoju. Plotki o tym, że w Rzymie zakochał się w niej włoski arystokrata, mogą nie być przesadzone.

Wyszyński zauważa kurtuazyjnie, że z takim uśmiechem może zawojować Amerykę. Komitet pomoże, na ile będzie w stanie. Hieronim wręcza jej skierowanie do opłacanego przez Komitet hotelu na Środkowym Manhattanie, a sekretarka Irena Nowak zapomogę w wysokości dwustu dolarów. Żegnają się,

Hieronim uważa, że na zawsze. Teraz zadaniem uchodźcy jest zadbać o siebie, znaleźć pracę, a następnie wyprowadzić się z hotelu na swoje.

Jeszcze tego samego popołudnia kobieta o słonecznym uśmiechu dzwoni do Komitetu. Niestety, źle się czuje w hotelu i boi się tam pozostać. Otwiera okno, zza którego dochodzą uliczne wrzaski. Ma wrażenie, że ktoś czai się za kotarą, boi się próby gwałtu, hotel to nora. Hieronim nie może zaprzeczyć. Ta część 31. Zachodniej Ulicy nie jest ulubionym miejscem światowej elity ani naszpikowaną knajpami arterią. Nieremontowane kamienice straszą. Tylko na to stać Komitet.

Henio się lituje. Dzwoni do żony i tłumaczy spokojnie, że w domu przy Market Street zamieszka tymczasowo lokatorka. Przyjedzie pociągiem, trzeba wyjść na stację. Z wagonu wysiądzie doskonale prezentująca się blondynka. Barbara Piasecka z Rzymu, wcześniej z Wrocławia.

Jeśli Henio ma jakieś obiekcje, że wysyła żonie nową podopieczną, rozwiewa je obraz, jaki zastaje wieczorem, gdy wraca do Perth Amboy. Obie panie zadowolone, pogrążone w rozmowie, ledwie zauważają jego wejście. Danusia odwraca głowę.

„Koniecznie pomóżmy naszej Basi. Niech będzie szczęśliwa w Ameryce" – mówi.

Jeszcze nie wiedzą, że to życzenie będzie bardzo trudne do spełnienia.

Nie jestem zazdrosna. The Barge, Perth Amboy, NJ, 2014

W czerwcu 2014 roku Perth Amboy jeszcze się nie podniosło z recesji 2009 roku ani po huraganie Sandy w 2013. Opustoszała restauracja z owocami morza, znak firmowy kąpieliska, nazywa się The Barge i zdążyła przesiąknąć oparami smażeniny, ale Danuta Wyszyńska przychodzi tu od trzydziestu lat. Nie lubi się skupiać na wadach miejsc i ludzi. Co nie znaczy, że ich nie zauważa.

Koniec wojny zastaje jej rodzinę w głębi Rzeszy. Nie chcą wracać do nowej Polski. W 1949 roku Danusia z rodzicami i dwojgiem rodzeństwa decydują się na Amerykę. Danusia ma dopiero osiemnaście lat, gdy na potańcówce Zjednoczenia Polaków w Ameryce dwanaście lat starszy Hieronim próbuje zamówić kolejne tańce. Następnie opłaca jej lekcje malarstwa na Manhattanie i specjalnie dla niej zamienia pracę na lepiej płatną. Po pięciu latach Danusia zgadza się na małżeństwo. Dobrze je wspomina. Henio umarł po chorobie, która na pięć ostatnich lat zamieniła go w nieme, wymagające nieprzerwanej opieki dziecko, którego nigdy nie mieli.

Owszem, latem 1968 roku biegnie na dworzec, by odebrać zapowiedzianego gościa.

– Basia była radosna i pełna życia. Młodsza ode mnie o cztery lata. Zabieram ją do domu, mówię, że powinna u nas zostać. Czy byłam o Basię zazdrosna? W żadnym wypadku, bo Heniu naprawdę bardzo mnie kochał. Basia miała ładne nogi, odrobinę za dużo w bioderkach. I szyję też może za krótką.

Telefon z Edison. Perth Amboy, NJ, 1968

Jeszcze tego samego wieczora w mieszkaniu na Market Street dzwoni telefon. Na linii Ryznarowie z Edison, którzy prowadzą bujne życie towarzyskie. W ich ogrodzie występują polonijne zespoły artystyczne, jeśli są akurat w okolicach Nowego Jorku. Bywa tu i Ref-Ren, i rodzina Andersów. Pani Ryznar zaprasza na sobotnie przyjęcie. Tak, Danusia może przyprowadzić nową podopieczną.

Na to samo *party* przychodzi dwudziestodwuletni Jerzy Kowerdan z mamą. Właśnie przyjechał z Polski. Chce studiować na uniwersytecie w Chicago i nie wracać do ojczyzny. Zofia Kowerdan od trzech lat sprząta i gotuje w amerykańskich domach.

Jerzy pamięta skupioną trzydziestolatkę. Oboje są nowi w Ameryce, Barbara niepewna swojego losu.

– Pyta mnie, czy czeka ją w Ameryce jakaś przyszłość. Odpowiadam, żeby trzymała się mojej mamy. Nikt przy niej nie zginie.

Dom, w którym Zofia obecnie pracuje, należy do Sewarda i Esther Johnsonów. Państwo Johnsonowie, współwłaściciele wielkiej firmy kosmetycznej, mieszkają w Oldwick, całkiem niedaleko. Podobno dalekim przodkiem któregoś z nich jest osiemnastowieczny prezydent John Adams. Najważniejsze, że państwo Johnsonowie szukają pomocy do kuchni. Sympatyczna Barbara mogłaby spróbować. Może mieszkać u pracodawcy, weekendy spędzać w Perth Amboy.

Barbara przyznaje, że nie potrafi gotować.

– Ależ oni jadają mało i skromnie. Szczupli, na wiecznej diecie, nie można się pomylić – zachęca Kowerdan.

Trzeciego dnia Esther Underwood Johnson, nazywana przez najbliższych Essie, wysyła samochód z kierowcą do Perth Amboy.

Kandydatka na kucharkę stoi w drzwiach jadalni. Ma na sobie skromną zamszową sukienkę i kolorową apaszkę. Z uśmiechem podaje dłoń starszej strzelistej wysportowanej kobiecie.

„To jest historyczny moment w tej dziwacznej i nieprzewidywalnej opowieści o jednej z najbogatszych rodzin w Ameryce. Druga pani Johnson właśnie spotkała trzecią" – pisze amerykański reporter David Margolick z „The New York Timesa", kiedy w połowie lat osiemdziesiątych XX wieku zaczyna relacjonować bulwersujące sądowe życie rodziny z New Jersey.

Życie w Oldwick, NJ. 1968

Farma w Oldwick jest główną siedzibą państwa Sewardostwa Johnson przez trzydzieści dwa lata małżeństwa. Siedzibami pobocznymi są: dom w górskim stylu szwajcarskim postawiony na plaży na Florydzie oraz wielki, kryty gontem dom w Chatham na Cape Cod. Status jednej z najbogatszych rodzin Ameryki zobowiązuje.

Pan domu, razem ze swoim bratem Robertem Woodem Johnsonem, zwanym Generałem, jest współwłaścicielem koncernu kosmetycznego. Farmę kupił w 1938 roku i sukcesywnie dokładał sąsiednie działki. Nazywana perłą budownictwa wiejskiego Nowej Anglii, składa się z wielkich obór o błękitnych ścianach i białego budynku głównego. W późnych latach czterdziestych XX wieku fotografują ją namiętnie Samuel Gottscho i William Schleisner, tandem zakochanych w architekturze artystów, dzięki czemu możemy podziwiać oszczędne czyste wnętrza, przestrzenie bez przepychu.

Seward lubi udawać farmera. Takiego jak jego sąsiedzi.

Prowadzi dziennik hodowlany dwóch stad krów. Jedno stado nazywa się Mleko, a drugie Miód. Krowy rasy Holstein zbierają nagrody na wystawach, ale pan domu ma ambicję, by jeszcze uszlachetnić rasę i doić jeszcze więcej mleka. Uprawia żyto i lucernę na paszę.

Ustanawia porządek dnia. Śniadanie podaje się o siódmej rano, lunch o dwunastej, kolację o siódmej trzydzieści wieczorem.

Farma i rezydencja Johnsonów w Oldwick. Po lewej stronie widoczne stajnie (góra) i domek dla służby (dół)

Natomiast Esther Johnson lubi grać w tenisa. Nie lubi latać samolotem ani pływać po morzu. Na wakacje na Florydę dojeżdża prywatnym wagonem kolejowym. W pierwszych latach małżeństwa zmusza się do rejsów, potem już nie.

Oczywiście Johnsonowie nie są zwykłymi farmerami.

Barbara Goldsmith, nowojorska pisarka i kronikarka wyższych sfer, ma okazję rozmawiać z jednym z przyjaciół Sewarda, który odwiedził farmę w Oldwick w latach sześćdziesiątych XX wieku. Przyjaciel szybko dostrzega kontrasty.

Seward wysyła po niego prywatny samolot. Z lotniska odbiera go wielki cadillac. Wiezie na farmę, gdzie Seward chodzi bez butów, w bawełnianej koszuli i podwiniętych jeansach.

Lunch podaje pokojówka w prasowanym fartuszku.

Po lunchu Seward oprowadza gościa po farmie i bez obrzydzenia wsadza po łokieć rękę w pryzmę kompostu.

Przenośny pojemnik na kompost kosztuje siedemnaście dolarów, ale nawet kiedy się zużyje, Seward go nie wyrzuca. Za czyszczenie pojemnika płaci pięćdziesiąt dwa dolary.

Wieczorem Seward osobiście odwozi przyjaciela na lotnisko. Jadą sportowym jaguarem, z prędkością stu mil na godzinę.

Inny znajomy, Spaulding Dunbar, dzielący z Sewardem Johnsonem żeglarską pasję, mówi reporterce: „Nie jestem pewien, czy Seward żyje w realnym świecie. Można powiedzieć: wcale nie musi i nie ma takiego doświadczenia".

Kiedy rola farmera i współwłaściciela koncernu kosmetycznego go znudzi, wsiada na jacht i wypływa w morze. Tam znika lądowa nieśmiałość Sewarda. Ponieważ Essie na morzu źle się czuje, towarzystwa dotrzymują mu młode kobiety. Skipper jego jachtu jest przyuczony, żeby nie wpisywać obcych pań do księgi pokładowej.

Wróćmy do pani Essie. Już w połowie lat sześćdziesiątych Seward narzeka na trwały brak zrozumienia ze strony żony.

Znana jest anegdota o tym, jak Seward przywozi żonie prezent z rejsu po Karaibach. Jest nim spreparowany wielki żółw szylkretowy, niezwykle rzadki gatunek żółwia morskiego z dekoracyjną skorupą. Seward jest dumny z polowania, a Essie wyrzuca truchło. Nie chce, żeby jakikolwiek trup ozdabiał ścianę w jej domu. Odtąd jej mąż częściej poluje nie tylko na żółwie.

Jeszcze o rodzinie. Seward Johnson ma sześcioro dorosłych dzieci. Czworo najstarszych: Sewarda juniora, Mary Lea, Elaine i Dianę, z pierwszego małżeństwa. Jennifer i Jamesa z Essie. Nie jest czułym ojcem, ale dwoje najmłodszych wspomina lata spędzone w Oldwick z sentymentem.

Jednak kiedy na farmę trafia Zofia Kowerdan, nie znajduje śladu obecności dzieci Sewarda. O tym, że pan domu ma sześcioro dzieci, Barbara dowie się po roku zatrudnienia.

Przydomowe lotnisko. Oldwick, NJ, 2015

Farma w Oldwick należy do rodziny i zwraca uwagę z dwóch powodów. Pierwszy to międzynarodowe zawody w powożeniu bryczką, które organizuje James Tucker, syn Jamesa, wnuk Sewarda, mistrz powożenia.

Drugi to spór o nowe lotnisko, który z kilkoma farmerami hrabstwa Tewkesbury prowadzą Johnsonowie.

Za pośrednictwem adwokata panowie zwracają się do mieszkańców o wyrażenie zgody na budowę przydomowego lotniska. Przekonują, że na farmie hoduje się krowy. Lotnisko jest niezbędne do utrzymania wysokiej jakości bydła, ponieważ inseminowane krowy powinny mieć możliwość obcowania z najświeższym nasieniem, które przesyłane byłoby drogą powietrzną. Małe samoloty mogą przewozić embriony aż do Japonii. Lotnisko zachęciłoby do wizyt klientów z napiętym terminarzem. „Rozwój farmy to rozwój Tewkesbury" - pisze prawnik do mieszkańców.

Przeciwnicy inwestycji podnoszą, że hałas zakłóci wiejskie życie, nawet jeśli krowie nasienie przeleci tylko raz dziennie. Obawiają się też, że krowy i embriony są zwykłą wymówką. Samoloty będą wozić na zakupy bogaczy, żeby zbyt długo nie męczyli się w swoich mercedesach.

Przeciwnicy lotniska mogą mieć na myśli to, że James Johnson ma oprócz Tuckera jeszcze pięcioro dzieci. Między innymi córkę Jazz i syna Jamiego, dla których Barbara będzie (nieświadomie) inspiracją.

Historie kuchenne. Perth Amboy, jesień 1968

Wolne dni Barbara spędza w domu Wyszyńskich. Pomaga zmywać i sprzątać. Jest pogodna, choć ma dylematy.

– Czy historyk sztuki powinien gotować owsiankę amerykańskiemu bogaczowi? – pyta czasem.

Wtedy Wyszyńska tłumaczy:

– Historyk sztuki bez znajomości angielskiego nie przyda się Ameryce. Doświadczają tego polscy profesorowie, kładąc dachy w murzyńskich dzielnicach, i księgowe podczas sprzątania żydowskich domów. Weźmy żonę profesora Zofię Kowerdan.

Dopiero z angielskim można zawalczyć o właściwe stanowisko albo z walizką dolarów wrócić do swojej ojczyzny. Basia nie chce wracać do kraju. Opowiada o zwyczajach w Oldwick. Na przykład Sewarda Johnsona spotyka dopiero po dwóch tygodniach.

– Mam nadzieję, że będzie pani tu szczęśliwa – mówi pan Johnson i wychodzi z domu[*].

Tydzień później okazuje się, że umiejętności kulinarne Barbary nie zaspokajają nawet umartwiających się dietetycznie Johnsonów. Barbara przypala albo nie dogotowuje. Esther jest niezadowolona, ale wkracza Zofia Kowerdan i negocjuje dla Barbary stanowisko pokojówki.

Teraz Basia ma okazję widywać pana domu znacznie częściej, ale nie ma jeszcze mowy o przełomie w relacjach.

Barbara zwraca uwagę na purytańskie obyczaje, których pilnuje pani domu. Na przykład pewnego wieczora do kuchni wkracza gość państwa, Keith Wold, mąż Elaine, córki pana domu z pierwszego małżeństwa. Wizyta Woldów, jak również pozostałych z sześciorga dzieci Sewarda, jest rzadkością. Keith zagaduje pokojówkę, pyta o pracę w dalekiej Polsce, prosi o herbatę. Esther wchodzi do kuchni i jest świadkiem tej sceny. Bardzo się denerwuje, krzyczy na Keitha, że wymaga posług po godzinach. Odsyła Barbarę do sypialni i prosi, by się zamknęła od wewnątrz. Tymczasem Barbara nie widzi nic złego w niewinnych zaczepkach. Raczej napięcie pani domu uważa za niezdrowe.

Życie w Oldwick nie przypomina modelu, który Barbara zna ze starego kraju. Nie spędza się wieczorów we wspólnym, ciasnym „dużym" pokoju ani w kuchni. Nie krzyczy się, nie awanturuje, nie dyskutuje. Państwo z rzadka tylko spotykają się na chwilę przy dużym stole w pustej jadalni.

---

* Kiedy dwadzieścia lat później Barbara opowiada o pierwszym spotkaniu aktorce Małgorzacie Zajączkowskiej, wygląda ono tak: – Masz twarz jak ziemniak – mówi Seward. – Ale uśmiech zachwycający.

Wnętrza rezydencji Johnsonów w Oldwick. U góry widoczne: sypialnia Sewarda oraz pokój gościnny, na dole – salon i jadalnia

Podczas zmywania u Wyszyńskich Barbara mówi jeszcze:

– Mają w pokojach brzydkie zielone dywany. Nie stać ich na ładniejsze?

W czerwcu 1969 roku Barbara towarzyszy państwu w letnim wyjeździe do Chatham. Odczuwa satysfakcję, gdy żeglujący przy brzegu Seward niemalże rozbija jacht na jej widok w kostiumie kąpielowym.

– Kostium za dwadzieścia dolarów – śmieje się w kuchni Danuty – i robi takie wrażenie!

Danuta Wyszyńska jest przekonana, że wówczas, a nawet w lipcu i sierpniu, nic nadzwyczajnego w życiu Barbary się nie wydarzyło.

Mniej więcej od stycznia 1969 roku w domu przy Market Street przemieszkują bowiem Mieczysław i Piotr Ejsmontowie, bracia bliźniacy, żeglarze. Kilka miesięcy wcześniej odcumowali małą łódkę w porcie w Kopenhadze, postawili żagle i uciekli prosto na Florydę. Polonijna Ameryka wita ich jak bohaterów. Udzielają wywiadów w polskojęzycznych radiostacjach, objeżdżają polskie parafie i domy kultury. Robią wrażenie na dziewczynach. Piotr akurat robi wrażenie na Barbarze.

Żeglarze wolności w Ameryce. Styczeń 1969

Wielka historia bliźniaków zaczyna się w Węgorzewie dwie i pół dekady wcześniej. Mają prawie po pięć lat i rodzącą się pasję do żaglówek. Dziesięć lat później uciekają z technikum rybołówstwa, żeby wziąć udział w kursie marynarskim. Swoją nastoletnią energię kierują wyłącznie na to, aby zdobyć pozwolenie na daleki rejs. Jest nim książeczka żeglarska z odpowiednią pieczęcią, wbijaną przez Wojewódzki Komitet Kultury

Fizycznej za zgodą milicji. Regularnie odwiedzają port w Trzebieży. Żeglarze płaczą ze śmiechu, gdy bliźniacy opowiadają o swoich planach, na przykład o tym, jak przepłyną tratwą Morze Bałtyckie. Rzedną im miny, gdy w 1961 roku bracia porywają sześcioosobowy średnio sprawny jacht i machają na do widzenia. Sztorm wyrzuca ich na Bornholm. Bliźniacy zza żelaznej kurtyny budzą sensację. Prokurator w Polsce żąda pięciu lat więzienia dla zdrajców, ale obrońcy udaje się przekonać wysoki sąd, że młodzieńcy są pasjonatami, nie przestępcami. W 1965 roku osobno uciekają przez zieloną granicę. Spotykają się w Kopenhadze i proszą o azyl. Pracują w fabryce, odkładają każdą koronę i w kwietniu 1968 roku wodują jacht John II, nazwany tak na cześć nieżyjącego Johna Kennedy'ego. Jeszcze wysyłają list do Węgorzewa. Obiecują mamie, że odezwą się z Ameryki. 4 maja zaczyna się brawurowy rejs relacjonowany przez Radio Wolna Europa. „Mamy nadzieję, że Bóg i Neptun będą nam łaskawi". W nocy 23 grudnia wycieńczeni kapitanowie Johna II wpływają do portu w Miami. Jacht nie nadaje się już nawet do naprawy, trafia do polskiego muzeum pod Filadelfią. Polonia Amerykańska szaleje na punkcie „żeglarzy wolności". Podobnie amerykańscy politycy, którzy zapraszają braci do samego Waszyngtonu, zwłaszcza senator Edward Kennedy. Zwiedzają Kapitol razem z bohaterskimi załogantami misji Apollo 8.

Do mediów polonijnych zgłaszają się rodziny z całej Ameryki. Wszyscy chcieliby gościć bohaterów. Piotr i Mieczysław przyjmują hołdy, ale przede wszystkim zbierają fundusze na nowy jacht. Urosły im apetyty. Teraz w imię wolności chcieliby opłynąć kulę ziemską. W miarę przypływu gotówki stocznia w Karlskronie buduje dla nich sześciometrową Polonię.

Na Wschodnim Wybrzeżu dwóch barczystych brodaczy (byliby nie do odróżnienia, gdyby nie srebrna korona na przednim zębie Piotra) przejmuje Hieronim Wyszyński. Wprowadza ich na Market Street, przemawia z pompą.

Ejsmontowie działają na wyobraźnię zwłaszcza młodych ludzi. Ryzyko, jakie podjęli, żeby uzyskać wolność, odwaga, umiejętności żeglarskie, wytrzymałość i determinacja, ambicja to potężny kapitał.

W Perth Amboy kapitał Piotra Ejsmonta pożytkuje Barbara. Wyszyńska obserwuje: ukradkowe spojrzenia, uśmiechy i spacery promenadą. Odnotowuje dyskretne wspólne znikanie.

W końcu wiosną Basia przychodzi do kuchni.

– Wyjdę za mąż za Piotra, jak tylko wróci do Nowego Jorku. Założymy rodzinę.

Bo Barbara już nie chce sprzątać. Chce żyć. Piotr – człowiek symbol – wygląda na dobrego partnera dla kobiety z ambicjami.

Pod koniec czerwca 1969 roku jacht jest gotowy i czeka w Nowym Jorku.

12 lipca Barbara wraca ze służbowego wyjazdu z państwem Johnsonami w Chatham. Chce być na nowojorskim nabrzeżu, gdy polski ksiądz poświęci Polonię. Kiedy duchowny wchodzi na pokład, jacht niebezpiecznie przechyla się na prawą burtę. Tłum wstrzymuje oddech, ale Piotr chwyta duchownego. Przez głowę Barbary przebiega szybkie pytanie, czy ta mała łódeczka, która chwieje się pod ciężarem mężczyzny, zniesie sztormy i huragany. Nastrój jest podniosły, łódź odbija od brzegu, gra orkiestra. Barbara postanawia przez miesiące oczekiwania intensywnie uczyć się angielskiego. Podczas dziesięciu miesięcy służby zaoszczędziła trzy tysiące dolarów. Wyda je na kurs uniwersytecki. Musi tylko powiedzieć pani Essie, że na razie kończy ze sprzątaniem.

Danuta przysięga:

– Latem to ona jest zakochana!

W sprawie narzeczonego: o tym, co się dzieje na oceanie, wiadomo dzięki korespondencjom nadawanym do „Dziennika Polskiego" z Detroit. Polonia kieruje się na wschód, na Wyspy Kanaryjskie. Po drodze do Las Palmas uderza w nią piorun, a następnie zderza się ze śpiącym wielorybem. W drodze z Las Palmas do Kapsztadu żeglarze nie mają już tak wiele szczęścia. 8 września nadają: „Polonia przecieka, zatacza się jak ranny zwierz, musimy zmienić trasę, Brazylia. Próbujemy dostać się do Brazylii".

Docierają do Buenos Aires w Argentynie. Szaleństwo wyprawy polega również na tym, że wpływając do Buenos, bracia mają w kieszeni dwadzieścia dolarów. Pomaga im zafascynowany wyprawą Polonus. Naprawa jachtu trwa dwa miesiące i ze względu na zimowe cyklony trzeba zmienić trasę. Opłyną więc Ziemię Ognistą. Wezmą Cieśninę Magellana, a potem przylądek Horn. Wrócą do Buenos Aires. 24 listopada nadają: „Święta Bożego Narodzenia spędzimy pośród lodów na przylądku Horn".

17 grudnia donoszą z Puerto Deseado: „Jutro odpływamy do Río Gallegos. Powinniśmy tam być za dwa, trzy dni".

A potem sprawy się komplikują.

Trzecia młodość Sewarda. Lato–zima 1969

Na Wschodnim Wybrzeżu zaczyna się trzeci, spektakularny akt długiego życia Sewarda Johnsona. Najbogatszym źródłem wiedzy o nim są zeznania złożone przed adwokatami oraz nowojorskim składem sędziowskim w 1986 roku przez Barbarę, Sewarda juniora – najstarszego syna – oraz pięcioro młodszych dzieci Sewarda. O tym, co się dzieje w drugiej połowie 1969 roku, pisze reporter „The New Jork Timesa" David Margolick oraz Barbara Goldsmith, pisarka. Nie cichną plotki latami powtarzane przez nowojorską Polonię.

Wersja Barbary Piaseckiej wygląda więc mniej więcej tak: „Pani Essie już wie, że wykupiłam kurs językowy na New York University i że odchodzę. Pan Seward podchodzi do mnie i mówi, że ma nadzieję, iż zechcę zostawić swój numer telefonu. Nie okazuję entuzjazmu, więc sam pisze mi swój numer na kartce. Ja też. Kilkanaście dni później otrzymuję informację, że pan Seward kilkakrotnie chciał się ze mną skontaktować. Nalega, bym odwiedziła go w biurze firmy Johnson & Johnson w New Brunswick, ponieważ ma coś bardzo ważnego do przedyskutowania. Wysyła nawet limuzynę. Jego wielki gabinet robi wrażenie. Stoi w nim antyczne angielskie biurko, są modele jachtów, a na ścianach wiszą drogie obrazy. Pan Johnson wyjawia powód tak nagłego wezwania. Mówi, że mnie podziwia, a teraz, gdy wie, że oszczędzam na uniwersyteckie kursy, ma dla mnie dużo szacunku. Przypominam mu amerykańskich pionierów i czuje, że powinien mi pomóc.

Wiedząc, że jestem historykiem sztuki, prosi mnie o opinię o obrazach w jego gabinecie. »Franz Kline, mówię, jest bardzo dobry, używa pędzla w sposób zdecydowany i ekspresyjny, co dowodzi, że malarz szybko podejmuje decyzje«.

Pan Johnson zgadza się z moją opinią i mówi, że jego odczucia są identyczne. Mówię mu także, że obrazy Amerykanina Hansa Hofmanna nie mają wartości artystycznej i nie wyrażają niczego specjalnego. Pan Johnson znowu się zgadza. Widzę, że wyraża zainteresowanie moimi opiniami. Mówię na wszelki wypadek, że jestem osobą dumną, i dopóki wystarczy mi sił, będę pracowała. Nie będę nikogo prosiła o pieniądze".

Barbara Goldsmith nie może oprzeć się wrażeniu, że tak złożona konwersacja między Sewardem i Barbarą w roku 1969 budzi wątpliwości z przyczyn technicznych. Jeszcze w 1986 roku, kiedy reporterzy nowojorskich i federalnych gazet przysłuchują się wypowiedziom Barbary, podkreślają jej silny polski akcent oraz niewyrafinowane słownictwo. Szesnaście lat wcześniej musiało być znacznie uboższe.

Mimo cynizmu elit wynikiem spotkania w gabinecie jest propozycja, na razie zawodowa.

Ciąg dalszy według Barbary Piaseckiej:

„Seward chce, żebym była kuratorem, i wyznacza mi pensję dwunastu tysięcy dolarów rocznie. Mówi, że w przyszłości może mnie zatrudnić w powstającym Instytucie Oceanograficznym. Muszę się zdecydować szybko, bo za sześć tygodni wybiera się w egzotyczną podróż, w którą dobrze, żebym pojechała w celach edukacyjnych. Powinnam też wziąć wcześniej lekcje nurkowania. Ta propozycja wyjazdu jest dla mnie miłym zaskoczeniem, chociaż mówię, że nie mogę jednocześnie uczyć się angielskiego i nurkowania. Podkreślam, że niczego nie chcę za darmo. Chcę pracować. Pan Johnson oznajmia, że przeznaczy dwa tysiące dolarów, abym mogła swobodnie dojeżdżać na Long Island do prywatnego instruktora.

Wspominam, że jestem zaręczona z wielkim polskim żeglarzem.

Pan Johnson mówi niezrażony, że to musi być wspaniały człowiek, ten mój narzeczony.

Kiedy wróci z rejsu, może u niego pracować".

Pozostaje jeszcze problem statusu prawnego Barbary. Jej polski paszport może sprawić kłopot na Bahamach, a przede wszystkim podczas ponownego wjazdu do Stanów Zjednoczonych. Dla pana Johnsona to drobiazg. Robert Myers, prawnik Sewarda, odbywa pilne rozmowy z Waszyngtonem, aby upewnić się, że

Barbara będzie mogła swobodnie wyjechać na wyspy i znów wjechać do kraju. Ale Seward nie chce zostawić spraw przypadkowi. Prosi szefów Smithsonian Institution, której przekazał duże sumy, aby zatelefonowali do odpowiednich osób na Bahamach. „Wysoki urzędnik Smithsonian wytłumaczył władzom, że fotografka, researcherka i osoba nurkująca, niejaka pani Piasecka, jest kluczowym członkiem załogi pana Johnsona i powinna być traktowana odpowiednio do statusu"[6].

Kiedy Barbara zeznaje przed sądem w 1986 roku, zapewnia, że podczas egzotycznej wyprawy byli wciąż przyjaciółmi i studiowali zachowanie rekinów.

W jakim języku? – zapytałaby sarkastyczna Goldsmith.

Wracają przed Bożym Narodzeniem, pan Johnson wstępuje do domu w Oldwick z medalionem, kosztownym prezentem dla Essie, która myśli, że wyjazd z pokojówką jest przejściowym dziwactwem starego męża.

Na dziewczynkę. Nowy Jork, 2014

Kilku nowojorskich Polaków, którzy znali Barbarę, uważa, że od początku znajomości wysyła ona sygnały wabiące starszego pana.

Sygnały?

– Zaplata warkoczyki i zakłada do pracy biały fartuszek. Stara się wyglądać jak mała dziewczynka. Od zawsze wiadomo, że pan Johnson lubił młode kobiety – mówi na przykład pani J., która pracuje dla Barbary pod koniec lat osiemdziesiątych i wysłuchuje miejskich legend na temat szczęścia, jakie ją spotkało. Podobnie jak Essie Johnson, J. nie wierzy w rekiny.

Zniknięcie. Río Gallegos, grudzień 1969

Bracia Ejsmontowie zbliżają się do Cieśniny Magellana. Nikt nie wstrzymuje oddechu, kiedy nie przychodzi depesza z Río Gallegos ani grudniowa korespondencja dla polskiej gazety w Detroit. Miasto Río Gallegos leży blisko cieśniny, ale daleko od cywilizacji. Zbliża się Boże Narodzenie, przesyłki nie dochodzą na czas. Niestety zaraz po świętach okazuje się, że Polonia nie dotarła do Río Gallegos. Szukają jej krążowniki argentyńskiej marynarki wojennej oraz chilijskie lotnictwo. Nie ma po niej śladu. Jeszcze przez dwa miesiące bliscy mają nadzieję, że rozbitkowie koczują na skałach fiordów Cieśniny Magellana.

Wielka iluminacja. Włochy, Brazylia, luty 1970

W styczniu okazuje się, że prezent dla Essie to nie było pojednanie. Mąż wręczył go jej z przyzwyczajenia.

Seward Johnson wynajmuje mieszkanie na Manhattanie, do którego wprowadza się Barbara, a następnie on sam.

W lutym Barbara i Seward opuszczają Stany Zjednoczone.

Chcą skompletować kolekcję sztuki. Można powiedzieć, że Barbara zaczyna właściwą pracę zawodową.

Z rozmachem. Kupują dużo i drogo. Obraz Pieta Mondriana za dwieście pięćdziesiąt tysięcy dolarów. Pabla Picassa za sto tysięcy dolarów. Paula Cézanne'a za dwieście pięćdziesiąt tysięcy dolarów. Barbara szybko ocenia wartość obrazu. Pracodawca błyskawicznie wyciąga portfel.

Seward Johnson junior, nazywany po prostu Juniorem (sam mający artystyczne aspiracje), pierwszy z przekąsem zauważa, że tata przechodzi przemianę. Zanim poznał Barbarę, w ograniczonym stopniu interesował się sztuką. Rysunek krowy na drzwiach stodoły – z tym miał do czynienia. Teraz zachwyca się Mondrianem.

Pod koniec lutego w São Paulo, nie zważając na to, że jest już żonaty, Seward Johnson oświadcza się Barbarze Piaseckiej, a Barbara przyjmuje oświadczyny razem z wielkim pierścionkiem z ametystem i brylantami.

David Margolick słyszy potem, że dla Barbary jest to moment iluminacji.

Uzyskuje wielką pewność, że ma do czynienia z najprzystojniejszym i najmądrzejszym mężczyzną i że go kocha nad życie. Wcześniej mówi „tak" Piotrowi Ejsmontowi, ale jest to zwykłe „tak". Kiedy mówi to Sewardowi, jej „tak" jest wyjątkowe.

Pocałunek, który następuje po oświadczynach, jest – zdaniem Barbary – spotkaniem dwóch komet, podobnie jak wspólna noc chwilę później.

Okazja. Perth Amboy, 2013, Manhattan, 2014

„Tak" Barbary jest wciąż żywe wśród amerykańskiej Polonii oraz amerykańskich przyszywanych krewnych.

Danuta Wyszyńska jest pewna, że Barbara musiała cierpieć z powodu braku informacji o losie polskiego narzeczonego. Naprawdę cierpieć, choć być może krótko.

Jej zasadami życiowymi są: „kuj żelazo, póki gorące" oraz „łap okazję". W São Paulo te dwie sytuacje zachodzą jednocześnie. Jak mogłaby nie skorzystać z takiej sytuacji? Pani J. (ta od opowieści o warkoczykach) jest zdania, że sprawy przybierają radykalny obrót z powodu zaskoczenia Sewarda Johnsona. Oczywiście wypatrzył sobie zgrabną Barbarę i miał zamiar nawiązać romans. Zaproponował, że kupi jej apartament. Ale okazało się, że mieszkanie jej nie interesuje. Odpowiedziała, że pochodzi z kraju, w którym mężczyzna poważnie traktuje kobietę. Jeśli chce z nią obcować, musi się ożenić. Barbara zagrała *va banque*. Zaryzykowała i wygrała wszystko.

Najstarszy syn, Junior, ma inną teorię na temat tego, co zdarzyło się w São Paulo. Przyczyny szalonego skoku taty upatruje w śmierci jego starszego brata Roberta Wooda Johnsona, Generała. To on zarządzał firmą Johnson & Johnson oraz młodszym bratem. Obaj zdradzali kolejne żony, ale Seward senior czasem niepotrzebnie skracał dystans między kochanką a rodziną. Wtedy wkraczał Generał, umawiał się z kobietą i prosił, by poszła swoją drogą. Ostrzegał, że wydziedziczy brata. Niestety Generał umarł na raka płuc w 1968 roku i nie było nikogo, kto zadbałby o brata i jego rodzinę.

Seward Johnson junior:

„Rok przed przeprowadzką do Nowego Jorku, tuż po śmierci wujka Boba, Generała, tata wezwał mnie do siebie. Kiedy wszedłem do jego biura, leżał na fotelu z nogami na biurku, palił cygaro, jak nigdy. Powiedział, że musi mi coś powiedzieć. Usiadłem. Tata wyznał, że weźmie sobie kochankę. Zwierzył mi się, bo wiedział, że nie przepadam za Essie, drugą żoną. Czułem, że chce zacząć nowe życie”[7].

Mąż jak ojciec. Nowy Jork, 1970

O sile przyciągania Barbara opowiada szczegółowo przy okazji procesu w roku 1986.

„Nasze spotkanie było wynikiem przeznaczenia. Wierzę, że to było mi przeznaczone. Czy tylko przypadkiem przyjechałam tutaj ze zniewolonego kraju? Mogłam też dostać inną pracę,

Barbara Piasecka i Seward Johnson

w innym miejscu. Chciano dać mi pracę w bibliotece, ale płacili zbyt mało i do tego nie znałam dobrze angielskiego. Toteż powiedziałam sobie: »Znacznie lepiej pracować tam, gdzie będę mogła zaoszczędzić jakieś pieniądze«. Gdybym wzięła inną pracę, musiałabym płacić za pokój i wydawać pieniądze na jedzenie. Musiałabym pracować cztery albo pięć lat, aby cokolwiek zaoszczędzić. A tak mogłam odkładać wszystko, co zarabiałam. Musiałam zrobić coś ze swoim życiem, a przy takim rodzaju pracy mogłam zaoszczędzić i pójść do szkoły. Nie zdawałam sobie sprawy, że oni są aż tak bogaci.

Więc to było moim przeznaczeniem. Czy wy rozumiecie?

Nigdy nie kochałam nikogo bardziej niż mojego męża. Kochałam mojego ojca, ale to przecież inna miłość. To znaczy kochałam ich jednakowo, ale mój mąż, to był mój mąż, naprawdę mąż. Czasami jego słowa przypominały mi mojego ojca. Również filozofia mojego męża przypominała mi filozofię ojca. Dlatego byliśmy sobie tak bliscy i rozumieliśmy się czasem bez słów. To było wspaniałe, wspaniałe. Miałam wspaniałe życie z moim mężem, ponieważ to była jakby kontynuacja. Rozstałam się z ojcem, który był moim wzorem. I po przybyciu tutaj powtórzyło się to samo. Mam dużo szczęścia. Mam dużo szczęścia i jestem szczęśliwa (...).

Mój mąż po raz pierwszy zakochał się. Nie samym chlebem człowiek żyje i ja pomogłam mu odkryć życie na nowo. Jego dwie poprzednie żony nie robiły dla niego nic a nic – tak samo jego dzieci. Powiedział mi, że należę do najlepszych obywateli Ameryki, że wydobyłam z niego to, co w nim najlepszego. Seward był moim bohaterem. Był najwspanialszym typem bohatera i wiele mnie nauczył, a ja nauczyłam go, jak żyć. Powiedział mi, że nauczyłam go dawać. Zanim mnie spotkał, nie umiał niczego dawać innym.

Uznaliśmy, że przyszłym osiągnięciem naszego życia będzie promocja sztuki i nauki. Jego dwie poprzednie żony nie zachęcały go do takiej działalności. Powiedziałam mu, że dojdziemy do naprawdę wielkich rzeczy. Po ślubie, kiedy już miałam pieniądze, mogłam wyjechać do Paryża albo robić co innego, na co tylko miałam ochotę. Zamiast tego siedziałam przy nim, bo chciałam dobrze dla mojego męża"[8].

Polonia na dnie. Chicago, marzec 1970

Wiosną 1970 roku zostaje opublikowany oficjalny komunikat, że jacht Polonia zatonął wraz z załogą. Być może – pisze kapitan Andrzej Piotrowski, komandor Joseph Conrad Yacht Club z Chicago – z powodu gigantycznej fali interferencyjnej, która powstaje na skutek różnicy głębokości i może pochłonąć jacht w kilka sekund. Nawet doświadczony żeglarz nie zdąży włączyć radia. 18 grudnia 1971 roku, w drugą rocznicę wypłynięcia Polonii, w klasztorze polskich Ojców Franciszkanów pod Buenos Aires zostaje odsłonięta tablica poświęcona jej załodze.

List z Kanady. Marzec 2015

Szanowna Pani,

jest mi wiadome, że moi bracia, będąc w Stanach, poznali Panią Barbarę Piasecką. (W 1996 roku napisałam nawet do Pani Barbary list, opisując życie moich braci).

Dopiero po 1989 roku poświęcono im ulicę w rodzinnym Węgorzewie. Co roku rozgrywany jest tam także żeglarski Memoriał Braci Ejsmontów. W PRL nie było to możliwe. Otrzymałam odpowiedź od sekretarki Pani Barbary – Anny Tkacz. Pisała, że mój list nadszedł kilka dni przed wyjazdem P. Johnson z Ameryki do Europy, ale zdążyła go przeczytać i prosiła o przekazanie, że odpowiedź otrzymam przy okazji następnego pobytu w Stanach, a że nie spędza w Stanach wiele czasu, więc prosi o cierpliwość. Następnie w 2008 roku znowu napisałam list. (...) Nie otrzymałam listu od Pani Barbary. Tak naprawdę to nie wierzyłam, że otrzymam jakąkolwiek odpowiedź, więc nawet te listy od sekretarki sprawiły mi wielką przyjemność. Życzę szczęśliwych świąt dla Pani i Rodziny.

Z poważaniem – Wanda Śmiechowicz

Listy z Ameryki. Wrocław – Nowy Jork, 1970–1971

Przyjaciele ze studiów, którzy zostali w Polsce, układają sobie życie zawodowe i ich droga nie jest prosta. Wrocław nie potrzebuje zbyt wielu historyków sztuki. Gdyby chcieli się zatrudnić w innym mieście, na przykład w Warszawie, muszą tam mieć stałe zameldowanie. Bez własnego mieszkania trudno o meldunek. Bez stałego zatrudnienia nie ma widoków na mieszkanie. Słowem: przyjaciele stają w szranki z wczesnymi latami siedemdziesiątymi.

I właśnie wtedy do niektórych zaczynają przychodzić listy od Barbary. Barbara pisze o miłej Danucie, o nowej pracy w Oldwick, o mężnym Piotrze E. i panu J.

O tym, że Barbara właśnie przenosi się na Manhattan, a pan J. dzwoni, odwiedza i zabiega.

Gdyby ktoś chciał przyjechać w odwiedziny, będzie mógł się zatrzymać u Barbary, w miłym mieszkaniu na 52. Ulicy, w samym centrum miasta, blisko wielkiego parku.

Będzie mógł znaleźć pracę przy sprzątaniu nowojorskich mieszkań, za dolary kupić mieszkanie w Krakowie lub w Warszawie albo wykorzystać okazję, tak jak Barbara.

Z listów, uważa jeden z polskich adresatów, wyziera samotność. Barbara nie ma za oceanem zbyt wielu przyjaciółek. Być może nie ma komu opowiedzieć o tym, co właściwie czuje w tym szczególnym momencie. Albo nie ma nikogo, kto zachwyciłby się jej tryumfem. Wokół zapewne znajdują się Polacy, którym wystarcza przeciętne życie. Barbary takie życie nigdy nie interesowało.

Barbara proponuje: gdyby ktoś chciał przyjechać, ona może przysłać paczkę pełną skórek z nutrii, które można zanieść do kuśnierza, sprzedać i kupić bilet na statek wycieczkowy Stefan Batory. Grzesiek, brat, może zawieźć adresata nawet do Gdyni. Przy okazji podać walizki z prezentami dla Barbary. Gdyby Batory szedł akurat do Montrealu, Barbara i jej nowy narzeczony mogą odebrać gościa swoim prywatnym samolotem.

Jeśli chodzi o bogactwo, nie trzeba się przejmować. Tysiąc, milion czy dziesięć milionów dolarów nie czyni żadnej różnicy dla człowieka z Polski, któremu w ojczyźnie trudno kupić papier toaletowy. Na przyjezdnego czeka przytulny pokój gościnny u Barbary i Sewarda.

Gdyby ktoś przyjechał, może zaobserwować życie nowej pary.

Dwa, trzy razy w tygodniu Seward senior wsiada do sportowego mercedesa, jedzie do New Brunswick, głównej siedziby firmy Johnson & Johnson. Nie wiadomo, co tam robi. Oficjalnie jest wiceprezesem. Po śmierci brata powinien wziąć odpowiedzialność za firmę albo przynajmniej sprawiać takie wrażenie, ale jego serce jest obecnie na Florydzie, gdzie cumuje swoje jachty i buduje Instytut Oceanograficzny. Poza jachtami Seward skupia się tylko na Barbarze, a Barbara na dobieraniu nowych dzieł sztuki do kolekcji.

Nowy Jork oszałamia, ale wieczory spędza się tu raczej w kuchni. Pan domu kładzie się spać wcześnie. Być może słabo mówiący po angielsku gość z Polski nie stanowi zachęty do długich wieczornych nasiadówek.

Można gotować i świetnie się bawić. Na przykład w złe gospodynie domowe. Żartować, że obiad będzie podany na gazecie.

Barbara lubi opowiadać o rodzinie przyszłego męża. Mówi, że obecna żona była znudzona małżeństwem, a dorosłe dzieci są wobec ojca obojętne. Z wzajemnością. Każde z sześciorga dysponuje potężnym trustem, który Seward zakładał im zaraz po urodzeniu.

– Będą bogatsze niż ja – mówi Barbara, a gość nie może być pewny czy słyszy wyrzut w głosie narzeczonej. Barbara nie czuje się skrępowana tym, że niedawno jako pokojówka ścieliła łóżko narzeczonemu, jego żonie, dzieciom oraz gościom. Albo dobrze udaje. Planuje budowę nowego domu dla siebie, Sewarda i powstającej kolekcji obrazów.

Czasem gość może się zastanawiać, skąd Barbara ze Staniewicz wie, jak powinni żyć bogacze.

Za szybą. Nowy Jork, New Jersey, Floryda, 1969–1971

Do kuchni na 52. Ulicy nie docierają dramatyczne wieści z Florydy, gdzie na raka umiera najstarszy syn Generała, bratanek Sewarda, Bobby. Syn Bobby'ego Woody leży sparaliżowany po wypadku motocyklowym. Keith, młodszy brat Woody'ego, pogrąża się w śmiertelnym uzależnieniu od kokainy.

Nie docierają także wieści z Princeton, gdzie po dramatycznym rozwodzie z pierwszą żoną, próbie samobójczej, głębokiej depresji i zwolnieniu z rodzinnej firmy Junior dochodzi do siebie u boku nowej kobiety.

Nie docierają nawet wieści z Manhattanu, gdzie najstarsza córka popada w lekomanię.

Seward nie wprowadza Barbary w życie swoich najbliższych krewnych. W miarę możliwości nie angażuje w nie także siebie.

Tata się zmienił. Manhattan, styczeń 1970

Junior nie jest częstym gościem w domu taty, ale w styczniu 1970 roku odbiera telefon z zaproszeniem do mieszkania na Manhattanie. Ojciec chce, żeby Junior i jego nowa żona poznali teraz jego nową narzeczoną. Od progu rozumieją, że nadeszła rewolucja. Trzyczęściowy garnitur ojciec porzucił na rzecz golfa i łańcucha na szyi. Seward prowadzi ich do sypialni. Na ścianie wisi wielki akt malowany przez któregoś z impresjonistów. Potem witają się z Barbarą. Wydaje się zawstydzona ekstrawagancją narzeczonego.

Rozwodu! Oldwick, NJ, luty 1970

Essie Underwood Johnson, która mieszka wciąż na farmie w Oldwick, dostaje list od Nicholasa Cartera, prawnika męża. To oficjalne zawiadomienie o wszczęciu postępowania rozwodowego. Po trzydziestu dwóch latach pożycia, znudzenia, obopólnych pretensji i plotek, mimo że naprawdę nigdy nie lubiła mężczyzn, Esther jest wstrząśnięta. Jej rozgoryczenie odbija się na Zofii Kowerdan, którą natychmiast zwalnia.

Amerykańskie zdziwienia. Nowy Jork, wiosna 1971

Gość z Polski, który odwiedziłby Barbarę w Nowym Jorku, często przebywałby sam, ponieważ narzeczeni są zajęci. Być może zostałby poproszony o pilnowanie obrazów, których przybywa z tygodnia na tydzień. W galeriach Paryża, Rzymu i Londynu narzeczeni kupują dzieła sztuki do planowanego domu. Poza tym pływają jachtem z Fort Lauderdale do Miami, lecą do Toskanii, gdzie w domu Johnsonów w Ansedonii odbywa się zapoznawcze spotkanie z rodzicami Barbary oraz z bratem Grzegorzem. (Spotkanie według Barbary jest udane, chociaż nikt z polskiej rodziny nie mówi jeszcze po angielsku).

Być może doskwierałoby mu surrealne położenie. Mieszkałby u milionera, a nie miał pieniędzy na jedzenie. Mógłby oczywiście spróbować szukać pracy, ale z pewnością goście odwiedzający przyszłych państwa młodych pogłębialiby jego poczucie wyobcowania.

Gość mógłby wziąć udział na przykład w lunchu Sewarda i jego córki Jennifer. Jennifer mieszka w tym samym mieście, ale nie widziała się z ojcem od wielu miesięcy. Wreszcie jest, lecz w spotkaniu nie ma intymności, ponieważ uczestniczy w nim nowa narzeczona taty i jeszcze obca osoba z Polski. Jennifer staje w drzwiach, mówi „cześć, tato", podaje ojcu rękę i siada przy stole. Rozmawiają o nowym jachcie taty. Godzinę później Jennifer uprzejmie żegna się z towarzystwem. Nikt nie protestuje, widać ulgę na twarzy ojca.

Innego dnia wpada Eve, żona zmarłego brata Sewarda, Generałowa. Opowiada lekko, że mąż miał romans ze swoją pielęgniarką. Mówi ze śmiechem, że Seward robi tak samo.

Gość z pewnością poznałby państwa Diamond, dilerów sztuki, którzy od niedawna doradzają Sewardowi. Harold i Hester handlują sztuką modernistyczną. Seward jest teraz ich ważnym i szczodrym klientem. Ceni zwłaszcza panią Diamond, więc kiedy kupuje mieszkanie dla Barbary, pyta, czy Hester nie zechciałaby go gustownie urządzić. Hester jest zaskoczona, ale się zgadza. Projektowanie wnętrz uczyni z niej na lata gwiazdę nowojorskiego artystycznego towarzystwa[9].

Dzięki Sewardowi Diamondowie mogą porzucić swe nauczycielskie etaty, przesiąść się z autobusu do rolls-royce'a i zacząć grzać się wśród zamożnych miłośników obrazów.

Gość byłby zaskoczony, gdyby zobaczył, jak po obiedzie w restauracji Hester wyciąga plastikowe pudełko, żeby zabrać ze stołu niedojedzone resztki. Cieszy się, że zaoszczędzą na jutrzejszym późnym śniadaniu. Następnie umyślny przyprowadza rolls-royce'a pod drzwi restauracji.

Hester chętnie zaprasza do siebie dzieci i znajomych swojego świetnego klienta, więc kiedy Barbara i Seward ruszają do Europy, gość z Polski poznaje Jamesa, najmłodszego syna Sewarda. James Johnson też pragnie zostać artystą malarzem, zachwyca się znaczącą kolekcją sztuki rosyjskiej, którą Diamondowie zgromadzili w swoim mieszkaniu w dzielnicy West Side. Mówi się, że ma za sobą załamanie nerwowe, podobno z tego powodu, że ojciec nie lubi jego artystycznej pasji. Według innej opowieści jest mu przykro, bo nie wie, czy jest lubiany przez wzgląd na samego siebie czy dla gigantycznych pieniędzy, które posiada. Jeśli biedujący na co dzień gość z Polski ma nadzieję, że James odwiezie go taksówką do domu, bardzo się myli. Po lunchu James szybko łapie autobus.

Państwo młodzi. Skillman, NJ, listopad 1971

Narzeczony popędza prawników, żeby szybciej rozwiedli go ze starą żoną. Negocjacje kończą się w listopadzie 1971 roku. 3 listopada Seward i Esther podpisują ugodę rozwodową. Druga pani Johnson dostaje dwadzieścia milionów dolarów i dom wakacyjny w Chatham.

Nazajutrz prawnicy Sewarda przygotowują kolejną umowę. Tym razem przedślubną dla Barbary. Jeśli będzie trwać przy przyszłym mężu, po jego śmierci dostanie dziesięć milionów dolarów, rosnącą kolekcję drogocennych obrazów i włoską posiadłość.

Przy okazji zbliżającego się ślubu każda ze stron jest proszona o ujawnienie swojego majątku.

Wartość Sewarda Johnsona to w przybliżeniu trzysta trzydzieści milionów dolarów, z czego większość to akcje firmy Johnson & Johnson, poza tym jacht Oceaniczna Perła i kilka domów. Basia posiada gotówkę w wysokości trzystu pięćdziesięciu dziewięciu dolarów oraz pół miliona dolarów, które wpłacił na jej konto Seward, futra i biżuterię.

Ze sklepu Tiffany'ego przy Piątej Alei kurier wiezie dwie obrączki do wynajętego w Skillman w New Jersey domu. Basia przystroiła go orchideami.

Będą mieszkać w Skillman, zanim Barbara wybuduje dla obojga dom marzeń.

Uroczystość jest kameralna. Odbywa się w pokoju bawialnym, przy kominku.

Zaproszeni są państwo Diamondowie, dwóch prawników Sewarda i żona zmarłego Generała. Oraz sędzia pokoju, który jest prawnikiem Johnson & Johnson.

Nieobecne są dzieci Sewarda Johnsona, bracia oraz rodzice Barbary.

Panna młoda występuje w zielonej sukni. Zielony pierścionek pożyczyła Barbarze Zofia Kowerdan, ale nie ma jej na uroczystości.

6 listopada 1971 roku Barbara Piasecka, lat trzydzieści cztery, zostaje żoną Sewarda Johnsona I, lat siedemdziesiąt sześć.

Ślub jest krótki, po przysiędze Barbara wznosi toast po angielsku.

– Za mężczyznę, który dał mi wszystko i da mi wszystko, jeśli będzie trzeba.

Seward ze śmiechem przytula swoją żonę. Co widzi jeden z gości?

„Barbara wygląda na zadowoloną, ale to nie jest szczęście młodej kobiety oczekującej małżeńskiego szczęścia i macierzyństwa. Kiedy ktoś z gości komentuje dowcipnie, że teraz czekamy na chrzciny, Barbara ucina: »Chyba szczeniaków«.

Ani wcześniej, ani później nie pokazuje po sobie smutku z powodu dzieci, których nie będzie miała.

Jest szczęśliwa, ale nie widzę w jej oczach miłości. To jest szczęście człowieka, który dostał to, czego chciał”[10].

Seward mówi: „Ba-shia. Dobrze to wymawiajcie”.

Fort Pierce, Floryda – Children's Bay Cay, Bahamy, 1972

Na życzenie żony Seward kupuje prywatną wyspę w archipelagu Bahamy. Należała wcześniej do aktorki Jessiki Tandy, teraz jest ulubionym miejscem państwa młodych i ich nielicznych przyjaciół.

Spełnieniem osobistych marzeń i pasji morskich Sewarda jest rozbudowa Instytutu Oceanograficznego w Fort Pierce na Florydzie. Seward inwestuje prawie sto pięćdziesiąt milionów dolarów w swoją Harbor Branch Oceanographic Institute

Projekt Instytutu Oceanograficznego Harbor Branch

Foundation, która sponsoruje badanie wód oceanicznych. Towarzyszy mu przyjaciel, inżynier i wynalazca Edward Link. W Fort Pierce powstaje kolejny, po Ansedonii, dom zamiejski Johnsonów. Jedyny, w którym Seward, nadzorca badań oceanicznych, czuje się prawdziwie kompetentny i potrzebny.

Anioł pokoju. Skillman, NJ, styczeń 1972–1980

Basia wierzy w rodzinę i uważa, że życie jest łatwiejsze, gdy panują w niej dobre stosunki. Martwi się, że Seward nie zaprosił dzieci na ślub, że nie dostał zaproszeń na kolejne ich śluby.

Jeden ze wspólnych przyjaciół towarzyszy Sewardowi podczas egzotycznych wakacji. Basia akurat jest w Europie. W Dzień Ojca Seward nie dostaje telefonu od żadnego z sześciorga potomków.

Barbara, nowa pani Johnson, zaprasza dzieci na pierwsze święta, a także do udziału we wspólnych wakacjach. Na początku wydaje się, że z sukcesem.

Elaine, Jennifer i Mary Lea kilkakrotnie biorą udział w podróżach Sewarda i Barbary. Podziwiają witalność Basi. Wydaje im się pozbawiona uczucia strachu. Na przykład kiedy w Fort Pierce na Florydzie karmi swojego krokodyla.

Mary Lea z nowym mężem Martinem Richardsem zabierają Basię na wycieczkę do Kalifornii, biorą też wspólnie udział w przyjęciu na cześć Franka Sinatry w nowojorskim hotelu Waldorf Astoria. Wszyscy uczestniczą w obiedzie na cześć Jana Pawła II w Białym Domu. Seward junior nazywa ją nawet „aniołem pokoju".

Junior: „Basia ma dobry instynkt i szanuje tych, którzy mają większą wiedzę o niektórych sprawach. Ale wymaga tego samego, jeśli chodzi o rzeczy, na których się zna. Jedyny problem jest taki, że Basia uważa, iż wszystkie problemy są biało-czarne, a zdecydowaną opinię należy wyrazić głośno i dobitnie. A przecież bywają sytuacje zniuansowane i odcienie szarości muszą być wzięte pod uwagę”[11].

W pierwszej, jeszcze nawet w drugiej połowie lat siedemdziesiątych wydaje się, że rodzina z ciekawością przygląda się egzotycznej nowej żonie Sewarda.

RODZINA

W kronikach towarzyskich New Jersey brakuje wzmianki o ślubie osobistości z koncernu Johnson & Johnson, ponieważ panna młoda jest zagadką. Kiedy reporter „New Jersey Monthly" próbuje zdobyć informacje o nowej pani Johnson, dostaje list od prawników firmy z jasną prośbą o niewtrącanie się w prywatne życie rodziny. Za zdjęcie Basi nowojorski „Daily News" jest skłonny zapłacić pięćset dolarów.

W skład firmy Johnson & Johnson wchodzi już sto sześćdziesiąt przedsiębiorstw. W 1971 roku należy do największych korporacji. Jest ikoną amerykańskiego kapitalizmu, zrodzoną z ambicji, ciężkiej pracy, sprytu, odpowiedzialności, brutalności i kilku szczęśliwych historycznych zbiegów okoliczności. Choćby pierwszej i drugiej wojny światowej. A wcześniej wojny secesyjnej.

Historia jednego opatrunku. Pensylwania, 1845

Sylvester i Luisa Johnsonowie hodują owce i krowy w Crystal Lake w Pensylwanii. Mają jedenaścioro dzieci. Najważniejsze dla tej historii jest ósme z kolei. Robert przychodzi na świat w 1845 roku. Istotni są również James i Mead.

Roberta uważa się za najbardziej rozgarnięte z dzieci, więc gdy kończy trzynaście lat, rodzice wysyłają go do szkoły z internatem. Kiedy ma lat szesnaście, zaczyna się wojna secesyjna.

Bracia Johnsonowie: Robert Wood, James Wood i Edward Mead

Robert nie chce walczyć z Południem, więc aby uniknąć powołania, wyjeżdża do miasteczka Poughkeepsie w stanie Nowy Jork, by zostać pomocnikiem w aptece. To jego pierwszy kontakt z biznesem.

Apteka nazywa się Wood & Tittamer, jej właściciele przygotowują opatrunki, które zakłada się rolnikom po wypadkach na farmie i rannym żołnierzom. Opatrunki to płaty zwykłego materiału lub kompresy robione ze ścinków. Jednak źle trzymają się rany i spadają, a przede wszystkim nie chronią przed zakażeniem.

Dzięki doświadczeniu zdobytemu w Poughkeepsie Roberta zatrudnia potem skład leków na Manhattanie. Zaprzyjaźnia się z handlarzem leków George'em Seaburym tak bardzo, że zakładają razem firmę. Seabury jest prezesem, Johnson menedżerem i głównym sprzedawcą. Handlują lekami, plastrami i odnoszą sukces. W 1878 roku firma przynosi dziesięć tysięcy dolarów miesięcznie i jej zyski wciąż rosną. Swoje produkty sprzedają na Brooklynie i w New Jersey, a potem Robert wypływa do Anglii i Francji, by zdobyć nowe rynki. Jest ruchliwy i skłonny do ryzyka, czym drażni wspólnika. Po sześciu latach będą tak skłóceni, że zdecydują o rozstaniu.

Doktor Lister oskarża bakterie. Filadelfia, 1876

Pierwszy szczęśliwy zbieg okoliczności, który zaważa na przyszłości braci Johnsonów, zdarza się podczas kongresu medycznego w Filadelfii, na którym przemawia angielski chirurg Joseph Lister. Wygłasza płomienną mowę o tym, że higiena na sali operacyjnej, jałowe narzędzia i opatrunki mają ogromne znaczenie dla pacjenta. Dokładniej: zwiększają jego szanse na przeżycie operacji. Sam dezynfekuje opatrunki i ma dobre rezultaty.

Pierwszy identyfikuje bakterie jako źródło zakażeń i zgonów po operacjach. W USA śmiertelność pooperacyjna dochodzi do zatrważających dziewięćdziesięciu procent.

Niestety podczas tego kongresu Lister nie inspiruje słuchaczy na sali. Amerykańscy gospodarze – kilku znanych chirurgów – zapraszają go tylko po to, żeby się z nim głośno nie zgodzić.

Jedynym zaciekawionym jest młody aptekarz z New Jersey. Starsi bracia wrócili z wojny i opowiadali okropne historie o żołnierzach umierających z powodu zakażeń. Kronikarze firmy uważają, że to wtedy zapada decyzja, by zacząć produkować jałowe plastry, opatrunki i szwy chirurgiczne.

Seabury boi się ryzyka i to jest główny powód rozstania. Pożegnalne porozumienie jest następujące: Robert oddaje akcje, w zamian za co firma wypłaca mu w transzach ćwierć miliona dolarów. W 1885 roku w Ameryce są to ogromne pieniądze. Jednym z warunków porozumienia jest zakaz konkurencji. Robert obiecuje, że przez kolejną dekadę nie założy konkurencyjnej firmy. Tyle że Robert ma braci, których zakaz konkurencji nie obejmuje. W 1886 roku James i Mead zakładają spółkę Johnson & Johnson. Specjalizacja: leki, opatrunki. Sprzedaż i produkcja.

Ten moment w historii firmy opisuje dokładnie Jerry Oppenheimer w opowieści o rodzinie[12]. „Korzystają z wynalazku Listera, posługują się jego nazwiskiem, ale nie myślą o podziale zysków z chirurgiem. Odpisują ciepło na listy, które chirurg śle z pytaniem o popularność wynalazku".

Kronikarze firmy nie mają wątpliwości moralnych: doktor był cudownym wynalazcą, ale nie był geniuszem sprzedaży. Tak się złożyło, że Robert był.

Koniec XIX wieku sprzyja sprytnym, kreatywnym i bezczelnym. Kiedy w 1887 roku Robert Wood Johnson oficjalnie inwestuje pieniądze w firmę braci i staje na jej czele, od razu wynajmuje specjalistę od marketingu, który ma sprawić, by Johnson & Johnson byli sławni w Stanach i na świecie.

Historyczna jazda pociągiem. New Brunswick, 1886

Gdy się zajrzy do oficjalnego historycznego bloga firmy – prowadzonego przez Margareth Gurkowitz w New Brunswick – widać jasno, że styczeń 1886 roku uznaje się za datę, na którą trzeba uczulać miłośników imperium.

„Otóż w zimnym styczniu James Wood Johnson udał się w podróż z Nowego Jorku do Filadelfii. Podróż była komfortowa, w tamtych czasach nauczono się już wykorzystywać do ogrzania wagonów parę z lokomotywy.

Mniej więcej w połowie drogi, w małym mieście nad rzeką Raritan, pociąg się zatrzymał. Był to New Brunswick, miasto w stanie New Jersey. W fazie wielkiego przeobrażania. Firmy powstawały i upadały, pociąg stanął obok opuszczonej wielopiętrowej fabryki z napisem na dachu »To Let«. Jamesa, proszę państwa, olśniło.

Wysiadł z pociągu, wynajął czwarte piętro. Już wiedział, gdzie będzie miała siedzibę rodzinna firma".

W marcu czternastu pracowników firmy przenosi się nad rzekę Raritan, a „New Brunswick Daily Times" anonsuje nową firmę w mieście. We wrześniu do firmy dołącza Robert z ćwiercią miliona dolarów.

W kwietniu 1887 roku firma zatrudnia stu dwudziestu pięciu pracowników: „chłopców, dziewczynki, kobiety i mężczyzn".

„Mają trwałe zatrudnienie, bez strachu, że wylecą na bruk" – chwalą braci lokalne gazety. Są uprzywilejowani, pracują bez przestojów, czyli dni wolnych od płacy.

Musi minąć dekada, zanim stan New Jersey zakaże pracy dzieci. Na razie stabilne zatrudnienie nieletnich świadczy o głęboko ludzkim podejściu pracodawcy. Ludzkie podejście ma być znakiem firmowym braci.

Filar filantropii. New Brunswick, 1887

2 kwietnia „New Brunswick Times" ogłasza, że firma Johnson & Johnson przekaże pewną liczbę plastrów i opatrunków niejakiemu panu Wright, który ma je z kolei rozprowadzić wśród pensjonariuszy farm dla ubogich (instytucja farm socjalnych, gdzie bezdomni pracowali w zamian za wikt i dach nad głową) oraz wśród biednych w miastach. Gurkowitz: „Pragnę zwrócić uwagę, że akt ten nastąpił kilka miesięcy przed rozesłaniem oficjalnego cennika do komercyjnych klientów".

Margareth Gurkowitz dodaje, że w ten sposób zaczyna się wielowiekowa tradycja odpowiedzialności firmy za pracowników i społeczność lokalną. Za plastrami dla ubogich idzie niekomercyjny transport opatrunków na front wojny amerykańsko-hiszpańskiej oraz pomoc ofiarom trzęsienia ziemi w San Francisco w 1900 roku. Wedle Gurkowitz bracia Johnsonowie stają się filarami amerykańskiej filantropii. Podobnie ich synowie i wnukowie. Niezależnie od wyznawanej religii, sympatii politycznych czy moralnych standardów życia osobistego.

Twardziel i aniołek. New Brunswick, 1892

W 1892 roku firma jest największym pracodawcą w New Brunswick, szanowanym i podziwianym. Kiedy w wieku czterdziestu siedmiu lat Robert rozwodzi się z pierwszą żoną i poślubia dwudziestotrzyletnią Evangeline, purytańskie towarzystwo w mieście bardziej jest oburzone materialistycznym nastawieniem panny młodej niż moralnym rozwydrzeniem bogacza, który przecież ciężką pracą wydeptuje ścieżkę moralności. Prawdziwą miłością Roberta Wooda jest bowiem firma. Narodziny synów: Roberta Wooda juniora w 1893 roku oraz dwa lata później Sewarda, przyszłego męża Barbary, nie mówiąc o narodzinach córki Evangeline w 1897 roku, nie zmieniają jego obyczajów. „Codziennie, deszcz czy pogoda, szedł do fabryki na piechotę, tak żeby imigranci zatrudnieni w fabryce, którzy czuliby się skrępowani rozmową w jego gabinecie, mieli okazję go zatrzymać i opowiedzieć o swoich bolączkach czy wydarzeniach rodzinnych"[13]. W późnych latach osiemdziesiątych i dziewięćdziesiątych XIX wieku strajkują fabryki na Manhattanie. U Johnsonów – nikt.

Robert junior jest silny, Seward chorowity. Ich matka, młoda żona Roberta, spędza całe dni, opiekując się delikatnym Sewardem, przekonana, że zaraz „wyfrunie do nieba". Blondwłosy aniołek, tak mama nazywa młodszego syna. Zanim odważy się posłać go do szkoły, wzywa do domu nauczycieli, aby nie musiał się męczyć.

Silny i chorowity, władczy i bezwolny, wybuchowy i pasywny – te cechy osobowości braci kształtują ich relacje przez całe życie. Pozostaną wobec siebie lojalni aż do śmierci. Seward jako drugie skrzypce.

Koniec epoki. New Brunswick, 1910

Pod koniec stycznia 1910 roku, kilka tygodni przed sześćdziesiątymi piątymi urodzinami, Robert Wood senior poczuł się bardzo źle. Wezwano najlepszych internistów, w tym tego, który

Siedziba firmy Johnson & Johnson w New Brunswick w roku 1908

Spofford N.Y.

próbował ratować prezydenta McKinleya. Zdiagnozowano chorobę nerek, w 1910 roku nieuleczalną.

„Śmierć zabiera szefa branży kosmetycznej" – donosi „New Brunswick Daily Home News". – „Był człowiekiem silnym, o przyjemnej osobowości i niewyczerpanej energii. Obecny w społeczności, cieszył się zaufaniem i podziwem swoich pracowników. Oddajmy cześć biznesmenowi, który był zawsze blisko człowieka". Pogrzeb Roberta Wooda Johnsona jest wydarzeniem, jakiego miasto jeszcze nie widziało. Orszak złożony z trzydziestu powozów, morze kwiatów, procesja setek mieszkańców miasta, w większości zatrudnionych u Roberta.

Pochowano go na cmentarzu Elmwood w zbudowanym na wzór greckiej świątyni mauzoleum z kamienia vermonckiego, z którego budowano pomniki największych: Colgate'ów, Sydneya Armoura, Waltera Chryslera czy Harveya Firestone'a.

Dwa i pół tysiąca pracowników zamiera ze strachu przed tym, że teraz, bez kreatywnego lidera, firma zginie.

Robert Wood junior też jest wstrząśnięty. Ale gdy matka, młoda wdowa, postanawia wyjechać do Nowego Jorku, zostaje w prowincjonalnym New Brunswick ze stryjem Jamesem. Prosi, żeby już nie nazywać go juniorem.

Kiedyś przyjmował zaproszenia do domu węgierskich robotników z New Brunswick (do tej części New Jersey ściągają uchodźcy z Węgier), dawał się karmić gulaszem i faszerowaną papryką, chwalił lojalność i poświęcenie dla firmy. Od śmierci ojca utrzymuje dystans nawet w stosunku do uboższych kolegów z dzieciństwa. Na fotografii z tamtego okresu w obiektyw patrzy dojrzały nastolatek w garniturze.

Podejmuje pracę na pełen etat, a stryj James czuje na plecach oddech bratanka, który jak najszybciej chce wskoczyć w buty zmarłego ojca.

Pracownice wytwórni gazy

Seward zakładnik. Park Avenue, 1910

„Wierzcie lub nie, nie minęło wiele czasu po pogrzebie, kiedy babcia uciekła z New Brunswick" – opowiada Oppenheimerowi najstarszy syn Sewarda, męża Basi.

Evangeline jest ładna, znudzona i bajecznie bogata.

Przenosi się na Manhattan i rzuca w wir życia towarzyskiego. Zapewne Piąta Aleja zwana Ulicą Milionerów jest jej nowym domem. Bogaci spotykają się na broadwayowskich premierach, ścigają się awionetkami w zawodach na Long Island, odwiedzają Paryż dla dekadenckiej atmosfery, Londyn dla prestiżu. Kobiety za chwilę zetną włosy, skrócą spódnice i ruszą do publicznych barów. Evangeline posuwa się jeszcze dalej.

Według relacji wnuka poznała Johna Dennisa, faceta z Wielkiej Brytanii, i wyjechała na długą randkę do Europy. Porzuciła swoje dzieci. Piętnastoletni Seward został pod opieką znajomej z ważnych kręgów towarzyskich. Ta osoba uwiodła kruchego Sewarda i przetrzymywała w swym mieszkaniu na Park Avenue. Seward został jej seksualnym więźniem.

Matka nie zareagowała, ale o tym, co się dzieje na Manhattanie, dowiedział się starszy brat z New Brunswick. Robert Wood przyjechał i uwolnił Sewarda. To była historia wielce znacząca dla stosunków między braćmi. Robert był szefem ich drużyny. „Nie może być dwóch kapitanów" – zwykł powtarzać Seward, gdy pytano, czy nie jest mu przykro, że jego brat jest liderem w imperium Johnson & Johnson.

Goldsmith: „Niewątpliwie fakt ten (seksualne uprowadzenie na Park Avenue) wpłynął na rozbudzenie erotyzmu Sewarda i zaszczepił w nim trwający do końca życia strach przed porwaniem. Zawsze trzymał rewolwer pod łóżkiem. Mając ekstrawertycznego brata o silnym charakterze, matkę, która najpierw zadręczała go swoją troskliwością, a potem porzuciła, trudności w czytaniu i pisaniu, które niewątpliwie niszczyły pewność siebie, Seward chętnie uciekał w świat fantazji. Jako dorosły człowiek przez długie dni mógł nie wypowiedzieć więcej niż parę zdań. (...) Olbrzymi majątek Sewarda Johnsona maskował skazę tkwiącą głęboko w jego psychice – nienormalne potrzeby seksualne. Być może za sprawą owego porwania w celu seksualnym w okresie dojrzewania traktował kobiety jak przedmioty, które można kupić dla przyjemności, a potem odrzucić, zgodnie z kaprysem. Mnożyły się opowieści o jego eskapadach seksualnych, uganiał się z równym zapałem za sekretarkami, jak i za córkami dostojników państwowych. Przechwalał się, że odwiedził ze swoim bratem domy publiczne na całym świecie, i często mówił o tym, jak obaj używali uciech z prostytutkami. W wieku sześćdziesięciu siedmiu lat spytał swego syna Juniora o pewną młodą kobietę: »Co myślisz o niej?«. Junior odpowiedział: »Wiesz przecież, tato, że kocham Joyce«. Na co ojciec odparł: »Ależ nie dla ciebie, dla mnie!«. Za sprawą pieniędzy i władzy mógł urzeczywistniać swoje fantazje. Jego szwagierka powiedziała: »Seward nie znał różnicy między dobrem a złem. Nie istniały dla niego zasady«".

Seward zgłasza się do armii. Brooklyn, 1917

Pod koniec wielkiej wojny przyszły mąż Basi wstępuje do marynarki Stanów Zjednoczonych. Specjalizuje się w łączności i stacjonuje w Brooklynie jako instruktor sygnalizacji. Następnie prosi o przeniesienie do służby morskiej i zostaje zastępcą dowódcy ścigacza. Kiedy jedna z trzech śrub napędowych zostaje uszkodzona, Seward odkrywa, że po jej usunięciu okręt może płynąć szybciej. Staje się jednym z najszybszych ścigaczy floty.

Seward dostaje za to awans na porucznika. Wiele lat potem mówi jednemu z przyjaciół, że z tego okresu w swoim życiu jest najbardziej dumny. To czas, kiedy jest samodzielny.

Nigdy nie kończy *college*'u. Wszystkie tytuły i stopnie naukowe, którymi posługuje się w dorosłym życiu, są honorowe, wynikają z zasobnego portfela.

Po wojnie brat wzywa go do firmy. Telegrafuje do Hiszpanii, gdzie Seward studiuje stare wino i młode seniority. Prosi, by pomógł zbudować dział planowania.

„Planowanie. Oczywiście. A co to, do cholery, jest?" Znacznie więcej zaangażowania wkłada w rejs dookoła świata. Organizuje żeglarską wyprawę, aby dokonać inspekcji zamorskich fabryk Johnson & Johnson oraz zdobyć nowe rynki. Wielka Brytania, Francja, Egipt, Australia, Chiny i Japonia. Z każdego kraju wysyła listy, w których opisuje atrakcyjne miejscowe kobiety.

Seward żeni się po raz pierwszy. Londyn, 1924

Ruth Dill ma dwadzieścia jeden lat, rude włosy, błękitne oczy i szlachetne pochodzenie. Jest córką brytyjskiego gubernatora Bermudów. Przodkowie taty osiedlili się na wyspach około roku 1620, równocześnie z pielgrzymami, którzy zeszli ze statku Mayflower na Plymouth Rock, by założyć purytańską Amerykę. Mama jest potomkinią ostatniego holenderskiego gubernatora Nowego Jorku Petera Stuyvesanta. Ruth jest najstarsza z sześciorga rodzeństwa. Najmłodsza siostra Diana rodzi się rok przed ślubem Ruth z Johnsonem. Będzie pierwszą z wielu żon aktora Issura Danielovitcha, znanego w świecie jako Kirk Douglas.

Ruth jest zdziwiona atencją, jaką dwudziestodziewięcioletni bogacz darzy ją już przy pierwszym spotkaniu. Zaraz potem

Seward (po lewej) i Robert Wood junior w Egipcie

zarzuca prezentami ze sklepów na Piątej Alei. Ruth do końca życia pamięta złotą papierośnicę Cartiera z wygrawerowanymi inicjałami RD.

Jest też zaskoczona tempem, jakie narzuca. Pobierają się z przepychem w czerwcu 1924 roku w londyńskim kościele Świętego Jakuba, a następnie jadą w luksusową podróż po europejskich stolicach.

Pan młody lubi przebywać z teściami i szwagrami. Dillowie dają mu poczucie bezpieczeństwa. Są pełną rodziną, do której może należeć. W prezencie ślubnym od starszego brata Seward dostaje wielką połać ziemi w stanie New Jersey. Dokładniej: w Highland Park, gdzie Robert Wood jest już burmistrzem. Z oddali widać główną kwaterę firmy Johnson & Johnson.

Pan młody od razu przystępuje do budowy nowego domu dla żony i przyszłych dzieci. (Będą przychodzić na świat mniej więcej co dwa lata, ale po czterech porodach Seward zacznie wysyłać żonę na nielegalne aborcje). Dom nazywa się Merriewold, a rozmach wzbudza podziw w lokalnych gazetach. Pięćset ton łupków przypływa z Anglii, z Cotswolds, żeby – jak zapewnia architekt – dach pokryty mozaiką miał unikatowy charakter. Dom – jeśli już – ma być podobny do średniowiecznego *college*'u w Oksfordzie czy Cambridge, a na pewno nie do któregoś z domów należących do innych bogaczy z New Jersey. Merriewold ma dwadzieścia pięć pokoi, w tym sześć sypialni z boazerią z angielskiego dębu, salę balową, jedenaście kominków i ukryte klatki schodowe. Podłogi są wyłożone włoskim marmurem. Na posesji stoją domy dla szofera, dla służby i dla gości, garaż na dwadzieścia cztery auta, stajnie i lądowisko dla samolotów. Tajna klatka schodowa, ukryta za biblioteką, prowadzi do prywatnego pokoju Sewarda. Żeby się do niego dostać, trzeba wyjąć oznaczone tomy *Encyklopedii Britannica*, przekręcić zamek i pchnąć drzwi, za którymi znajduje się pomieszczenie wypełnione po sufit whisky i winami. Dom powstaje w czasie szalejącej prohibicji.

Świetność Merriewold przejdzie do literatury popularnej, kiedy opisze ją Kirk Douglas, pierwszy mąż Diany Dill, szwagierki Sewarda, w bestsellerze *Syn śmieciarza*.

Na zaproszenie Ruth, kochającej siostry, Douglasowie spędzają tu kilka miesięcy po urodzeniu syna Michaela. Kirk jest początkującym aktorem, wciąż z piętnem imigranckiego żydowskiego pochodzenia, nieprzystającego ani do arystokratycznych Dillów, a tym bardziej do nie przepadających za Żydami Johnsonów. Zderzenie z ich światem robi na nim wrażenie.

Pisze tak:

„Jechaliśmy wiejską drogą wzdłuż wysokiego, masywnego muru, który ciągnął się milami.

– To początek posiadłości mojej siostry – powiedziała Diana.

Zaśmiałem się z tego dowcipu. Dotarliśmy do głównej bramy: dokoła ogromnego kamiennego łuku stały domki. Wjechaliśmy na podjazd, a potem ruszyliśmy krętą drogą przez las. Popatrzyłem na Dianę ze zdumieniem, ale nic nie powiedziałem. Gdy wzięliśmy zakręt, zobaczyłem dom, wprost doskonały.

– Czy to dom twojej siostry?

– Nie, to domek ogrodnika.

– Domek? (...)

– My możemy urządzić się w głównym budynku.

– W głównym budynku?

Ciągle sunęliśmy krętą drogą na rozległy płaskowyż górujący nad rzeką Raritan, aż ujrzeliśmy gigantyczny angielski zamek z wieżyczkami i dachem pokrytym dachówką. Osłupiałem. Kiedy wjechaliśmy na dziedziniec wyłożony kostką, Diana powiedziała: zamieszkamy w zachodnim skrzydle.

Mary Lea w reklamie zasypki Johnson's Baby Powder

Przez duże, ciężkie drzwi weszliśmy do jednej z wież, kamiennymi schodami wspięliśmy się na górę, a potem przemierzyliśmy długi korytarz, pełen zbroi i antyków. Na jego końcu znajdował się piękny apartament. Tam spędziliśmy kilka miesięcy"[14].

Dom jest gotowy w 1926 roku. W sam raz na powitanie pierworodnej córki Mary Lea. Jej niemowlęcą twarz będą oglądać miliony na całym świecie, ponieważ jej zdjęcie ozdobi opakowania zasypki Johnson's Baby Powder. Za cztery dekady, kiedy oskarży ojca o molestowanie seksualne, Mary Lea pojawi się także we wszystkich poważnych gazetach oraz tabloidach Ameryki i nie będzie z nich znikać przez długie tygodnie.

Ale na razie jest połowa ryczących lat dwudziestych. Mary Lea przychodzi na świat w 1926 roku, następnie w 1928 roku Elaine, w 1930 Seward junior, w 1932 Diana. Potem Seward wysyła żonę na zabiegi. Tłumaczy, że więcej dzieci osłabiłoby rasę.

W tym czasie losy Johnsonów znów splatają się z kryminalną historią Ameryki. Oto w miasteczku obok, sielskim Hopewell, mieszka bohater narodowy, lotnik Charles Lindbergh. W 1927 roku jako pierwszy przeleciał przez Atlantyk. Jest żywym dowodem na rosnącą potęgę Ameryki, siłę kraju, gospodarki i człowieka. Zwłaszcza że dzięki lepszej dystrybucji gazet oraz popularności radia sukcesem Lindbergha cieszą się wszyscy.

1 marca 1932 roku, kilka minut po godzinie dwudziestej drugiej, ktoś włamuje się do domu Charlesa i jego żony Anny, porywa półtorarocznego synka, zsuwa się po drabinie i bez śladu znika za płotem. Rodzice i służba, którzy przespali porwanie, pogrążeni są w rozpaczy. Oferują nagrodę, oferują okup. Ameryka wstrzymuje oddech, policja rozpoczyna masowe poszukiwania, zatrzymuje notowanych włóczęgów. I kiedy cała okolica New Brunswick żyje porwaniem chłopca Lindberghów, ktoś próbuje uprowadzić Dianę Johnson.

„New Jersey Today" alarmuje: „Kolejna sensacyjna próba porwania u bogatego wiceprezesa firmy Johnson & Johnson. Jego dom leży zaledwie dwadzieścia mil od domu Lindberghów".

Na szczęście niańka Diany jest bardziej czujna i płoszy uzbrojonego kidnapera. Policja znajduje zbiegłego z więzienia włóczęgę. Owszem, mógł próbować wejść do Johnsonów, ale ma alibi na czas porwania małego Lindbergha. 12 maja spacerowicz znajduje w krzakach ciało chłopczyka ze strzaskaną czaszką.

Seward Johnson najpierw zamienia Merriewold w twierdzę, a potem postanawia wywieźć dzieci z Ameryki. Za radą Roberta Wooda jadą do teściów Sewarda na Bermudy, potem do Anglii.

Robert troszczy się o bezpieczeństwo Sewarda, ale jeszcze bardziej o swą pozycję w firmie. Pozbywając się Sewarda, na cztery lata pozbywa się nawet tak marnej konkurencji. Na wszelki wypadek.

Romans na Bermudach. 1933

Seward ponad wszystko kocha żeglować. Ściga się w regatach i odnosi sukcesy. W 1932 roku jest jednym z czterech Amerykanów odznaczonych przez Jerzego VI za zwycięstwo w wyścigu o puchar amerykańsko-brytyjski. Na Bermudach czuje się jak ryba w wodzie. Razem ze szwagrem Bayardem, bratem Ruth, reprezentuje Stany Zjednoczone w regatach o puchar księcia Walii. Jill, sześciometrowy jacht Sewarda, wygrywa te imperialne, prestiżowe zawody, pokonując miejscowego Vikinga. Na zdjęciu w bermudzkich „Yachting Notes and Comments" z czerwca 1933 roku Seward przyjmuje puchar z rąk gubernatora. Ubrany w żeglarską dwurzędową kurtkę, niewysoki, promiennie uśmiechnięty, przypomina raczej beztroskiego chłopca niż obciążonego przedsiębiorstwem milionera, ojca czworga dzieci.

Kilka miesięcy później ten beztroski chłopiec łamie serce pierwszej żonie. Informuje ją, że właśnie zakochał się w Fann, jej czternastoletniej siostrze, i zamierza się żenić. Fann nie ma planów wobec starszego o ponad dwadzieścia lat szwagra, ale lato kończy się w ciężkiej atmosferze. Johnsonowie przenoszą się do Anglii, gdzie Ruth wymusza na mężu próbę ratowania małżeństwa. Wynajmują wielki neogotycki dom w Leicestershire, a Seward zamienia żagle na strzelbę. Zaczyna polować.

Dzieci, świadome chłodu między rodzicami, trafiają pod opiekę nianiek i tutorów. Perfekcyjnych i surowych, według zapotrzebowania angielskiej klasy wyższej.

Ten pobyt to kolejna, po próbie porwania Diany, trauma dla małych bogaczy. Będą kiedyś o tym opowiadać dziennikarzom.

Mary Lea opowiada Barbarze Goldsmith: „Był tam dwunastowieczny klasztor z kościołem, tajemniczymi grobami i kryptą z kośćmi mnichów. Elaine i ja spałyśmy w sąsiednich pokojach i słyszałyśmy te straszne kłótnie między mamusią i tatusiem. To było po tym, jak tata zakochał się w czternastoletniej siostrze mamy, ale tego wówczas nie wiedziałam. Mama właśnie wyjechała na wycieczkę morską. Przypominam sobie, że którejś nocy po przebudzeniu zobaczyłam stojącego w rogu mojego pokoju mnicha w kapturze. Byłam przerażona. Z łóżka zawołałam Elaine, gdyż myślałam, że jeśli się obudzi, to razem będziemy mogły coś zrobić. Ale ona nie odpowiadała. Naciągnęłam kołdrę na głowę i tak leżałam. Kiedy jednak zerknęłam spod kołdry, mnich ciągle tam stał. Zebrałam się na odwagę i wyskoczyłam z łóżka. Podbiegłam do pokoju tatusia, mówiąc: »Boję się wrócić do łóżka«. On zaś powiedział: »W porządku«, i przykrył mnie kołdrą. Nagle pokój zaczął się trząść i obrazy spadły ze ścian, rozbijając się na podłodze. Rano paru służących powiedziało, że opuszczają nas, bo w domu są duchy".

Seward junior: „Rodzice wyjechali. Długi czas pozostawaliśmy w Anglii sami. Miałem wrażenie, że podczas ich nieobecności jedliśmy tylko gotowaną baraninę, gotowane kartofle i brukselkę. Potem wrócili i będąc razem, byliśmy nieprzytomnie szczęśliwi i wszyscy chodziliśmy na spacery po polach. Ale potem tata pojechał na dobre. Mary Lea została wysłana do szkoły z internatem. Diana i ja pojechaliśmy do Paryża, gdzie żyło się nędznie. Matka była nieszczęśliwa, a mieszkanie ciemne i przygnębiające. (...) Mama wyjechała do Reno w Nevadzie, a tata do Afryki Południowej w pogoni za jakąś kobietą. Oboje na długie miesiące. Z naszej francuskiej wychowawczyni był niezły numer. Na śniadanie dawała nam wino zamiast soku, gdyż pozwalało jej to nas kontrolować. (...) Zabierała nas do gabinetu figur woskowych, gdzie gilotynowano kukły, ale ona nam nie wyjaśniała, że to były tylko lalki z wosku. Była patologicznym typem. Mieliśmy jednak w tym czasie jedną miłą rozrywkę – jeździliśmy z nią na łyżwach na lodowisku"[15].

Dzieci czekają, Seward podróżuje z kochanką, Ruth ustala warunki rozwodowe. Seward zapomina odwiedzić Mary Lea, aby powiedzieć, że opuszcza matkę.

Mary Lea: „Mama z pozostałymi dziećmi przyjechała do Londynu w czasie ferii bożonarodzeniowych. Spotkała mnie na dworcu kolejowym i zabrała na obiad do Claridge'a. W drodze powiedziała: »A tak na marginesie, mam nadzieję, że pogodziłaś się z rozwodem«. Wiedziałam, że ciotka Evangeline (siostra taty) rozwiodła się ze swoim mężem, więc powiedziałam: »Sądzę, że to będzie trudna sytuacja dla moich kuzynek«. Odpowiedziała: »Nie, mam na myśli mój rozwód. Rozwód twojego ojca ze mną«.

Dopiero wtedy dowiedziałam się, że rodzice się rozstali. Wybuchłam płaczem. Długo siedziałam w samochodzie, zanim mogłam uspokoić się na tyle, by wejść do restauracji".

Pierwszy rozwód Sewarda. 1937

Kiedy Barbara Piasecka przychodzi na świat w Staniewiczach, jej przyszły mąż rozwodzi się po raz pierwszy.

Sędziowie pytają Ruth Johnson o to, jak mąż traktował ją przed rozwodem.

„Ekstremalna obojętność" – odpowiada na to i inne pytania. Seward Johnson wyznacza sumę dwunastu tysięcy dolarów rocznie dla swojej byłej żony i sześć tysięcy dolarów dla każdego dziecka. Jak na rodzinę milionera – grosze. Średnia amerykańska pensja pod koniec lat trzydziestych to około piętnastu tysięcy dolarów rocznie[16].

Seward junior pół wieku później: „Czuliśmy, że tata, rozwodząc się z matką, rozwiódł się i z nami. Mama była w depresji".

Mary Lea: „Po powrocie do Merriewold matka zaprosiła gości i krewnych. Nigdy odtąd nie mieliśmy własnych pokoi. Nigdy nie było wiadomo, gdzie będziemy spali. Chodziłam ze śpiworem do różnych pokoi, sprawdzając, czy są zajęte. Spałam, gdzie popadło".

Trzy lata po rozwodzie Ruth wychodzi za mąż za londyńskiego bankowca Phila Crocketta. Wynosi się z głównej rezydencji Merriewold do domu szofera na terenie posesji. Dzieci trafiają do przebudowanego garażu przylegającego do kurnika. Mają trzy pokoje, tekturowe meble i szczury, które przychodzą do kurnika wyjadać karmę dla kur. Mary Lea widuje je wspinające się po ścianach do okien. Dzieci nie obchodzą świąt i nie dostają prezentów.

Seward junior po latach przyznaje, że nie wie, dlaczego mama przestała się zajmować nim i jego rodzeństwem. Czy wynikało to z jej wewnętrznego chłodu czy brytyjskiego pochodzenia?

Mary Lea: „Nawet nie przypuszczaliśmy, że tatuś żyje w luksusie. Uważaliśmy, że mamy to, co nam się należy”[17].

Seward romansuje z aktorką Julie Baillard, która martwi się, że zbyt chłodno traktuje on własne dzieci, a następnie z córką brazylijskiego strongmana. Zarząd firmy Johnson & Johnson wyraża zaniepokojenie stylem prowadzenia się wnuka marnotrawnego. Niedawno zaproponowano mu funkcję skarbnika. Teraz firma wydaje komunikat, że Seward rezygnuje z niej ze względu na ciążącą na nim „odpowiedzialność za zagraniczne aktywności firmy”. Jest też pewne, że eksperyment Sewarda z monogamią się nie udał.

Czy Seward molestował swoje dzieci? Sąd spadkowy. Manhattan, 1986

Prawie pięćdziesiąt lat później, podczas głośnego procesu o spadek po zmarłym Sewardzie, trzeci mąż Mary Lea, producent teatralny i filmowy Martin Richards, opowiada Barbarze Goldsmith, że mniej więcej w latach 1932–1942 Seward molestował swą najstarszą córkę. Skutkiem tej tragedii są problemy emocjonalne, które dręczą jego żonę i sześcioro jej dzieci z pierwszego małżeństwa. Chodzi między innymi o uzależnienie od alkoholu i narkotyków.

Martin Richards: „Charakterystycznym rysem Mary Lea był ten johnsonowski sposób zamykania się w sobie i ucieczki. Być może to pomagało jej pogodzić się z sytuacją. Bardzo kocham Mary Lea i staram się wynagrodzić jej wszystkie cierpienia, przez które przeszła, i dać jej wszystko to, czego nie doświadczyła. Ale nie mogę zrównoważyć całego zła. Ona kochała swego ojca aż do jego śmierci. Nie rozumiem dlaczego. Tam, skąd pochodzę, wieszano za taki czyn".

Barbara Goldsmith podkreśla, że Mary Lea dokładnie pamiętała szok, jaki przeżyła, kiedy ojciec podniecił ją erotycznie, na zakończenie odbywając pełny stosunek seksualny. Ten kazirodczy związek trwał nieprzerwanie od czasu, gdy miała dziewięć lat, do ukończenia przez nią lat piętnastu.

Mary Lea: „To zabawne, że to właśnie był tata. Sądzę, że wiedziałam, jak rodzą się dzieci i tym podobne rzeczy, już od dawna, gdyż żyjąc na farmie, dziecko dowiaduje się tego już w wieku czterech lat; tak że zanim zaczęłam o tym myśleć, wydawało mi się to całkiem naturalne. Myślę, że on traktował nas jak swoją własność i wobec tego miał prawo robić z nami to, co chciał".

Kiedy książka Barbary Goldsmith ogląda światło dzienne – Mary Lea zostaje gwiazdą nowojorskich *talk shows*. Opowiada o tym, jakie mogą być skutki molestowania przez najbliższych. Książka *Johnson v. Johnson* staje się bestsellerem.

Czy Seward rzeczywiście molestował swoje dzieci?

Kiedy książka Goldsmith okupuje listy bestsellerów, synowie Mary Lea (latami sądzą się z matką o pieniądze) wyrażają opinię, że opowieść o molestowaniu jest potrzebna matce i ojczymowi, aby skupić na sobie uwagę mediów. Bycie w centrum uwagi – tego zawsze brakowało matce. Bycie celebrytą jest niezbędne producentowi Richardsowi.

Seward junior, brat Mary Lea, także wątpi, choć nie może wykluczyć, że ojciec mógł się posunąć do takich potworności.

Zmarły ojciec nie może stanąć w swojej obronie.

Barbara Piasecka Johnson uważa, że oskarżenia Mary Lea są obrzydliwe. Ale rezygnuje z pomysłu, by Instytut Studiów

Środkowoeuropejskich, który planuje otworzyć, nazwać imieniem męża. (Instytut nigdy nie powstaje).

Barbara Goldsmith sądzi natomiast, że nawet jeśli opowieści Mary Lea są przesadzone, to dzięki jej odwadze inne ofiary kazirodztwa rozumieją, że nie są same i nie powinny się wstydzić. To jest wkład smutnej bogaczki Mary Lea w życie amerykańskiego społeczeństwa.

Drugi ślub Sewarda. 1939

Brat jest zaskoczony, kiedy dwa lata po rozwodzie Seward pojmuje za żonę Esther Underwood, pannę z bogatej rodziny bostońskiej. Esther jest potomkinią Williama Underwooda, który już w 1922 roku był pionierem branży żywności konserwowanej. Największym hitem firmy rodzinnej jest Underwood Deviled Ham – kanapkowa szynka z ostrymi przyprawami. Czerwony diabeł, który był narysowany na etykiecie puszki, zdaniem przyjaciół rodziny niebezpiecznie koresponduje ze złą sławą nowego męża panny Esther. Seward ma sławę nałogowego podrywacza, gustującego w bardzo młodych dziewczynach.

Wysoka, szczupła i kostyczna Esther nosi buty na płaskim obcasie, ubiera się z umiarem, nie lubi makijażu ani żeglowania. Uwielbia spacery z psami. Wydaje się nie przejmować romansami męża. Nie jest zazdrosna. Podobno blisko przyjaźni się z kobietami, co jest kluczem do sukcesu tego małżeństwa. Prawdopodobnie jej skromność i powściągliwość sprawiają, że nie mówi się o nich wiele w New Jersey. Urodzi im się dwoje dzieci: w 1941 roku Jennifer i James Loring cztery lata później. Jedynie on – najmłodsze dziecko w rodzinie Sewarda – skończy wyższą uczelnię.

Ale w 1939 roku na świecie jest tylko czworo dzieci z pierwszego małżeństwa, które podróżują w tę i z powrotem między domami rodziców. W domu Essie wolno im jeść tylko w kuchni. Macocha nie ma dla nich wiele serca.

Jesienią Seward junior zostaje odesłany do szkoły z internatem. Ma dziewięć lat:

„Płakałem cały czas, więc przeniesiono mnie do szkoły w New Brunswick. Przyjechała do mnie w odwiedziny ciotka Evangeline i znalazła mnie schowanego w szafie ściennej. Często tak robiłem".

W wieku dwunastu lat Seward junior trafia do kolejnej szkoły poza domem. „Znowu płakałem przez pierwsze trzy miesiące – w czasie posiłków, zawsze. Nagle w szkole pojawił się ojciec. Okazało się, że został wezwany przez dyrektora. Uważali, że popadłem w głęboką depresję, a więc mój ojciec zostawił mi pieniądze, bym kupił sobie nowe ubranie. (...) Żyłem całkowicie w świecie fantazji, co było oczywiście formą ucieczki od rzeczywistości. Pamiętam, że bardzo lubiłem swój pokój, był to dla mnie rodzaj schronienia, a gdy przenieśli mnie do innego pokoju, wpadłem w histerię. Wyrzucono mnie z tej szkoły za pijaństwo. Miałem szesnaście lat"[18].

Essie nie przepada za pasierbami, a wkrótce przestaje lubić męża. Oprócz tego, że ją zdradza, jest też małomówny, poluje na zwierzęta, a jego firma przeprowadza na nich nieprzyjemne testy. Essie jest wrażliwa na los zwierząt. Poza tym Seward jest tylko drugim Johnsonem.

Tymczasem wybucha druga wojna światowa, która sprawia, że firma staje się potęgą. Seward będzie powtarzał Grzegorzowi Górzyńskiemu, przyjacielowi rodziny: „Wojna nas uratowała, gdyby nie zamówienia rządowe, wpadlibyśmy w tarapaty".

Mobilizacja. New Brunswick, 1941

Japończycy atakują Pearl Harbor i rząd ogłasza narodową mobilizację. Firma ma teraz cztery razy więcej zamówień. Kilkanaście miesięcy później w uznaniu dla jego umiejętności menedżerskich prezydent Roosevelt zgłasza się do Roberta. Chodzi o poprowadzenie Wojennej Korporacji Małych Upraw (Smaller War Plants Corporation). Senat właśnie powołał tę instytucję, by czterdzieści tysięcy małych przedsiębiorstw i farm uczestniczyło w wysiłku wojennym i czerpało zyski. Robert rusza do Waszyngtonu, ale już po kilku tygodniach rozbija się o mur stołecznej biurokracji. Skarży się prezydentowi, który – aby zmobilizować biernych urzędników – mianuje Roberta generałem brygady. Misja trwa dwa miesiące, ale kiedy Robert wraca na dobre do New Brunswick (cierpi na chroniczne bóle brzucha) – współpracownicy nie przestają go nazywać Generałem, a on nie oponuje.

Wspomina kuzyn Nick Rutgers: „Kochał to, jego gabinet pełen był flag i pamiątek. Zatrzymał przy sobie włoskiego krawca, który szył mu mundury. Był szczupły i świetnie na nim leżały. (...) Kiedy spacerował po Nowym Jorku i Waszyngtonie, ludzie gotowi byli uwierzyć, że spędził wieki, dowodząc wojskami na Linii Zygfryda”[19].

Plemię bogatych musi się wyróżniać. Londyn, 2003

Generał i jego siostra Evangeline są jednymi z bohaterów antropologicznej książki Richarda Conniffa *The Natural History of the Rich*[20], w której śledzi on specyficzne zachowania ludzi z wielkim majątkiem i porównuje je do zachowań osobników innych gatunków. W rozdziale „Obrzędy przyjmowania do grupy” Conniff tłumaczy, że bogaci odruchowo pokazują sobie nawzajem symbole statusu. Rywalizują na te symbole niczym jaskółki przechwalające się między sobą, która ma dłuższy ogon, mimo że dłuższy ogon nie pomaga w locie ani nie implikuje zdrowszego potomstwa.

Ludzkim przykładem jest Robert Wood Johnson, który chce, by nazywano go Generałem. Denerwuje się, że jego siostra Evangeline, będąca żoną rosyjskiego księcia Alexisa Zalstem-Zalessky'ego, każe się nazywać księżną. „Nie mogę tego zrozumieć. Przecież jeśli ona jest księżną, to człowiek może żyć na Księżycu". Ktoś z rodziny jest na tyle odważny, aby powiedzieć, że Evangeline nazywa się księżną z tego samego powodu, dla którego Robert nazywa siebie generałem.

Taśma, która zbudowała wszechświat. Waszyngton – New Brunswick, 1942

Pani Vesta Stoudt, matka dwóch zmobilizowanych synów, zatrudnia się w fabryce w Orange, w stanie Illinois, żeby wspomóc wysiłek wojenny. Kontroluje pudła, do których pakowane są naboje i wkłady używane do uruchomienia granatów nasadkowych. Zauważa, że opakowania pozostawiają wiele do życzenia. Wodoszczelne pudła sklejane są papierową taśmą, która przepuszcza wodę i którą trudno zdjąć z pudełka, zwłaszcza w ferworze walki na morzu. Vesta alarmuje swoich szefów, że potrzebne jest inne spoiwo: wodoszczelne, być może z materiału, który łatwo usunąć z opakowania. Szefowie chwalą pomysł, ale nie podejmują żadnych działań. Vesta nie daje za wygraną. Pisze listy w sprawie taśmy, która może ratować życie, również jej synom. Wysyła do innych fabryk i senatorów. Nic się nie dzieje. Wreszcie w lutym 1943 roku pani Stoudt wysyła alarmujący list do prezydenta kraju. I to jest dobry pomysł. Franklin Delano

Roosevelt przekazuje list do waszyngtońskiego biura wysiłku wojennego, którego jednym z szefów jest Robert. Taśmę z tkaniny, mocną, wodoszczelną i samoprzylepną, wdraża do produkcji firma Johnson & Johnson. Vesta Stoudt dostaje list z podziękowaniem od prezydenta Roosevelta. Fabryki sklejają taśmą pudła z amunicją, żołnierze uszczelniają, naprawiają, sklejają nią wszystko, co mają pod ręką. W końcu Duct Tape zostaje nazwana taśmą, która – według popularnego sloganu – zbudowała Amerykę. A może nawet wszechświat.

Firma wchodzi na giełdę. New Brunswick, 1944

13 grudnia 1943 roku na zebraniu zarządu Generał ogłasza nowinę. W następnym roku – zapowiada – Johnson & Johnson będzie spółką giełdową, a menedżerowie udziałowcami. Zarządzający nagradzają Roberta owacją – Boże Narodzenie przyszło do nich wcześniej w tym trudnym wojennym roku.

Ale to tylko jedna z ważnych wiadomości. Robert ogłasza zbiór zasad etycznych, którymi od tej pory ma się kierować jego wielka firma, będąca w przededniu ważnych przekształceń. Prezentowany zbiór zasad nosi nazwę *Industrial Credo*. Tak więc na pierwszym miejscu jest odpowiedzialność wobec klientów. To, co firma produkuje, powinno być najlepszej jakości i sprzedawane po najniższej możliwej cenie. Na drugim miejscu jest odpowiedzialność wobec pracowników: ich płace powinny być wystarczająco wysokie, dzień pracy nie za długi, a fabryka czysta i przytulna. Każdy pracownik powinien być traktowany indywidualnie. Na trzecim miejscu jest odpowiedzialność wobec zarządzających: wszyscy szefowie muszą być ludźmi wykształconymi, doświadczonymi i utalentowanymi. Powinni się kierować zdrowym rozsądkiem.

W 1944 roku Robert debiutuje jako autor. Ukazuje się książka pod tytułem *But, General Johnson Episodes on War Effort*. Robert opowiada w niej o swoim wojennym doświadczeniu w Waszyngtonie, kiedy to pokonywał niekreatywnych urzędników. To jest pean na rzecz małych i średnich przedsiębiorstw, stanowiących kwintesencję amerykańskości. *Industrial Credo* jest ostatnim rozdziałem książki. Robert dodaje: najważniejszym. Tymi zasadami powinny się kierować wszystkie amerykańskie przedsiębiorstwa. *But, General...* jest bestsellerem wśród wdzięcznych pracowników firmy, a *Johnson & Johnson Credo* zapisuje się w historii jako jedna z pierwszych deklaracji społecznej odpowiedzialności wielkiego biznesu. Sprawi, że przez następne dziesięciolecia nazwa firmy będzie wymawiana nabożnie i z szacunkiem. Pomoże przetrwać nawet katastrofę wizerunkową, do której czterdzieści lat później doprowadzi partia zatrutych lekarstw.

Bracia i trusty. New Brunswick, 1944

Trwa przekształcanie firmy. Generał namawia Sewarda, aby tak jak on przeznaczył trzecią część swojego majątku na trusty dla swoich dzieci i w ten sposób zabezpieczył ich przyszłość. Seward jak zwykle nie protestuje. Każdy trust to piętnaście tysięcy akcji firmy (około pół miliona dolarów w 1944 roku), a powiernikami są Generał i jeszcze dwaj wspólnicy – figuranci. Trust to lokata – kapitał nie może być naruszany do czasu przejęcia go przez następną generację. Nie może też być naruszany bez zgody powierników. Odzwierciedla poglądy zakorzenione w rodzinie. Córki są pozbawione wszelkich wpływów, władzę mają odziedziczyć synowie, zyskując głos w sprawach akcji. W 1951 roku Seward junior, osiągając wiek dwudziestu jeden lat, ma stać się powiernikiem trustów swoich sióstr i swego własnego. Niewątpliwie jedną z przesłanek, którą kieruje się Robert, jest chęć utrzymania kontroli nad firmą. Robert ma swoje akcje, ale jest także powiernikiem z prawem głosu nad częścią akcji Sewarda. Robert Wood do końca życia mówi: „Moja firma". Czuje się za nią odpowiedzialny.

Sąd spadkowy. Manhattan, czerwiec 1986

W sprawie trustów. Kiedy w połowie lat osiemdziesiątych, po śmierci Sewarda, jego dzieci wytaczają Basi proces o wielokrotne sfałszowanie testamentu umierającego starca i wydziedziczenie najbliższych, część opinii publicznej jest oburzona, że ojciec zostawił sześcioro dzieci bez grosza. Że przejmuje wszystko polska pokojówka. Sprawa przestaje być oczywista, kiedy zaczyna zeznawać najmłodszy z rodzeństwa James Loring Johnson. Zapytany o dochody, przyznaje, że trust założony przez ojca jest wart sto milionów dolarów, a roczny dochód z tego tytułu to dwa miliony. Prawnicy ojca i stryja w 1944 roku zakładający trusty dla dzieci nie przewidzieli tak wielkiego wzrostu wartości akcji.

Mary Lea wybiera mężów. Nowy Jork, 1944–1972

Dzieci Sewarda seniora wchodzą w dorosłość. Jest ona bolesna, szczególnie dla dwojga najstarszych. Osiemnastoletnia Mary Lea zaczyna pracę w biurze prasowym rodzinnej firmy. Zbiera opinie pracowników do książki Generała. Nie może spodziewać się awansu: w dyrekcji firmy nie ma miejsca dla kobiet. Kobiety nie mogą korzystać nawet z jadalni dla personelu zarządzającego.

Zarówno Mary Lea, jak i jej ciotka Evangeline dostają lunch na tacy w gabinecie Sewarda seniora.

Mary Lea zaczyna studia w Amerykańskiej Akademii Sztuk Dramatycznych w Nowym Jorku. Płaci za nie sześć tysięcy dolarów, które dostaje z trustu, mieszka w ciasnym mieszkaniu przy Dziewiątej Alei. Gra niewielkie, ale ciekawe role w sztukach *Salome*, *Private Lives*, *Sweeney Todd*, głównie w objazdowych przedstawieniach. Na występach w Perth Amboy poznaje swojego pierwszego męża Billa Ryana, który zajmuje się reklamą teatralną. Kiedy zaczynają się spotykać, Seward wyraża niezadowolenie, ponieważ Bill Ryan jest katolikiem, a Seward WASP-em (białym anglosaskim protestantem). Ale córka bierze ślub i przerywa naukę. Otrzymuje od rodziny Johnsonów dwadzieścia tysięcy dolarów, za które razem z mężem kupuje farmę.

Mary Lea: „Sprzedawaliśmy jarzyny przy drodze, hodowaliśmy dwie krowy, około dwustu kur, cztery świnie, założyliśmy duży sad jabłoniowy. Mój pierwszy sprzęt w domu, poza łóżkiem, to był przyrząd do prześwietlania jaj. Wstawałam o piątej trzydzieści, zbierałam jajka i sprawdzałam je przed pakowaniem. Potem Bill zdecydował, że korzystniejsze finansowo będą brojlery. Mieliśmy około czterech tysięcy brojlerów, ale potem przenieśliśmy się w inne miejsce, gdzie zaczęliśmy hodować owce. Przez cały ten czas niemal bez przerwy byłam w ciąży. Urodziłam sześcioro dzieci"[21].

Najstarszy syn Eric przychodzi na świat w 1951 roku.

Mary Lea ma problemy z kręgosłupem i wiele czasu spędza w szpitalu. Bill zakłada gazetę w Maryland, ale wchodzi w konflikt z lokalną organizacją związaną z Ku Klux Klanem. Zaczyna dostawać pogróżki.

Wracają do New Jersey.

Bill mówi o żonie „uczennica diabła", ponieważ po sześciu ciążach zakłada diafragmę, spiralę antykoncepcyjną. Pyta dramatycznie: „Jak ja teraz wejdę do Trader's, kiedy oni wiedzą, że żona ma diafragmę?". Bill Ryan miewa również ciężkie stany depresji. Ucieka od ludzi. Mary Lea wnosi w końcu o rozwód.

Według synów małżeństwo rodziców upadło z powodu różnic światopoglądowych. Bill widzi rzeczy tylko w kategoriach: słuszne – niesłuszne, bez pośrednich możliwości. Wychowuje dzieci pasem i krzykiem. Nie uważa, że kobieta może mieć wysoką pozycję w rodzinie. To bardzo frustruje Mary Lea, która zaczyna leczyć się whiskey i środkami uspokajającymi. Synowie pamiętają, jak podczas dwunastych urodzin jednego z nich pijana spada ze schodów. Albo kiedy podczas jazdy pociągiem poi ich wódką i faszeruje tabletkami, żeby nie sprawiali kłopotu. W końcu zaczyna spędzać coraz więcej czasu w Nowym Jorku. „Była zbyt roztargniona, żeby móc zajmować się dziećmi. Sama dziecinna i wymagająca pomocy"[22]. Tymczasem synowie zajmują się sobą nawzajem.

Mary Lea: „Moi czterej synowie w latach sześćdziesiątych zaczęli zażywać narkotyki. To nie były tylko narkotyki, to była ta cała atmosfera buntu młodzieży. Dostałam telefon od dyrektora szkoły, który powiedział, że nie wie, gdzie jest Eric. Okazało się, że brał udział w jakiejś demonstracji w Waszyngtonie. Potem chłopcy zdecydowali się uprawiać marihuanę na małym zagonie w lesie. Nie tylko dla siebie, ale i dla przyjaciół, sprzedawali ją wszędzie. Kiedy dowiedział się o tym mój mąż Bill, zamknął się w pokoju i powiedział: »Chcę umrzeć, to wszystko twoja wina, nie chcę więcej widzieć naszych dzieci«"[23].

Dwóch najbardziej uzależnionych od narkotyków synów Mary Lea trafia pod opiekę nowojorskiego psychiatry Victora

D'Arc. Mary Lea też zaczyna go odwiedzać i wkrótce zostają parą. Mary Lea zaopatruje narzeczonego w najlepsze bilety teatralne, limuzyny, gotówkę, a nawet obiecuje zrzucić wagę. W zamian psychiatra rzuca praktykę, by zająć się zarządzaniem portfolio córki Sewarda. Szybko biorą ślub, na który nie zapraszają dzieci, następnie otwierają galerię sztuki, w której pokazują dzieła nowojorskich postkonceptualistów. Ze względu na hojne zaliczki artyści lgną do państwa D'Arc. Mają rozmach i odnoszą sukcesy towarzyskie. Powściągliwość i umiar nie leżą już w naturze Mary Lea – biednej bogatej dziewczynki. Nie leży też w niej spostrzegawczość. Mary Lea nie orientuje się nawet, że mąż romansuje z mężczyznami i żeby się jej pozbyć, posuwa się do wynajęcia płatnego mordercy. Nazwisko Mary Lea po raz pierwszy znajdzie się na czołówkach gazet.

Seward junior szaleje. Princeton, 1963–1972

Tata instaluje Juniora na Uniwersytecie Maine, żeby studiował hodowlę drobiu. Junior nie pasjonuje się kurczakami, ma natomiast poczucie, że ojciec i wuj chcą go trzymać jak najdalej od firmy. Wytrzymuje trzy semestry. Wybucha wojna koreańska i Junior zaciąga się do marynarki. Znajduje się na pokładzie fregaty USS Gloucester, kiedy trafia ją pocisk nieprzyjaciela. Jedenastu kolegów rannych, jeden zabity. W 1955 roku Junior z honorami odchodzi do cywila. Znów prosi o posadę w Johnson & Johnson. Ojciec z wujem zatrudniają go w Ethicon, fabryce produkującej nici operacyjne. Stanowisko niższego nadzorcy nudzi serdecznie Juniora i wpływa na niską samoocenę. Ma poczucie, że dostał ogryzek.

I wtedy właśnie, w wieku dwudziestu sześciu lat, spotyka kobietę, która rewolucjonizuje jego życie. Barbara Maxwell jest Europejką, ma niemieckie pochodzenie. Jest też rozwódką z dzieckiem, ma dwadzieścia dziewięć lat i robi karierę w agencji reklamowej. Jej klientem jest młody artysta Andy Warhol. Kobieca, inteligentna, operatywna, bardzo ambitna. Junior wierzy, że tchnie w niego życie, i zakochuje się po uszy.

Ponieważ Junior jest najstarszym synem współwłaściciela legendarnej firmy, wuj Robert, Generał, nie ufa narzeczonej. Zleca detektywom podróż do Europy, aby wybadać jej korzenie. Okazuje się, że Barbara Maxwell miała już trzech mężów i być może jest pół-Żydówką. Ojciec i stryj zalecają skończenie znajomości ze względów praktycznych: pani jest łowczynią posagów, w dodatku z niewłaściwym pochodzeniem. Zakochany Junior zrywa z rodziną, przeprowadza się do Princeton, bierze ślub z Barbarą i adoptuje jej syna.

Szczęście nie trwa długo. Żona stale domaga się pieniędzy z trustu Juniora. Narzeka, że Seward jest bezwartościowym nieudacznikiem, który nie potrafi zadbać o rodzinę.

Ostentacyjnie romansuje ze wspólnymi przyjaciółmi. Junior jest pewien, że także z jego rodzonym ojcem, i jest mu coraz bardziej przykro.

Kilka miesięcy później w Princeton przypadkowy czujny nastolatek przechodzi ulicą i pod jednym z domów widzi samochód z otwartym bagażnikiem i nieprzytomnym mężczyzną w kabinie. To Junior, który podłączył gumowy wąż do rury wydechowej, a drugą końcówkę wpuścił do środka samochodu. Na szczęście żyje.

Kiedy Junior dochodzi do siebie pod okiem roszczeniowej żony, tata i wujek Generał zwalniają go z firmy za przedłużającą się nieobecność. Proszą, aby ułożył sobie życie. Skruszony Junior szykuje rozwód, tym bardziej że w samolocie do Nevady poznaje miłą i prostolinijną początkującą pisarkę imieniem Joyce.

Wkrótce i on trafia na czołówki lokalnych gazet. Żeby zdobyć dowód przeciwko niewiernej żonie, wynajmuje prywatnych detektywów. Niestety, niedelikatnych. Pewnej nocy wślizgują się do domu przerażonej Barbary, żeby nakryć ewentualnego kochanka. Barbara jest sama, sięga po broń i strzela. Jeden z detektywów jest ciężko ranny. Barbara twierdzi, że mąż jest niespełna rozumu. Przyjeżdża policja, zjawiają się dziennikarze. Generał i Senior są wściekli, decydują się zapłacić żonie Juniora za rozwód, ale jego zmuszają do rezygnacji z rodzinnych trustów.

Juniora ratuje Joyce, dziewczyna, którą poznaje w samolocie do Nevady. Nie ma przerostu ambicji, lubi się opiekować ludźmi. W 1964 roku wyciąga Juniora z dna i inspiruje do pracy twórczej. Mieszkają w Cambridge w Massachusetts, spacerują, wspólnie próbują malować obrazy. Junior nie lubi swoich, więc nowa żona proponuje rzeźbę. Junior zapisuje się do miejskiego centrum edukacji dla dorosłych. Jego pierwsza rzeźba, akt *Nieskalana dziewczyna*, zwycięża w ogólnokrajowym konkursie SteelArt. Junior postanawia poświęcić się sztuce i niezależnie od kpin i zarzutów o szerzenie kiczu znajduje swoje miejsce.

Śmierć Generała. New Brunswick, 1968

Nadchodzi zmierzch ery Roberta. Opisuje go Lawrence G. Foster, długoletni pracownik działu PR firmy, na emeryturze hagiograf. Napisał dwie książki biograficzne o Robercie i jedną o geniuszu firmy Johnson & Johnson. Opis dolegliwości Roberta, jego bohaterskich zmagań z chorobą i żołnierskiego pożegnania ze światem to szczery list miłosny do swojego guru. W *Robert Wood Johnson and His Credo. A Living Legacy*, w rozdziałach „Wyniki badań są alarmujące", „W szpitalu, lecz wciąż na warcie" oraz „Spokojna śmierć", Lawrence G. Foster pisze mniej więcej tak:

„W weekend święta Dziękczynienia 1967 roku parter rezydencji został całkowicie zalany w związku z nieszczelnymi rurami i brakiem personelu, który zareagowałby odpowiednio wcześnie. Tak więc Robert naszkicował plan reorganizacji pracy służby oraz dyżurów służb hydraulicznych. W bożonarodzeniowy poranek Johnson obudził się z bólem brzucha, zażył leki, które ukoiły jego ból. Uznał, że to reumatyzm. Ale w Nowy Rok, który spędzał z żoną na Florydzie, ból stawał się nieznośny. Zdecydował, że pozwoli się zbadać lekarzom z Roosevelt Hospital w Nowym Jorku. Tam poczuł, że poduszki są zbyt twarde, a łóżka źle zaprojektowane. Spędzał godziny, szkicując nowe łóżka, które postanowił produkować. O nowotworowej diagnozie nie pisał wcale. Zadzwonił do gubernatora New Jersey w sprawie złej komunikacji między nowojorskim dworcem autobusowym Port Authority a leżącym za rzeką Hudson jego odpowiednikiem w New Jersey. Następnie napisał do przyjaciela: »Próbuję zrozumieć, jakie problemy trawią amerykańskie szpitale. Leżę teraz w jednym z nich i mam wrażenie, że jestem coraz bliżej rozwiązania problemu«.

W połowie stycznia zgadzał się wyłącznie na wizyty Sewarda (Seward płakał jak dziecko) i żony Evelyn. Nie chciał widzieć nikogo innego, ale wciąż sporządzał służbowe notatki. Gdy dopadały go silne bóle, nie przestawał, ale o cierpieniu świadczył charakter pisma. 30 stycznia, krótko przed szóstą wieczorem, pielęgniarka zanotowała: »Pan Johnson przebywał w pozycji siedzącej. Wyciągnął przed siebie drżącą rękę, więc dotknęłam jej, aby go uspokoić. Siedzieliśmy, następnie jego głowa opadła i umarł«. To była szósta trzy wieczorem, ale pan Johnson, doświadczony żeglarz, na pewno zapisałby osiemnasta zero trzy. Chciał prostego pogrzebu, muzyki organowej bez śpiewów, nielicznych kwiatów i żeby rada dyrektorów niosła trumnę do rodzinnego mauzoleum. Po pogrzebie pracownicy firmy wrócili do biur i fabryk Johnson & Johnson. Roberta bardzo by to ucieszyło".

Zgodnie z ostatnią wolą Roberta wszystkie jego akcje przekazano fundacji jego imienia. Koszty wykonania testamentu zostały zabezpieczone specjalnym funduszem. Generał zostawił też instrukcje w sprawie dalszego sprawnego działania firmy. Nie wyobrażał sobie, żeby brat stanął na jej czele. Nie wyobrażał sobie na tym miejscu nawet swojego syna. Robert Wood Johnson stał się mitem. Seward stracił przewodnika. W wieku siedemdziesięciu jeden lat musiał zacząć radzić sobie sam.

PRZEMIANA

Przemiana. Princeton, 1972

Danuta Wyszyńska:

– Odnosiło się wrażenie, że nie potrzebowała praktyki ani kwarantanny, żeby zacząć życie w luksusie.

Jakby wróciła do poprzedniego wcielenia. Jakby czas wojennej i wrocławskiej biedy oraz kilkunastomiesięcznej służby u państwa Johnsonów był omyłkowo stracony i teraz trzeba go było nadrobić.

Miała dryg obserwacyjny. Jedna chwila i wiedziała, jakie łyżki i jakie widelce i gdzie je kłaść na stole. Jakie stroje kupić? Jakie drzewa zasadzić w ogrodzie? Co nalewać do kieliszków? Natychmiast się orientowała.

Posiadłość Hilltop. New Jersey, 1971

Jej ideą jest wygodny wiejski dom dla dwojga w okolicach Princeton – cichego, zamożnego uniwersyteckiego miasta położonego godzinę jazdy z Nowego Jorku. Od tego zaczyna. We wczesnych latach siedemdziesiątych nienachalni nieliczni princetońscy bogacze poruszają się jeszcze starymi volvo, a oznaką dostatku są butelki po bardzo drogich alkoholach wywożone z domostw w poniedziałkowe poranki. (Nawet w salonach bliskiego Nowego Jorku bardziej liczy się jeszcze bycie twórczym niż ostentacyjnie bogatym). Na polecenie Sewarda człowiek z firmy Johnson & Johnson zaczyna oblatywać okolice na pokładzie firmowego helikoptera.

Znajduje posiadłość Hilltop przy Lawrenceville Road, jeden z ostatnich wielkich majątków ziemskich w New Jersey. Obejmuje prawie sześćdziesiąt hektarów i należy do pani White, której dziadek John Roebling zaprojektował most Brookliński. Goście zachwycają się rajskim urokiem posiadłości: przyjaznym lasem, łąkami przecinanymi strumykami i niewielkim domem w stylu georgiańskim, do którego zaglądają sarny. W 1971 roku pani White umiera, a jej syn wycenia majątek na milion dolarów. Seward kupuje go od ręki i natychmiast zaczyna prace.

David Margolick: „Z dnia na dzień posiadłość, która nigdy nie była grodzona, czyli ludzie i zwierzęta mogli ją swobodnie przemierzać, została otoczona kilometrami niedostępnego płotu".

Seward dzwoni do Wallace'a Harrisona, kolegi z wojska, któremu wcześniej zdarzało się pracować dla bogaczy. Architekci z firmy Harrison i Abramovitz projektowali: Rockefeller Center, Lincoln Center oraz biurowiec ONZ. Nie specjalizuje się w stawianiu rezydencji, ale Harrisonowi nie wypada odmówić staremu druhowi.

Zlecenie dostaje zdolny Tad Leski (w Polsce: Tadeusz Łęski), powojenny emigrant, architekt z doświadczeniem w projektowaniu przestrzeni biurowych i artystycznych. (Kiedy w 1972 roku Leski odchodzi z firmy – samodzielnie zmaga się z projektem i budową).

Na spotkaniu organizacyjnym Seward prosi, żeby dom z zewnątrz nie był przeładowany ozdobami. Chce osobnego skrzydła dla służby i gości, wysokiego hallu i fontanny przed głównym wejściem. Pozostałe decyzje zostawia Basi. Sewarda silnie motywuje młoda żona i argumenty na rzecz umiarkowania nie wchodzą w grę.

„– Basiu, rób, co chcesz – mówi. – Złote zasady wyznaczają ci, którzy mają złoto – dodaje żartem wśród znajomych"[24].

Jednak nawet Seward nie zdaje sobie sprawy z ambicji Basi.

Margolick: „Basia wyznaczyła cel w zupełnie innym miejscu. Kiedy w połowie lat siedemdziesiątych przyjechała do Warszawy, poprosiła przewodnika, żeby oprowadził ją po pałacu w Wilanowie, letniej rezydencji króla Jana III Sobieskiego. Nie była olśniona pałacem. »To jest nic w porównaniu z tym, co właśnie buduję« – skomentowała. »Jeśli będzie pan kiedyś w Ameryce i zechce zobaczyć prawdziwy pałac – zapraszam« – dodała, podając przewodnikowi wizytówkę".

Leski i Harrison rysują dla Barbary pałac w stylu neoklasycystycznym. Budynek główny z dwoma skrzydłami ma kształt litery U. Fontanna na dziedzińcu, kuta brama przed wjazdem do rezydencji, rekordowa liczba trzydziestu sześciu toalet i park pocięty precyzyjną siatką ścieżek.

Dostosowują swój projekt do sugestii gospodyni, która od czasu do czasu podaje w wątpliwość pomysły architektów.

Kiedy obie strony zgadzają się, gdzie na posesji będzie stał pałac i kiedy koparki drążą fundamenty, Basia nadaje nazwę przyszłemu domowi, ponieważ większość pobliskich rezydencji ma wzorem angielskim swoją nazwę.

Pałac będzie się nazywał po polsku: Jasna Polana.

Nazwa wywołuje konsternację.

Niektórzy goście zastanawiają się później, czy należy jakkolwiek łączyć nazwę rezydencji w Princeton z inną słynną Jasną Polaną, rodzinnym domem Lwa Tołstoja pod Tułą, do którego

Makieta rezydencji Jasna Polana

autor *Wojny i pokoju* przeniósł się, żeby prowadzić życie proste, jak najmniej skażone cywilizacją, a potem umrzeć.

Basia odpowiada, że w żadnym wypadku, i część pytających przytakuje ze zrozumieniem: to niemożliwe, żeby pałająca tak ogromną niechęcią do Rosjan gospodyni chciała mieć cokolwiek wspólnego z rosyjską kulturą.

Część uważa złośliwie, że Basia może zwyczajnie nie wiedzieć o istnieniu letniego domu Lwa Tołstoja, a tym bardziej nie znać jego nazwy.

Budulec pierwsza klasa. Princeton, 1972–1977

Projektowanie wygodnego domu okazuje się skomplikowane technologicznie. Seward pragnie morskiej wody w swoim domowym basenie. Basen ma się mieścić pod podłogą, która będzie się automatycznie otwierać i zamykać. Pojawiają się plotki, że trzeba będzie położyć sto kilometrów rurociągu między Polaną a wybrzeżem Atlantyku. Plany te okazują się niemożliwe do zrealizowania ze względów podatkowych. Następnym pomysłem jest przywożenie wody cysternami albo zasalanie jej na miejscu. Żaden z pomysłów na zasolenie nie zostaje zrealizowany. Kiedy potem robotnicy pytają Sewarda, co zrobić z czterema tonami soli sprowadzonej do Polany, odpowiada, by wywieźli ją na Florydę i zużyli w kuchni.

Następnym wyzwaniem jest ruchomy dach nad kortami tenisowymi (zrywa go potem burza śnieżna), system ogrzewania ręczników w łazienkach zamówiony w Chicago, uzbrojony w alarmy system grzewczy do ogrodu z orchideami i oddzielny do piwnicy z winami.

Barbara marzy, aby w jej nowym domu było jak najwięcej polskich elementów. Najpierw budulec. Postanawia sprowadzić do Princeton kamień z podwrocławskiego kamieniołomu i nie powstrzymują jej koszty transportu. Okazuje się jednak, że kamieniołom jest już zamknięty, więc Barbara kapituluje i zamawia kamienie w Scranton, New Hampshire, w Upstate New York i w Minnesocie. Oraz w Carrarze we Włoszech. Chce, by każda cegła była ociosana ręcznie, nie ma bowiem zaufania do pił elektrycznych. Dba o najwyższą jakość. Marmur, którym wyłożono klatkę schodową, sprowadza z Jugosławii, a łupki na wyłożenie dachu z Wielkiej Brytanii. Rynny z Niemiec.

We wnętrzach nie ma przypadkowych sprzętów. Hester Diamond, żona ulubionego art dilera Sewarda, wyrusza do Europy, by dokupić drobiazgi.

Przywozi między innymi: piętnaście zabytkowych palenisk do kominków, jedenaście osiemnastowiecznych gzymsów kominkowych, pochodzących w większości z francuskich zamków, francuski zabytkowy parkiet, francuski buduar (używany, zdaniem Sewarda, przez Marię Antoninę), szkocką bibliotekę, gobeliny, dywany, żyrandole, lustra, fotele, wiadra na węgiel do kominków, sofy, etażerki. Prócz tego rzeźby i drobne dzieła sztuki. Wszystkie te przedmioty pani Diamond przechowuje zapakowane w swojej pracowni w Trenton. Jest ich tak dużo, że robotnicy wysłani do pracowni po rzeźbę Henry'ego Moore'a, szukają jej dwanaście godzin[25].

Jednocześnie powstaje nowy ogród. Seward wie, że nie będzie miał zbyt wiele czasu, by przyglądać się, jak rośnie i pięknieje, więc decyduje, że ogród musi być gotowy natychmiast.

Za pomocą ciężarówek, dźwigów i helikopterów dowozi i sadzi pięć stuletnich cedrów oraz rząd białych sosen, w sumie dwieście dojrzałych drzew. Magnolie pochodzą z Maryland, azalie z Wirginii, a róże z Pensylwanii.

Mała Polska w Princeton. 1972–1977

W pierwszej połowie lat siedemdziesiątych Barbara odbywa kilka podróży do Polski, żeby zainspirować się polskim kowalstwem, metaloplastyką oraz budownictwem artystycznym. Dowodem kunsztu w tej dziedzinie jest wskrzeszona z prochu warszawska Starówka. Barbara prosi o szkice i fotografie. Jak najwięcej elementów architektonicznych w nowym domu ma codziennie przypominać daleką Polskę. Oraz przełamać stereotyp bohaterów *Polish jokes*.

Polski charakter rezydencji w Jasnej Polanie podkreślają:

– kształt ogrodzenia pawilonu śniadaniowego, dla którego inspiracją jest żelazny płot okalający warszawski pomnik Adama Mickiewicza,

– główna brama wjazdowa do pałacu skopiowana z bramy pałacu Potockich (obecnie Ministerstwo Kultury i Dziedzictwa Narodowego),

– drzwi wejściowe skopiowane z drzwi budynku na Krakowskim Przedmieściu,

– kształt lamp w gigantycznym ogrodzie zaczerpnięty z kształtu lamp staromiejskich (dodano do nich nowoczesne czujniki elektroniczne).

Barbarę zainspirowały również: miejska architektura Gdańska (kute ogrodzenie), Zamek Królewski na Wawelu i wspomniany już pałac w Wilanowie.

Gwarancją jakości wykonania są polscy rzemieślnicy i projektanci.

Niektórzy sprowadzani bezpośrednio ze starego kraju, inni z budów Nowego Jorku i New Jersey. Kilku z Doylestown w Pensylwanii, gdzie polscy ojcowie paulini wznoszą amerykańską Częstochowę, a dokładniej – kopię kaplicy jasnogórskiej.

Jasna Polana

Johnsonowie kwaterują w budynkach Skillman i Jasnej Polany około sześćdziesięciu osób. Mieszkają one w bliźniaczych domach zbudowanych jeszcze dla służby poprzednich właścicieli albo w postawionych naprędce bungalowach. Reszta dojeżdża. (Pod koniec lat osiemdziesiątych przy Lawrenceville Road pojawia się przystanek autobusu 606 kursującego z Princeton do Trenton). Robotnicy mają również opiekę duchową. Państwo ułatwiają im dojazdy na niedzielne msze do Częstochowy w Doylestown i do polskiego kościoła Świętej Jadwigi w Trenton.

Za osiedlem dla robotników znajdują się stajnie i zagrody dla owiec. Ze względów podatkowych Polana jest terenem rolniczym i część majątku musi zajmować hodowla i uprawa. Gospodarstwem kieruje Grzegorz Piasecki, odkąd pod koniec lat siedemdziesiątych przeprowadza się do Jasnej Polany.

(Na terenie posiadłości zamieszka także Pelagia Piasecka, matka Basi, Beata, córka brata Rocha, i mąż Beaty – Marek. Barbara zbuduje dla nich dwa solidne ceglane wielopokojowe domy. Pod domem Beaty, ulubionej bratanicy, Barbara dołoży basen).

W Polsce Barbara zatrudnia siostry Tada Leskiego, artystki z Warszawy, które rysują kunsztowne balustrady, podróżują do Trójmiasta, żeby sprawdzać, czy kowale kują odpowiednio precyzyjnie. Kiedy Seward kupi w Szczecinie swój wielki jacht, zajmą się projektowaniem rzeźbionego w drewnie wnętrza.

Wieża Babel. Princeton – Skillman, 1975

Kiedy polscy specjaliści zjeżdżają na miejsce budowy przyszłej rezydencji, głos podnoszą miejscowe związki zawodowe. Grożą, że ją oprotestują, jeśli odpowiednia liczba Amerykanów nie zostanie doproszona do wznoszenia Jasnej Polany. Do urzędu imigracyjnego zaczynają spływać pierwsze donosy o nielegalnie zatrudnionych. Barbara z wyrozumiałością legalizuje pracę swoich podopiecznych.

David Margolick: „Jasna Polana w budowie przypominała wieżę Babel. Angielski i metryczny system miar, różne doświadczenia zawodowe, mieszanka języków polskiego, angielskiego i włoskiego wydawały się nie do pogodzenia".

Na pomoc przychodzi nieoceniona Danuta Wyszyńska, która poleca do pracy Jana (Johna) Stroczyńskiego, swojego szwagra z Perth Amboy. Stroczyński, doświadczony żołnierz i harcerz, urodzony organizator, zostaje administratorem Jasnej Polany i lojalnym podwładnym. Utrzymuje swoją posadę ponad dwadzieścia lat, do czasu kiedy – kilka miesięcy przed emeryturą – dostaje wypowiedzenie.

Syn nie pozwala. New Jersey, październik 2014

Johna Stroczyńskiego łatwo znaleźć w książce telefonicznej stanu New Jersey. Skończył niedawno osiemdziesiąt lat, ale chętnie zgadza się na rozmowę następnego dnia. Mile wspomina Jasną Polanę, lubi opowiadać, a rzadko miewa gości. Oddzwania jednak po kilku godzinach, aby powiedzieć, że syn nie pozwala mu mówić o pani Barbarze. „Jest prawnikiem – mówi John. – Muszę się go słuchać".

Perfekcjonistka. Princeton, 1972–1996

Seward jest idealnym pracodawcą. Jego ingerencja w budowę ogranicza się do kilku rozwiązań, które zapewnią mu komfort przebywania w domu, jak choćby bezdźwięczna klimatyzacja. W tym czasie jego priorytetem niezmiennie jest budowa Instytutu Oceanograficznego Harbor Branch na Florydzie.

Interesują go natomiast ludzie pracy. Bardziej niż usztywnieni menedżerowie z Johnson & Johnson. Lubi przychodzić na budowę i rozmawiać z robotnikami. Dzielić się z nimi najbardziej intymnymi przemyśleniami.

„Wiesz, zarobiłem dziś pół miliona – powiedział jednemu stolarzowi. – Zarabiam tyle cholernych pieniędzy, że nie jestem w stanie ich wszystkich wydać. Wiesz, co jest najlepsze? Że nie kiwnąłem nawet palcem. Oni wyganiają mnie z biura i wypłacają mi pieniądze"[26].

O ile Seward nigdy nie był częścią świata pracy, o tyle jego nowa żona właśnie z niego uciekła.

David Margolick: „Pomimo to, a może właśnie dlatego zachowywała się na placu budowy jak komendant obozu pracy. Rozdzielała zadania i wyrazy niezadowolenia. Narzekała i wpadała w gniew. Była niezwykle uważna, gdy obchodziła się z roślinami i zwierzętami. Przesadzała krzewy zagrożone budową, woziła do weterynarzy zranione ptaki, hołubiła psy. Niestety jej współodczuwanie nie sięgało istot ludzkich pracujących dla niej. Tyrady, które wygłaszała, rozwijały się z miesiąca na miesiąc, razem ze znajomością języka angielskiego".

Barbara była wrażliwa zwłaszcza na punkcie prac w kamieniu. Przywiązywała się do swoich wyobrażeń dotyczących koloru, faktury, wzoru i sposobu łączenia. Nie akceptowała odstępstw. Kamieniarze wznosili fragmenty fasady na próbę, a ona kreśliła po nich kredą, co oznaczało konieczność skucia ściany.

Jedną z cech surowca z kamieniołomu, który wybrali Johnsonowie, jest bogactwo odcieni. Kiedy transport kamienia przybywa do Princeton, Barbara prosi, by wyeliminować odcienie zielone i czerwone. Chce tylko kamień różowy. Kiedy ściana we właściwym kolorze jest w końcu gotowa, okazuje się, że fuga jest zbyt gruba, i ściana musi być znowu skuta. Następnie właścicielka widzi, że kamienie różnią się rozmiarem. Richard Rodzinski, zaprzyjaźniony z Basią syn dyrygenta Artura Rodzińskiego, odwiedza właścicielkę w Princeton na placu budowy i towarzysząc jej na spacerze, widzi, jak przygląda się świeżo wzniesionej fasadzie pałacu.

– Znajduje miejsce, gdzie kamień jest w niewłaściwym kolorze. Pogodna Barbara zamienia się w gradową burzę i oznajmia z krzykiem, że ściana musi być skuta. Zaczyna krzyczeć, ale zaraz się uspokaja, jakby nic się nie zdarzyło.

Szacuje się, że jedną z dekoracyjnych fasad wznoszono i burzono jedenaście razy. Basia przestawia świeżo założone okna, drzwi, wyłączniki światła. Prosi, by odkuć cztery porcelanowe wanny obudowane marmurem. Rozłożyć i przenieść zabytkowe kominki. Przemalować basen.

Richard Rodzinski:

– Kiedy się okazało, że gobeliny, które chciała powiesić w jednym z pomieszczeń, są zbyt szerokie, kazała przebudować pokój.

Gdy się wścieka, chwyta za młotek. Rzuca nim, gdzie popadnie. Amerykańscy robotnicy w najłagodniejszej formie nazywają Barbarę Tygrysicą.

Margolick: „Seward nigdy nie wystąpił przeciwko decyzjom żony, chociaż zdarzało się, że jej złość kierowała się przeciwko niemu. »Idź spać, stary głupcze« – wykrzyczała do męża, gdy nie po jej myśli zasugerował, gdzie mogłyby stać meble. Seward zdawał się nie przejmować i zawsze trzymał stronę żony. Uwielbiał ją i idealizował. Akceptował jej wybuchowy charakter. Gdy spacerowali po parku, trzymał ją za rękę. Dotykał czule, gdy był przekonany, że nikt nie widzi".

Jeden z robotników wyznaje:

– Pan Seward podszedł do nas i powiedział szeptem: „Dajcie już spokój z narzekaniem, niech w końcu ma, czego chce".

Pani lubiła krzyknąć: *„Stupid American"*, ale wobec sprowadzonych z Polski robotników była zazwyczaj łagodniejsza, a oni wybaczali jej słuszny gniew.

Buffolini. Sadyba, Warszawa – Providence, Rhode Island, październik 2016

Kyna Leski, profesor architektury w Rhode Island School of Design, pamięta opowieści ojca Tada, kiedy pracował przy projektowaniu i budowie Jasnej Polany i do domu w Huntington na Long Island wracał tylko na weekendy. Najbardziej wbiła jej się w pamięć ta o kamieniu z Carrary, którym obłożona miała być jedna ze ścian. Kiedy po awanturze z Barbarą niewłaściwy odcień kamienia został skuty, ojciec zabrał ze sobą kawałek w zadowalającym kolorze i pojechał z nim do włoskiego kamieniołomu. Tam, z próbką w ręku, na drabinie, przy którejś ze ścian szukał miejsca, w którym kamień miał właściwy odcień. Następnie poprosił o wykucie odpowiedniej ilości i wysłanie do Ameryki. Kierownikiem kamieniołomu był człowiek nazwiskiem Buffolini, który jeszcze nie słyszał, aby zleceniodawca wykłócał się o niewidoczne gołym okiem detale. Zwłaszcza jeśli zmiana kosztuje majątek. Kyna poznała Buffoliniego wiele lat później, kiedy ze swoimi studentami odwiedzała Włochy, w tym Carrarę. Kiedy starszy pan usłyszał, kim jest, od razu przyniósł butelkę wina i wspominał ze współczuciem biednego architekta i jego bezwzględną pracodawczynię.

Gdy na początku lat siedemdziesiątych Tad Leski wracał do domu na weekendy, zwierzał się rodzinie, że praca w Princeton jest trudna, ponieważ obsesyjna dbałość Barbary o detale nie ma nic wspólnego z wiedzą architektoniczną, a zwrócenie uwagi kończy się awanturą. Barbara ciągle zmienia projekt.

Ostrożna powściągliwość i przedwojenne wychowanie Tada zderza się z wybuchowością i niezgodą na sprzeciw. Na rysunkach technicznych przygotowywanych podczas budowy widnieje pieczęć właścicieli, nie ma podpisu: ani Leskiego, ani Harrisona.

Kyna Leski:

– Wreszcie w 1975 roku Barbara wyrzuciła ojca z pracy i zagroziła, że znajdzie sposób, by nigdy nie znalazł zatrudnienia w Ameryce. Niszczyła wszystkich, którzy przypominali o jej braku klasy. Ojciec był zdruzgotany, zaczął myśleć o powrocie do Polski. Kiedy po 1986 roku zwrócił się do niego któryś z zainteresowanych Barbarą dziennikarzy, odmówił rozmowy pod nazwiskiem. Nie chciał być kojarzony z Jasną Polaną.

Kyna uważa, że historia z Basią była jedną z przyczyn rozpadu jej rodziny, kiedy ojciec w końcu wrócił do Polski.

Mniej dramatycznie skończyła się znajomość Barbary z warszawskimi siostrami Leskiego, które projektowały metaloplastykę i nadzorowały wykonanie.

Mówi Anna, córka Marii Biłowickiej z domu Łęskiej:

– Kiedy przyjeżdżała do Warszawy inspirować się polską architekturą, zajmowała całe piętro Hotelu Europejskiego. Zabierała wtedy mamę i mama znikała na dwa tygodnie. Ale czasem przyjeżdżała znienacka, żeby skosztować nalewki porzeczkowej, którą nastawiał mój tata. Czasem kosztowała całkiem długo, a jej kierowca przysypiał w aucie przed domem na ulicy Koroniewskiej. Raz zadzwoniła, że w telewizji będzie mecz jej ukochanego Mohammeda Alego i chce go u nas obejrzeć. Nawet kiedy zerwała z wujkiem, pamiętała o nas. Ostatni raz zimą 1983 roku, gdy moja córka była niemowlakiem. Umyślny przyniósł wielką paczkę pieluszek i zasypek Johnson & Johnson. Pod życzeniami podpisał się Grzegorz Piasecki.

Pawilon kąpielowy i projekt balustrady widocznej
po prawej stronie

Małopolska ozdabia Polanę. Princeton, 1975–1989

Dzięki kontaktom towarzyskim Wyszyńskich z Perth Amboy do Jasnej Polany przeprowadzają się rodziny Potaczków z Krakowa i Dudów z Wieliczki.

Helena Skalska-Potaczek, artystka malarka, latami stara się o wyjazd z Polski. Wreszcie udaje się wyemigrować Helenie, jej mężowi Marianowi i pięcioletniej córce Sabinie. Marian zatrudnia się przy budowie Sanktuarium Matki Bożej Częstochowskiej w Doylestown, a kiedy rozpoczyna się budowa rezydencji, trafia do Polany. Jest świetnym fachowcem i ulubieńcem pani domu ze względu na urok osobisty, charyzmę i umiejętności taneczne. Kiedy Barbara ogłasza, że potrzeba jej zdolnego metaloplastyka do wykucia trudnej bramy i cierpliwego architekta, Marian wskazuje kuzyna Józefa Dudę, znanego konserwatora zabytków z Krakowa, należącego do tamtejszej Pracowni Konserwacji Zabytków. Duda pracuje przy restauracji kaplicy Zygmuntowskiej i Teatru imienia Juliusza Słowackiego. Potem zakłada własną pracownię w Wieliczce. Projektuje zegar wieży ratuszowej na krakowskim Rynku Głównym. Nie może się oprzeć amerykańskiemu kontraktowi i trafia do Princeton. Najpierw na rok.

Józef wykuwa bramę wjazdową do rezydencji w Jasnej Polanie, dekoruje rezydencję Johnsonów na Florydzie.

Projektuje też składający się z czterech tysięcy dwustu kawałków drewna ułożonych w wykwintne wzory ośmiokątny pawilon śniadaniowy. Efektowny, przeszklony, kuloodporny, z widokiem na ogród i basen. Jest najczęściej komentowanym elementem architektonicznym rezydencji.

Pawilon przylega do sypialni, więc Johnsonowie mogą zjeść śniadanie bez konieczności przebierania się. Przez pokój śniadaniowy mogą też wyjść prosto do ogrodu.

Ponieważ jego górną kondygnację zajmują liczne psy, goście nazywają go domkiem dla psów.

Kiedy kończą się najważniejsze prace budowlane, Józef zatrudnia się przy wystroju sanktuarium w Doylestown. Potem wraca do Polany w charakterze głównego konserwatora zabytków w rezydencji. Mieszka tu jedenaście lat, tracąc powoli kontakt z Polską. Barbara zaprasza też jego żonę i córkę. Synowie dojeżdżają kilka razy w roku. Jerzy Duda na przykład dorabia tu do nauczycielskiej pensji.

Organizm Polana. Princeton, 1972–1991

Kiedy Jerzy Duda przyjeżdża do rodziców do Polany po raz pierwszy, na podzamczu na terenie posiadłości widzi domy, w których mieszkają rzemieślnicy, w tym jego rodzice. Jest niemile zaskoczony widokiem niewielkiego parterowego domku, który nie przypomina solidnego ceglanego domu, jaki jest dowodem statusu w Polsce.

– Uspokoił mnie dopiero zapach czystości i funkcjonalność. Nie było się czego bać.

Ojciec znajduje mu zatrudnienie w ekipie remontowej.

– Miałem dostawać czterysta dolarów tygodniowo. W Polsce zarabiałem dwadzieścia pięć dolarów miesięcznie, więc wpadłem w euforię. Po tygodniu w kopercie było pięćset dolarów. Czyli więcej, niż trzeba. Z jednej strony radość, że się pomylili na moją korzyść, z drugiej strony, co, jeśli Piasecka Johnson przez kontraktora sprawdza moją rodzinę? Cały weekend miałem zepsuty myśleniem, co zrobić z pieniędzmi. Wreszcie w poniedziałek poszedłem do kontraktora z tymi stoma dolarami. On się uśmiechnął i powiedział, że sam mi dodał, bo wyglądam, jakbym miał pojęcie o robocie. Czułem wielką satysfakcję.

Życie wewnętrzne rezydencji toczy się według ściśle wypracowanych reguł. W stolarni rządzi Bruno Zelerowicz z Rutek pod Łomżą. Od niego zależy, kto będzie zatrudniony w budowlance i stolarce. Bruno przyjmuje do pracy tylko chłopaków z Rutek i Łomży, a zazdrośni podejrzewają, że czerpie z tego profity. W stajniach i przy zwierzętach pracuje człowiek o pseudonimie Mały. Stanisław Kara zarządza samochodami i naprawami samochodów. Ogrodem kierują państwo Frycowie z Rzeszowa, Marian i Emilia. Większość osób plewiących i ścinających trawę pochodzi więc z południowo-wschodniej Polski.

Zelerowicz i Frycowie nie wchodzą sobie w drogę. Wypożyczają sobie nawzajem ludzi, jeśli zachodzi taka potrzeba. Czasem ich załogi toczą bójki między sobą (zwykle z powodu nierównych zarobków), ale tylko po alkoholu i z umiarem. Często są zgodni co do osób trzecich. Na terenie posiadłości mieszka na przykład pan Zdzisław, który był lekarzem i dostał naukowe stypendium od pani Barbary. Niestety zaczął pić w szpitalu, w którym go zatrudniono. Barbara interweniowała, bo żałowała zdolnego człowieka, który marnuje sobie życie. Prosiła, żeby nie pił, ale nie chciał słuchać. W końcu wyleciał ze szpitala i zaczął pracować w ogrodzie. Nie jest lubiany, ponieważ się wywyższa. Frycowie wykorzystują go do sprzątania psich odchodów. Przezywają go Śmirnow, od nazwy wódki, którą lubi najbardziej.

Pracownia konserwacji dzieł sztuki, w której pracują rodzice Jerzego Dudy, jest eksterytorialna i konserwatorzy podlegają wyłącznie Barbarze.

Praca konserwatorów jest pełna niespodzianek, czego Jerzy Duda doświadcza, kiedy czyści rzeźby wyciągnięte z magazynu. Między innymi potworka Apollona, którego muzealnicy uważają za falsyfikat, chociaż podobno wyłowiono go z Morza Śródziemnego. Duda zbyt mocno uderza młotkiem i odpada fragment wapiennego nalotu. Rzeźba okazuje się grecka, autentyczna, a on zostaje odkrywcą zabytku.

Pani, która uwielbia sztukę, przychodzi do pracowni popatrzeć na swoje obrazy i rzeźby. Czasem pojawiają się tu także jej goście, tak jak zaprzyjaźniony tenor Plácido Domingo, który lubi zapach chemikaliów oraz dyskretnie wypalić papierosa.

Dzień pracy w Polanie zaczyna się o ósmej rano. Z dwoma przerwami na kawę i lunch Jerzy pracuje do szesnastej trzydzieści. Czasem trafiają się zlecenia specjalne. W 1991 roku Jasną Polanę odwiedzić ma nowy prezydent Polski Lech Wałęsa. Pani Barbara cieszy się z tej wizyty, więc wiele miesięcy wcześniej zarządza remont wnętrza, a przede wszystkim złocenie stiuków i innych elementów na wzór wersalski. Wtedy sekcja remontowa pracuje cztery tygodnie bez weekendów z trzygodzinną przerwą na posiłki lub wizytę w sklepie. Mieszkańcy Princeton mają okazję przez kilka tygodni oglądać polskich mężczyzn pokrytych złotym pyłem.

Pani, według Dudy, jest uczuciowa. Perfekcyjna do szpiku kości – z natury lub ze względu na swą pozycję. Uwielbia, żeby rzeczy były dokładnie takie, jak chce, i w czasie remontu w 1991 roku Jerzy Duda doświadcza tego na własnej skórze. Na zakończenie przygotowań przed przyjazdem Wałęsy w głównym hallu trzeba powiesić obrazy przedstawiające cztery pory roku. Są bardzo ciężkie, jeden obraz dźwiga ośmiu chłopa i przymierza do ściany. Barbara wołała pomocników z całego domu. Wśród dźwigających jest między innymi Jerzy Duda i Marek, fotograf, mąż bratanicy Barbary. Pani stoi po drugiej stronie hallu i dyryguje wieszającymi. Idźcie w lewo, teraz w prawo, teraz ręce w górę, bo za nisko. Ośmiu chłopa w białych rękawiczkach jest spoconych jak mysz w połogu. W pewnym momencie w fontannie na dziedzińcu strumienie wody zaczynają podskakiwać i syczeć, a pani wpada w istny szał. Ogłaszała przecież rano, że fontanny się nie włącza, bo jedna z kaczek złożyła w niej jaja i fontanna ma pozostać gniazdem, aż do odwołania. Twarz pani tężeje ze złości. Odwraca się na pięcie do niewinnych tragarzy. Zaczyna krzyczeć i urągać. Jednemu po drugim. Że się do niczego nie nadają, że ich zaraz zwolni, że jak można być takim głupkiem. Nie oszczędza męża bratanicy. Jerzy Duda czeka na swoją kolej, rozumie, że oberwie mu się jako ósmemu. Ale wybuch kończy się przy siódmym tragarzu. Barbara zbliża się do Jerzego Dudy ze spokojną twarzą i mówi: „A tobie dzisiaj daruję". I wraca do swojego pokoju. „Wieszajcie sobie dalej" – rzuca na odchodnym.

Duda rozumie:

– Z nerwów krew uderza pani do głowy i żeby jej szlag nie trafił, musi się wyładować. Potem ogarnia ją spokój.

Kiedy prace przedłużają się do nocy, Barbara często przychodzi do hallu zapytać, jak się pracuje. Czasem nawet przynosi po puszce piwa.

Bywało, sprawia wrażenie smutnej, zwierza się. Siada na schodach przy pracownikach i mówi, że bardzo by chciała pójść sama do sklepu i pobiegać między stojakami, żeby upolować przeceny.

– Dlaczego sobie pani nie pojedzie do T.J.Maxxa w Trenton?

– To nie wypada, nie wypada. Z moją pozycją się nie jeździ – odpowiada.

– Pani Barbara organizuje nam często festyny. W niedzielę na trawnikach obok naszych domów każe rozkładać namioty. Osobiście podaje słodycze i napoje, a jej brat Grzegorz organizuje mecz piłki nożnej, na przykład Polacy kontra Włosi. Dobiera się wtedy zawodników z okolicy, żeby skompletować silną drużynę. Ktoś raz sprowadza gwiazdę, Marco Tardellego, który akurat przebywa blisko Princeton i daje się namówić na zabawę. Przegrywamy z kretesem. Na koniec każdego festynu są potańcówki. Pani jest szczęśliwa, gdy do tańca prosi ją Marian Potaczek, znakomity tancerz. Uwielbia wirować z wujkiem Marianem.

Naiwna. Jasna Polana, 1971–1991

Wielu uważa, że pani daje się wykorzystywać. Na przykład pracownicy mają obowiązek wypełniać karty pracy i przekazywać je Stroczyńskiemu lub Peachowi, którzy zarządzają Jasną Polaną. Niektórzy dopisują sobie nadgodziny w kartach pracy i w końcu okazuje się, że pracują czterdzieści osiem godzin na dobę. Zgodnie z tym zapisem dostają pieniądze.

Niektórzy znów szepczą pani, że inni, na przykład ci w pracowni konserwacji, z niedouczenia niszczą obiekty. Pani wzywa wtedy amerykańskich rzeczoznawców, którzy sprawdzają pracę konserwatorów, inkasując pięćset dolarów za godzinę. Dwa dni siedzą, orzekają, w końcu mówią, że wszystko w porządku, inkasują pieniądze i odjeżdżają. Zarabiają amerykańscy rzeczoznawcy i polscy donosiciele.

Jerzy Duda:

– Jasna Polana to był dwór, w którym knuło się i oszukiwało. Pani była raz ślepa, raz znów za bardzo podejrzliwa.

Kochane zwierzęta. Jasna Polana – Floryda, 1972–1996

Słabość do roślin i zwierząt, którą odkrywa w sobie Barbara, z czasem przeradza się w admirację dla świętego Franciszka z Asyżu. Najbardziej kocha psy.

„Dla psów szyto materace na miarę. W swoim pomieszczeniu miały mieć piecyk i lodówkę, ogrzewaną podłogę i zlew ze stali nierdzewnej. Pomieszczenie było klimatyzowane. Zainstalowano ogrzewanie stopni w oddzielnej klatce schodowej, która prowadziła do pomieszczeń dla psów. Chodziło o to, aby wysuszyć łapy, zanim psy wejdą do swojego pomieszczenia i dalej, do pokoju Barbary. Królem stada był bokser Prince, którego państwo otrzymali od Grzegorza, brata Barbary”[27].

Z pomieszczeń dla psów w różnym czasie korzysta Klara (mastif) oraz od kilku do kilkunastu jamników. Ich portrety maluje Halina Skalska-Potaczek, wcześniej autorka między innymi obrazów sakralnych w najważniejszych krakowskich kościołach. „Każdy, kto wierzył w reinkarnację, marzył, by wrócić na ziemię jako Prince lub Klara” – ironizował David Margolick, który odwiedzał Jasną Polanę. Kiedy w 1982 roku zdycha Prince, nagrobek wykuwa mu Jerzy Duda. Podchodzi do zadania dwa razy, bo Barbarze nie podobają się litery na pierwszym nagrobku. Druga wersja udaje się na tyle, że Duda może zająć się nagrobkami dla jamników.

Do Jasnej Polany przyjeżdża też osioł. Wcześniej mieszkał u paulinów w Doylestown. Występował w bożonarodzeniowych szopkach, ale zrobił się za stary. W Jasnej Polanie odżywa. Osioł ma prawo spacerować po obejściu. Dołącza do niego stary baran ze stada hodowanego na terenie rezydencji. Zaczynają stanowić sprytną parę, która potrafi wchodzić chyłkiem do pracowniczych domów i wyjadać owoce ze stojących na komodach misek.

Zakochana w chlebie. Zamek na Wawelu, Kraków, październik 2015

Sabina Potaczek-Jasionowicz, która do Jasnej Polany przyjechała z ojcem jako pięciolatka, kończy szkołę w Princeton, amerykański uniwersytet, a potem wraca do Krakowa. Jest historykiem sztuki, kierownikiem działu komunikacji społecznej Zamku na Wawelu.

– Byliśmy traktowani dobrze. Żyliśmy jak w bezpiecznej enklawie, ale nie całkiem zamkniętej. Pani pozwalała, żeby przyjeżdżały do mnie koleżanki ze szkoły. Mogłam też bawić się z dziećmi jej bratanków i kąpać w ich basenie przed domem. Oczywiście nie zawsze, ale gdy basen był pusty, mogliśmy pływać. Pani Barbara często przechadzała się po posiadłości i zaglądała do domów pracowników. Któregoś dnia przyszła do nas, kiedy babcia upiekła chleb. Tak jej zasmakował, że babcia z mamą piekły dla pani chleb co tydzień. Zanosiłyśmy ten chleb do pałacu. Mama piła herbatę, a ja spacerowałam po hallu, żeby obejrzeć słynne obrazy. Wtedy zakochałam się w historii sztuki.

Szesnaście lat i szesnaście dni. Rutki-Kossaki, listopad 2015

Bruno Zelerowicz, kierownik stolarni w Jasnej Polanie, do USA wyjechał w wieku pięćdziesięciu dwóch lat. Z założenia na trzy miesiące. Uczestniczył w słynnym procesie o spadek, który Barbarze Piaseckiej Johnson wytoczyło sześcioro dzieci Sewarda. Trafił nawet do sądowego aresztu. Ma amerykańską emeryturę, ale wrócił do Polski pod opiekę żony i synów ze względu na chore serce.

– W latach siedemdziesiątych w Ameryce był już mój znajomy, Lautański, który wcześniej w Rutkach w gminnej spółdzielni pracował, i myśmy się dogadali. Gdyby proboszcz z Łomży wiedział, że nie wrócę, toby mnie nie puścił, bo miałem remont na plebanii robić. Pojechałem z ciekawości, żeby zobaczyć, jak świat wygląda. Zresztą cała okolica już tam była, na przykład zięć Lautańskiego. Ze swoim znajomym założyli firmę remontową i dostali się do Skillman, potem na Polanę do pani. Jak się dostali, nie wiem. Wzięli mnie do roboty za malarza. Jak już pojechałem, to zarobki się powiększyły o sto procent, chociaż w Polsce też źle nie miałem. Żal było wracać.

Mieszkałem w Trenton, do pracy dojeżdżałem. A potem zacząłem się urządzać.

Malujemy na przykład, ja się rozglądam i widzę, że ktoś przyjeżdża i mówi: zrób to, zrób tamto. Pytam Lautańskiego, co to za facet. On, że to brat pani, Grzegorz.

Upatruję sobie taki moment, że jestem sam na sam z tym Grzegorzem, znaczy Lautański nie widzi, to mówię, że wolę stolarkę, bo mnie malowanie nie idzie, i że ja dobry i wierny jestem. I on odpowiada, że pan Stroczyński jest tu menedżerem, od niego się coś dowie. Za jakieś dwa dni dzwoni telefon. Lautański odbiera, gada, a potem mnie woła i mówi, że mi pracę na Polanie przy stolarce załatwił. Nic nie powiedziałem, ale swoje wiedziałem.

Następnego dnia jadę na Polanę, prowadzą mnie do warsztatu. Stolarka jak stolarka. Po robocie mówię, że muszę wracać do Trenton. Deszcz straszny leje, jak idę do szosy. Widzę, mija mnie samochód z pałacu, co akurat wyjeżdża, w środku siedzi kierowca pani, akurat czarny, i pokazuje, żeby wsiadać. Nie mówię po angielsku, więc nie wsiadam. Pokazuję czarnemu, że co będę wsiadał.

Następnego dnia rozglądam się po warsztacie. Warsztat duży, to może ja sobie tu i łóżko uszykuję? Co będę z Trenton dojeżdżał? Jeszcze przystanku nie było. A tak, robota za ścianą. Pan Grzegorz się zgadza, nigdy mu tego nie zapomnę.

Zapoznałem się z Frycami, którzy robili w ogrodzie, i Dudami, co byli od spraw kutych, artystycznych.

Już w sześć miesięcy miałem greenkartę, bo były donosy, że się na Polanie na czarno pracuje. Przyszedł pan Stroczyński i powiedział, że jestem dobry pracownik, ale musi mnie zwolnić. Na to pani podobno powiedziała: „No jak, ja mu te papiery podpiszę, niech on bierze prawnika". Dobra pani.

Szybko awansowałem. Pan Grzegorz mnie wezwał i powiedział: „Panie Bruno, pan jest wierny człowiek, jak ludzie będą przychodzić po pracę, to ja ich panu przyślę, a pan mi powie, czy panu człowiek odpowiada". Swoich ściągałem. Sąsiada z Rutek, z Łomży, wiadomo było, żeby lewych rąk nie miał i nie szukał nie wiadomo czego.

Fryce też ciągnęli swoich z Rzeszowa.

Pana Sewarda miło wspominam. Starał się pierwszy powiedzieć „*hi*" jak ty jemu.

Pani mnie nie ochrzaniała, za to wszystkich chciała kształcić. Do najlepszych szkół wysłać, Princeton, Boston, gdzie bądź. Student z Krakowa był u Fryców, kosił trawę, pani była akurat na spacerze i zaczęła rozmawiać, a on, że przyjechał do USA, bo nie ma na studia, a w ogóle to tu pracują już jego rodzice. Pani od razu mówi: „Niech ktoś zabierze kosiarkę. A ty już się idziesz uczyć. Do Bostonu".

Dzieci pana Sewarda też rozpieszczała, one były w kontakcie, przyjeżdżały na basen się kąpać.

Narzekali tylko ci, co im się nie chciało robić. Jakby komuś palec w oko wsadzić, toby narzekał, a im nikt nie wsadził.

Przyjechała kiedyś z Trenton dziewczyna po Śmirnowie, z dzieckiem. Śmirnow wrócił do Polski do swojej żony, a ona została. Poskarżyła się komuś, że źle jej w Trenton, pani się dowiedziała i kazała przywieźć. Mieszkanie dostała w domku przy bramie, cały dzień siedziała, wszystko jej do jedzenia dowozili z pałacu. Nic się jej nie chciało, nawet śmieci nie wyniosła, tylko postawiła przed chałupą. Koleżanki zapraszała, schodziły się, telefonu służbowego używały. Niemożliwe, żeby człowiek tyle zjadł, ile one z córką zjadały.

Nam się to nie podobało. Na Polanie to my rozumieli, że trzeba pokazać, że się chce robić. Ona nie pokazała, to i jej zaraz nie było.

Tak jak mówię, żyło się jak w rodzinie.

Ostatni pałac Ameryki. Princeton, 1976

Seward Johnson nie lubi udzielać wywiadów. Lubi życie w cieniu. Nie odzywa się publicznie nawet wtedy, kiedy „New Jersey Monthly" ogłasza, że z trzystu pięćdziesięcioma milionami dolarów Seward jest najbogatszym mieszkańcem stanu New Jersey. Wyprzedza Dillonów, Doris Duke czy Fairleigha Dickinsona. Im częściej dziennikarze wypytują o Polanę i szczegóły nowego małżeństwa, tym bardziej odmawia. „Trudno o obojętność, gdy po sąsiedzku powstaje coś, co przypomina siedzibę rządu sporego kraju" – tłumaczy dociekliwość reporter nowojorskiego tabloidu „Daily News". „Ostatni pałac Ameryki" – donoszą nagłówki. Prawnicy Sewarda wysyłają groźne listy do redakcji, ale opór gospodarzy jeszcze bardziej rozpala lokalną prasę i ciekawskich. Latem 1976 roku w pobliżu Polany ląduje balon z nieustępliwym fotografem. Zostaje złapany przez ochroniarzy. Dwóch innych fotoreporterów wdziera się drogą lądową i wpada na uzbrojony patrol. Oddają filmy i wycofują się, przepraszając.

„Skąd mieliśmy wiedzieć, czy są zrównoważeni, czy może wpakują nam kule w potylice?" – tłumaczą swoją rejteradę. Za jakiekolwiek zdjęcie Basi gazety oferują wciąż pięćset dolarów. Seward jest wart sto pięćdziesiąt.

Niewykluczone, że Seward przez całe życie ma w pamięci jesień 1929 roku. Pierwsze małżeństwo z Ruth, próbę porwania Diany, martwego synka Lindberghów w przydrożnych krzakach, bo dom staje się fortecą.

O właściwą ochronę dba Barbara. Ma plany, aby zatrudnić armię uzbrojonych Teksańczyków, którzy patrolowaliby Polanę z wilczurem u nogi. (Takie patrole zatrudnia Doris Duke, spadkobierczyni papierosowej fortuny z Hillsborough Township w New Jersey). Kończy się jednak na lokalnych ekspolicjantach, którzy w mundurach ze specjalnie zaprojektowanymi naszywkami – liść dębu i biało-czerwony napis Jasna Polana – pilnują terytorium.

Basia chce, żeby system bezpieczeństwa przypominał filmy z Jamesem Bondem. „Cała poczta i wszystkie przesyłki poddawane kontroli w poszukiwaniu ewentualnych materiałów wybuchowych. Przeszukiwane samochody, każda rozmowa telefoniczna nagrywana. Trzy dzienniki: samochodów, rozmów telefonicznych i czynności codziennych. Kuloodporne szyby w oknach rezydencji. Instrukcja: w razie ataku szybko biec do budynku, gdzie znajduje się basen. Obszar zostanie zablokowany i nie będzie do niego dostępu. Każdy mieszkaniec Jasnej Polany ma mieć numer kontrolny, a pracownicy karty czasu zatrudnienia.

Wszystkie czynności mają być bez przerwy rejestrowane przez kamery umieszczone wśród drzew i w plastikowych skrzynkach zainstalowanych na terenie domu i w jego otoczeniu. Elektroniczne mikrofony, czujniki w podziemiach, pod podłogami i dywanami w domu, systemy alarmujące i telefony na wypadek niebezpieczeństwa. – Mam w domu tyle zabezpieczeń – będzie mawiał Seward – że nie mogę się załatwić bez alarmu[28].

Kiedy jeszcze trwa budowa Polany, państwo Johnsonowie rozmawiają o groźbie przyszłej wojny i o konieczności zbudowania schronu atomowego. Dyskutują nad najbardziej odpowiednim miejscem i zgadzają się, żeby ochronić nie tylko ludzi, ale też zwierzęta, dzieła sztuki oraz książki.

Tak więc obok pałacu zostaje wykopany schron, przygotowany jako ratunek przed zagładą atomową. Jest wyposażony w prawie dwadzieścia tysięcy litrów wody, czterdzieści tysięcy litrów paliwa, dwie prądnice elektryczne, pięć lodówek, aparat do czyszczenia powietrza i cztery peryskopy – w nawiązaniu do zamiłowań żeglarskich Johnsona. Basia, ironizują niektórzy goście, będzie mogła wypatrywać nadchodzących Rosjan.

Budowa głównego pałacu trwa siedem lat. Koszt budowy wynosi trzydzieści milionów dolarów. Za eksploatację posiadłości w pierwszym półroczu Johnsonowie płacą milion dolarów. Jasną Polanę obwołuje się najdroższą prywatną rezydencją w Stanach Zjednoczonych, a może i na świecie.

Otwarta na świat. Warszawa – Nowy Jork – Princeton, 1971–1983

Seward Johnson nie ma potrzeby widywać ludzi, jeśli nie znajdują się akurat na jachcie pełnomorskim. Ale Basia lubi towarzystwo. Najlepiej, by nie pamiętało, że nosiła fartuch sprzątaczki (wyjątkiem jest Danuta Wyszyńska, która mieszka w Perth Amboy). Ma amerykańskie obywatelstwo i może pokazać się w Polsce w zapowiedzianym rolls-roysie.

W pierwszym rzędzie. Warszawa, październik 1975

6 października 1975 roku w Filharmonii Narodowej w Warszawie osiemdziesięciu finalistów z dwudziestu dwóch krajów przystępuje do IX Konkursu Chopinowskiego, jednego z najstarszych i najbardziej emocjonujących konkursów pianistycznych na świecie.

Pianiści mdleją, mniej odporni rezygnują z występów, publiczność buczy na konkurentów swoich faworytów. Wysokie miejsce w konkursie jest przepustką do światowej kariery i gwarantuje atrakcyjną nagrodę pieniężną. Dla polskich zwycięzców oznacza transfer do innej galaktyki.

W 1975 roku po raz pierwszy od dwudziestu lat laureatem zostaje jednogłośnie Polak, osiemnastoletni student z Zabrza, uczeń profesora Andrzeja Jasińskiego, Krystian Zimerman. Jest sensacją konkursu, jednym z najmłodszych laureatów i pierwszym, któremu po odczytaniu werdyktu publiczność Filharmonii Narodowej śpiewa *Sto lat*.

Rodzicom wschodzącej gwiazdy gratuluje pierwszy sekretarz Edward Gierek i premier Piotr Jaroszewicz.

Transmitowane koncerty finałowe konkursu są okazją do zademonstrowania, że władzom państwowym leży na sercu kultura wysoka.

Dzień później, 30 października, w siedzibie Towarzystwa Fryderyka Chopina wręczane są nagrody pozaregulaminowe, ufundowane przez osoby prywatne lub instytucje.

Państwo Johnsonowie wręczają ufundowaną przez siebie nagrodę Krystianowi Zimermanowi

Tym razem prócz dostojników państwowych w pierwszym rzędzie dla fundatorów siedzi „elegancka amerykańska para": Barbara Piasecka Johnson i jej mąż John Seward Johnson. Dziennikarze nie zajmują się proweniencją Barbary, ale wysoką nagrodą w dolarach, jaką Johnsonowie ufundowali dla kilku laureatów konkursu. Za wybitną osobowość honorują Zimermana. Otrzymuje on również dwuletnie stypendium w Nowym Jorku. Nagradzają także Johna Hendricksona z Kanady, Katarzynę Popową-Zydroń i Elżbietę Tarnawską z Polski.

Październikowy pobyt w Warszawie jest pierwszym ważnym gestem filantropijnym bogatej pani Johnson. Jest początkiem wieloletniej znajomości z Krystianem Zimermanem, który wkrótce zyskuje światową sławę.

Ale pod koniec października dochodzi również do spotkania, które zmienia życie młodej milionerki. Podczas konkursu zostaje jej przedstawiony członek jury, słynny pianista Witold Małcużyński. Wysoki, srebrnowłosy, wyprostowany, ma sześćdziesiąt jeden lat i nosi się jak angielski lord. Zawsze otoczony wielbicielami.

Od wiosny 1939 roku mieszka poza Polską ze swoją francuską żoną. Był oddanym uczniem Ignacego Paderewskiego i nazywa siebie romantykiem fortepianu. Dawał przejmujące koncerty dla Wojska Polskiego we Francji. W 1940 roku wypłynął do Argentyny, gdzie świetnie przyjęto go w Buenos Aires. W 1942 roku do Nowego Jorku zaprosił go Yehudi Menuhin. Koncertował w Stanach Zjednoczonych, współpracując z najważniejszymi dyrygentami, w tym z Arturem Rodzińskim. W 1958 roku przyjechał do Polski z dziewięcioma koncertami chopinowskimi. Każdy z nich był wydarzeniem, wzruszającą patriotyczną manifestacją.

W październiku robi piorunujące wrażenie na Barbarze. Dołącza do „wielkiej trójki" najważniejszych mężczyzn w jej życiu. Do tej pory należeli do niej ojciec, Seward i Jezus Chrystus. Zaprasza Małcużyńskiego do Ameryki na sylwestra, nazywa wspaniałym przyjacielem, zapewnia, że będzie miał w rezydencji fortepiany, najlepszą akustykę i warunki do ćwiczenia przed koncertami. Małcużyński mówi o niej: „moja Basia".

Obiecuje, że zjawi się w rezydencji podczas kolejnego wyjazdu do USA. Dotrzymuje obietnicy, a Seward akceptuje znajomość.

W ciągu następnych dwóch lat czuje się u Barbary jak w domu.

Kiedy Nowy Jork odwiedza córka Małcużyńskiego, mieszka z Witoldem, Sewardem i Barbarą w Princeton.

Maestro otwiera Basi drzwi do najlepszego polskiego towarzystwa emigracyjnego w Nowym Jorku.

Pierwszym wspólnym znajomym zostaje Grzegorz Górzyński, młody lekarz psychiatra, daleki kuzyn Witolda, który wyjechał do Stanów Zjednoczonych mniej więcej w tym samym czasie co Piasecka, a w 1971 roku osiadł w Nowym Jorku. Pracuje w szpitalu, właśnie zdaje egzaminy specjalizacyjne, ma zamiar otworzyć prywatną praktykę na Manhattanie. Utrzyma znajomość z Piasecką Johnson ponad piętnaście lat i będzie to jedna z najdłużej trwających jakichkolwiek znajomości Barbary.

Przyjaciel domu. Manhattan, październik 2014–marzec 2015

Doktor Górzyński przyjmuje pacjentów na Upper East Side, między Lexington Avenue a Central Parkiem. Taki adres oznacza, że zgłaszają się do niego pacjenci, którzy niepokój o swoje zdrowie psychiczne łączą z pełnym portfelem. Kamienicy i drzwi do gabinetu pilnuje czarnoskóry *concierge* w liberii.

– W styczniu 1976 roku do mojego domu zadzwonił *doormen* i powiedział, że jakaś pani Johnson czeka na mnie na dole. Nigdy jej nie widziałem, ale Witold opowiadał, że spotkał bogatą osobę w Warszawie. Zanim poznał Basię, podczas pobytów w Nowym Jorku zatrzymywał się w moim mieszkaniu, wynajęliśmy nawet fortepian, żeby mógł ćwiczyć. Witold mówił o prywatce sylwestrowej w Princeton, zapraszał w imieniu Barbary, ale miałem inne plany. Tego dnia byłem mimo wszystko zaskoczony, ale poprosiłem, żeby weszła na górę. Przedstawiła się i zaprosiła mnie na weekend do Jasnej Polany. Pojechaliśmy z Witoldem, który wracał akurat z koncertów w Kalifornii. Kiedy przyjechaliśmy, Sewarda nie było, pojechał na Florydę do swojego Instytutu Oceanograficznego. Gospodyni była radosna i pełna życia. Rozmawialiśmy o wszystkim: o Witoldzie i o muzyce. W Princeton stał już fortepian przygotowany dla Witolda. Odtąd tam się zatrzymywał.

Barbara natomiast włączyła do swojego kręgu towarzyskiego doktora, który rozumiał, że ona nie znosi sprzeciwu.

– Już wiosną 1976 roku zadzwoniła do mnie. „Przygotuj się, jedziemy do Paryża i do Włoch", powiedziała. „Ależ, Basiu, mam pracę", próbowałem oponować. Basia nie odpuszczała. „Na kilka dni się zwolnisz".

I pojechaliśmy.

Witold powiedział, że warto odwiedzić Bibliotekę Polską w Paryżu, która ma potężne problemy finansowe. Znał emerytowaną kierowniczkę Zofię Zdziechowską. Pojechaliśmy, Basia nie chciała zawieść Witolda.

Przed tym wyjazdem poznałem Sewarda: delikatnego i dość skromnego, jak na zasoby, które posiadał, człowieka. Podziwiał Basię, jej energię, jej wiedzę o sztuce. Ona rozbudziła w nim

Witold Małcużyński

szlachetne zainteresowania, nauczył się cieszyć swoimi pieniędzmi, wyspą, wakacjami. Małcużyńskiego darzył nawet wielką sympatią.

Zostałem towarzyszem podróży Basi, a potem także Sewarda. Nigdy nic od niej nie chciałem, nie planowałem żadnych interesów z pieniędzmi Johnsonów w tle. Im dłużej przyjaźniliśmy się, tym większe znaczenie miała dla niej bezinteresowność.

Ważne panie. Nowy Jork – Princeton, 1976

Małcużyński przedstawia Basię swoim znajomym w Nowym Jorku. Jasną Polanę odwiedzają ważne rodziny emigracyjne: wdowa po dyrygencie Arturze Rodzińskim – Halina, z domu Lilpop, jej siostra, malarka Felicja Kranc, syn Haliny – Ricky Rodzinski, który podjął właśnie pracę w Metropolitan Opera, dyrygent Jerzy Semkow, Nela Rubinstein.

Rodziny znają się jeszcze z przedwojennej Warszawy.

Felicja i Halina, razem ze swoimi siostrami: Anielą i Marią Lilpop, były bywalczyniami elitarnego Instytutu Propagandy Sztuki. Należały do artystycznego kręgu, który do Instytutu przeniósł się z kawiarni Ziemiańska. Odwiedzali go skamandryci wraz ze swoim dworem oraz Mieczysław Grydzewski z orbitą współpracowników „Wiadomości Literackich". Przesiadywali Julian Tuwim, Jan Lechoń, Kazimierz Wierzyński, Jarosław Iwaszkiewicz, Jerzy Wittlin, Antoni Słonimski. Bywał Uniłowski. Przychodzili muzycy i malarze: Kazimierz Kranc (przyszły mąż Felicji), Roman Maciejewski, Rafał Malczewski. W Instytucie wystawiało się sztuki teatralne, zwłaszcza Witkacego.

Po wybuchu wojny towarzystwo odnalazło się na Zachodzie. Najpierw we Francji, a po 1940 roku w Stanach Zjednoczonych.

I choć podzielił je stosunek do komunistycznej Polski, łączyła silna potrzeba pomagania najsłabszym w opuszczonym przez zachodni świat kraju[29].

Kiedy Felicja dowiedziała się o zniszczeniach w Zakładzie dla Niewidomych w Laskach (założyła je daleka kuzynka rodziny), już w 1946 roku zaczęła zbiórkę. Wraz z Haliną zaangażowały amerykańskie przyjaciółki. Wkrótce za zebrane fundusze powstały w Laskach przedszkole, dom dla upośledzonych dzieci i szpitalik.

Kiedy siostry Halina i Felicja poznają Basię, obie są już wdowami: dyrygent Artur Rodziński umarł w 1958 roku, a Kazimierz Kranc w 1973. Felicja pomieszkuje w Nowym Jorku u Haliny, prowadzą dom otwarty dla Polaków. Skupiają wokół siebie młodych przybyłych z Polski. Siostry pożyczają im pieniądze i zapominają się o nie upomnieć, goście miesiącami koczują na sofkach. Są otwarte i opiekuńcze. Prowadzą warsztaty artystyczne i działalność charytatywną.

W Polsce przedwojennej, a nawet powojennej nie było możliwości, żeby Basia Piasecka, córka Pelagii i Wojciecha ze Staniewicz, spotkała się z siostrami na gruncie towarzyskim. Teraz, dzięki znajomości z Witoldem, małżeństwu z Johnsonem i z pomocą sióstr może budować swoją towarzyską pozycję.

Dwa światy. Warszawa, czerwiec 2015

Jan Woźniakowski, syn zaprzyjaźnionego z siostrami Lilpop Jacka Woźniakowskiego, widywał Basię w Nowym Jorku, kiedy w 1989 roku starał się o stypendium na Harvardzie. Mieszkał u Felicji i Haliny, a Basia odwiedzała starsze panie. Jan pamięta, że wchodziła do mieszkania i sama parzyła kawę. Zachowywała się jak domownik, chociaż wciąż lekko speszony.

Z Nelą Rubinstein

– Była pełną kompleksów prowincjuszką z prostego środowiska, która nagle, w wieku trzydziestu kilku lat, wylądowała w innej galaktyce. Ludzie szybko zaczęli na nią krzywo patrzeć. Dla WASP-ów z New Jersey była nie do zaakceptowania, z kolei Polacy wciąż coś od niej chcieli. Była w związku z tym bardzo podejrzliwa co do bezinteresowności zawieranych znajomości. Poszukiwała kogoś, kto ją przyjmie, nie będzie jej oceniał, wykorzystywał, plotkował, komu będzie mogła zaufać w tym obcym, wrogim świecie. Halina i Fela były do tego idealne. Kulturalne, otwarte kobiety z klasą. Bezinteresowne, bez snobizmów, ideowe i kochane. Przygarniały każdego.

Ona i siostry Lilpop to były dwa światy, które w Polsce nie spotkałyby się tak łatwo. Siostry pochodziły z inteligenckiej warszawskiej rodziny z korzeniami żydowskimi, należały do przedwojennej śmietanki towarzyskiej, warszawskiej i europejskiej. W Nowym Jorku było to samo: znowu pisarze, malarze, muzycy. Barbara niczym nie mogła im zaimponować.

Ameryka emigranta była jedynym wspólnym mianownikiem. Kontakt z siostrami Lilpop to dla Piaseckiej był awans społeczny, na czym bardzo jej zależało.

Wspaniała. Lake Placid, NY, październik 2014

Richard, syn Artura i Haliny Rodzińskich, mieszka w domu zbudowanym przez ojca w Appalachach, sześć godzin jazdy autem z Nowego Jorku. Dom na leśnej polanie, na którą przychodzą sarny, zbudowany jest w stylu zakopiańskim. Dokładniej – witkiewiczowskim. Robi wrażenie nie tylko w Lake Placid, mieście zimowych igrzysk olimpijskich oraz farmy buntującego niewolników uciekiniera z plantacji Południa Johna Browna, ale w promieniu ośmiu tysięcy kilometrów. Jest parterowy i przestronny, ma kamienną podmurówkę, gonty, skośne dachy, wykusze, na frontonie słoneczko. Artur dbał o detale i tęsknił. Ale w 1947 roku wydawało się, że Lake Placid leży wystarczająco daleko, by można było w nim przetrwać trzecią wojnę światową.

Ponieważ zaraz po skończeniu budowy Artur Rodziński dostał angaż do chicagowskiej opery symfonicznej, potem do Florencji – rodzina spędzała tu jedynie część wakacji. Kiedy zmarł na serce, Halina z synami wróciła do Nowego Jorku. Teraz dom jest kwaterą główną Richarda, Ricky'ego, wieloletniego kierownika Konkursu Muzycznego imienia Piotra Czajkowskiego w Moskwie, menedżera w Metropolitan Opera w Nowym Jorku.

Ricky zaczyna pisać wspomnienia, w których Basia zajmie ważne miejsce. Albumy z fotografiami z czasów ich przyjaźni leżą starannie opisane, nagrania z amatorskiej kamery, którą kupił na początku lat osiemdziesiątych, są skatalogowane i przegrane na płyty DVD. Na stole leży gruby katalog domu aukcyjnego Christie's, który zapowiada wyprzedaż obrazów z kolekcji Barbary Piaseckiej Johnson w 2014 roku. Niektóre pamięta ze ścian pałacu, więc wie, że na aukcję nie trafiły jeszcze te najcenniejsze.

Co do roku 1976:

– Ojciec bardzo cenił Małcużyńskiego, lubił z nim pracować. Witold i Grzegorz Górzyński byli częścią naszego towarzystwa. Tak poznałem Basię. Polubiliśmy się, jej imponowało miejsce, gdzie pracuję, była zakochana w sztuce, lubiła muzykę.

Wprowadziłem ją do towarzystwa, przedstawiłem von Karajanowi, Plácido Domingo i Zeffirellemu. Zawsze była mi za to bardzo wdzięczna. Oni polubili młodą, wesołą milionerkę, która miała gest.

Czy gdyby była biedna, zostaliby jej oddanymi przyjaciółmi? Odpowiedź jest oczywista. Ale miała pieniądze, była ładna i miło było przebywać w jej towarzystwie. Piękne ciało, wdzięk i wspaniały uśmiech. Ludzie, którzy nic nie muszą, zawsze innym imponują.

Pamiętam, jak pojechaliśmy z Sewardem na Florydę. On kochał swój Instytut Oceanograficzny i uwielbiał Eda Linka, który w tym instytucie dla niego pracował. Seward przyjeżdżał i oglądał te zabawki: silniki wielkie jak ten stół, symulatory dla pilotów. I Seward wtedy powiedział: „Nigdy nie pracowałem, zawsze się bawiłem".

Wkrótce okazało się, że tworzymy coś na kształt poszerzonej rodziny. Spędzaliśmy razem Wigilie. Basia dzwoniła: idziemy na obiad. Albo: jedziemy na wakacje. Albo: wpadnijcie do Rzymu, do Ansedonii, na Bahamy czy gdziekolwiek cumował ich jacht.

Mieliśmy z tym jachtem przygody. Basia zaprosiła na drinka króla Grecji. Tylko że jak przyszedł z żoną do mariny, to Basi ani Sewarda akurat nie było. Załoga nie chciała wpuścić gości. Król powiedział: „Jestem królem Grecji". Załoga odpowiedziała: „Akurat, królem Grecji". I król czekał.

Zobacz, tutaj na zdjęciu moja mama leży na łóżku z Sewardem, odpoczywają w cieniu w ogrodzie. Byli w podobnym wieku, jak brat i siostra.

Mama poznawała ich ze swoimi znajomymi. Kiedy mieszkaliśmy w Paryżu, naszą sąsiadką była Grace Kelly. Mama zaprosiła ją na polski bal do Waldorf Astoria i do Plazy i księżna przyjechała. Mama załatwiła Basi mieszkanie po Neli Rubinstein, bo się jej zawsze podobało.

Kiedy założyła fundację, mama próbowała wyciągnąć od niej pieniądze na dom dla niewidomych w Laskach. Była w tym wyciąganiu bezwzględna, bardzo jej zależało, żeby wspierać tę

Seward Johnson, Ed Link oraz I.E. Wallen przed statkiem podwodnym przeznaczonym do badań głębinowych – Johnson Sea Link

instytucję. Basia wpłacała od czasu do czasu jakąś sumę. Upominałem mamę: „Przestań prosić, daj spokój". A mama ciągle mówiła: „Boże, ona ma tyle pieniędzy, mogłaby tyle zrobić!". A Basia żartem opowiadała, że mama to żebraczka.

True affection. Wszystkie domy Johnsonów. 1977–1981

Richard znad rozłożonych na stole fotografii mówi, że wszystkie dywagacje na temat tego, czy Basia kochała Sewarda i czy czuła się z nim związana, są bezprzedmiotowe.

– Proszę zobaczyć to zdjęcie. Jest 1979 rok, Bahamy. Basia masuje stopy Sewardowi. Ciągle to robiła. Była między nimi wielka bliskość, *true affection*. On zakochany. Ona mówiła: „Nie pozwolę ci się zestarzeć". I on się naprawdę długo trzymał. Po prostu jest tak, że niektórym kobietom podobają się o wiele starsi mężczyźni

Grzegorz Górzyński:

– Zimę spędzali na Bahamach i na Florydzie, zazwyczaj od listopada do mniej więcej Wielkanocy. Potem przyjeżdżali do Princeton, a później lecieli do Włoch na lato. Ich główny adres to był Fort Pierce na Florydzie, ze względu na przyjazny system podatkowy. Nie mogli więc przebywać w Princeton dłużej niż sześć miesięcy w roku. Kiedy w latach siedemdziesiątych odwiedzałem ich w tych miejscach, widziałem prawdziwe oddanie Basi. Była wpatrzona w męża.

Po wybuchu stanu wojennego w Polsce w operze nowojorskiej śpiewa Wiesław Ochman. Po przedstawieniu Basia przychodzi do garderoby, przedstawia się i zaprasza na uroczysty obiad do siebie do domu. Następnego dnia pod hotel podjeżdża limuzyna z ochroniarzami i wiezie go do Jasnej Polany, gdzie czeka kilkanaście osób z Polonii nowojorskiej. Ochmana zdumiewa perfekcyjna skromność gospodyni. „Uśmiech nie schodzi jej z twarzy. Przy deserach zjawia się pan domu, kopia Hemingwaya, siwa broda, niski, o bardzo szlachetnej twarzy".

Witał się z tenorem: „Och, *mister* Ochman, pamiętam pana ze sceny".

Basia podchodzi do niego i pyta kokieteryjnie: „A co mój mąż tutaj robi? Miało go nie być".

Seward odpowiada łagodnie: „Stęskniłem się za żoną". I całuje ją w policzek. Potem przeprasza zebranych i idzie na górę. Tłumaczy, że nie chce zmuszać towarzystwa do trudnej angielszczyzny.

Kiedy na świat przychodzi syn brata Basi Grzegorza Piaseckiego i jego drugiej żony, dostaje imię Wojciech Seward, na cześć wielkiego wujka z Ameryki. Basia namawia męża, aby został ojcem chrzestnym i pojechał do Wrocławia na uroczystość. Od tego momentu mały polski Seward jest jego ulubieńcem. Basia mówi czasem, że to mąż dokonał cudu narodzin. Przypisuje mężowi niemal boskie możliwości.

Podobnie zresztą jak zmarłemu ojcu i artyście Małcużyńskiemu.

Grom z jasnego nieba. Jasna Polana, 1977

17 maja 1977 roku Grzegorz Górzyński otrzymuje telefon z Palma de Mallorca. Witold Małcużyński zmarł na zawał. Górzyński dzwoni do Jasnej Polany. Basia jest w rozpaczy.

Grzegorz Górzyński:

– Nie mogła w to uwierzyć, choć mówiła potem, że w nocy przeczuła katastrofę. Przysięgała, że zwierzęta w ogrodzie zachowywały się dziwnie.

Natychmiast wysyła prywatny samolot do Paryża, tam ma zostać wypełniony świeżymi kwiatami aż po okna, a potem wylądować na Majorce. Tu na pokład zostaje wniesione ciało pianisty. Spocznie na warszawskich Powązkach.

Richard Rodzinski:

– Zadzwoniła do Grzegorza i do mojej mamy, że zabiera ich do Warszawy na pogrzeb Witolda. Polecieli. Basia w eleganckiej czerni. Była ubrana jak wdowa i płakała jak wdowa, która stała obok.

Pamięta o nim aż do śmierci. Jeszcze na początku lat dziewięćdziesiątych goście w Jasnej Polanie zwiedzają nietknięty pokój Witolda. „Jakby właśnie z niego wyszedł" – tłumaczy gospodyni.

Na początku lat osiemdziesiątych Barbara przyjmuje skrzypaczki: Wandę Wiłkomirską i Hannę Lachert, które zaraz mają lecieć do Warszawy. Oprowadza je po ogrodzie. Kiedy mijają część różaną, Barbara zrywa kilka kwiatów i prosi, żeby panie położyły je na grobie Witolda.

Arystokraci do pomocy. Jasna Polana, 1977

Życie nie znosi próżni, więc mimo żałoby gospodarze szykują się do oficjalnego otwarcia nowego domu. Ściany pałacu uzyskały właśnie właściwy odcień, wyszlifowano ostanie marmurowe wanny, rzeźby Auguste'a Rodina stanęły obok frontowej fontanny. W Jasnej Polanie pracuje sześćdziesiąt osób: ogrodników, stolarzy, budowlańców, służących, kierowców i kucharek. Na ich szefa awansuje John Stroczyński, przedtem koordynator robotników. Ale klasę tego miejsca powinni podkreślić prawdziwi arystokraci.

Basia potrzebuje osobistej asystentki do kontaktów z eleganckim światem. Zofia Zdziechowska, znajoma Witolda, proponuje księżnę Marię Krasińską i jej męża Stanisława. Krasińscy pochodzą z jednej z najlepszych arystokratycznych rodzin, ich majątek w Polsce został znacjonalizowany, teraz mieszkają w Wielkiej Brytanii i mimo królewskich koneksji prowadzą niewielką firmę ogrodniczą. Stanowisko u Basi ma być spokojną emeryturą. Będą czuwać nad doskonaleniem pani domu w zakresie dobierania win, usadzania gości i zapewnienia posiadłości angielskiej elegancji.

Kiedy zjawiają się w Princeton, służba ustawiona w szpaler pochyla głowy, a Krasińscy proszą, by nie nazywać ich księciem i księżną. Nie nalegają na spisanie umowy o pracę. Dostają słowo Johnsonów, w ich świecie słowo zupełnie wystarcza. Czeka ich ważne zadanie. Na październik wyznaczono termin wielkiego wydarzenia.

Zapłaciłam za bilet Basi. Madryt, kwiecień 2015

Elżbieta Lipton to dekoratorka i scenografka, żona angielskiego arystokraty i córka Józefa Wittlina, emigracyjnego pisarza i poety. Od dwudziestu lat mieszka w Madrycie. W 1977 roku przygotowała rezydencję do uroczystości.

– Do Jasnej Polany poleciła mnie Halina Rodzińska, przedwojenna znajoma ojca. Spotkałyśmy się z Barbarą na Manhattanie. Poznałam bardzo grzeczną osobę, w niewyzywającym ubraniu. Od Haliny wiedziałam, że ma wizję, że chce coś osiągnąć, ale nikt nie może zrozumieć, o co jej chodzi. Polubiłyśmy się, tak myślałam. Poszłyśmy nawet do kina na Manhattanie. Zapłaciłam za swój bilet i za bilet Basi. Była wzruszona do łez, do tej pory wszyscy uważali za naturalne, że to ona płaci.

Opowiedziałam jej o mojej wizji wielkiego przyjęcia. Stoły miały być czarno-białe, siedzenia w kolorze łodyg, na stołach wazony Alvar Aalto, a w każdym czerwony anemon. Wszystko pasowało do obrazów Kleina, które wisiały na ścianach. Elegancja.

Najpierw umówiłyśmy się, że moje honorarium wyniesie dziesięć procent kosztów usługi. To był z mojej strony ukłon. Zwykle brałam sto siedemdziesiąt pięć dolarów za godzinę. U Basi pracowałam za trzydzieści pięć.

Projekt zaakceptowała z radością.

Bardzo szybko skróciła między nami dystans towarzyski i zaczęła dawać do zrozumienia, że mnie bardzo lubi. Ja, im jestem starsza, tym bardziej boję się przyjaźni z klientami, ale wtedy niestety byłam młodsza. Kiedyś powiedziała, że chce stworzyć ważną kolekcję malarstwa. Zapytała mnie, co powinna kupić. Odpowiedziałam, że może Goyę.

Po kilku dniach podeszła do mnie i krzyknęła, że znajomy profesor z Poznania powiedział jej, że Goya nie potrafi malować. Jak śmiałam poradzić jej Goyę?!

Zdziwiło mnie, że podniosła głos w tak dziwnej sprawie. Zaczęłam tłumaczyć, że się myli, ale zrozumiałam, że ona płaci za to, żeby jej powiedzieć, że ma rację. Ja nie potrafiłam.

Potem zaczęły się problemy.

Kiedy kupiłam sto osiemdziesiąt szklanek po dziesięć centów sztuka, nie było kłopotu. Ale kiedy wyłożyłam lnem część wnętrza, adwokatka Basi powiedziała, żeby mi nie płacić, bo len jest za drogi. Dodała, że to Basia dyktuje warunki. Słyszałam, że tym robotnikom, którzy jej podpadli, zabierała dokumenty.

Na posesji stało kilka rzeźb Rodina. Wystraszyłam się: co bym zrobiła, gdyby powiedziała, że którąś ukradłam?

Pracowało się w nerwowej atmosferze. Basia rzucała doniczką. Raz w kierunku moim, innym razem swojego męża, który był przecież potulnym staruszkiem.

Innym razem, kiedy wstawałam od stołu, niechcący przewróciłam krzesło. Chciałam podnieść, ale Basia zabroniła.

– Niech pani nie rusza, starsza pani Maria przyjdzie i podniesie.

Wezwała księżnę Krasińską, którą zatrudniła, by nauczyła ją dobierać wino do potraw oraz konwersować przy kolacji.

Wtedy jeszcze nie wiedziałam, że jestem dekoratorką numer dziewięć. Poprzednie zostały zwolnione lub uciekły z płaczem.

Arystokratyczna para też nie spełniła oczekiwań pani. Książę wydawał zbyt dużo na jedzenie, księżna wysłana do sklepu na polecenie Basi kupowała zbyt drogie produkty. Zbyt długo odpoczywali, podawali w wątpliwość decyzje. Kwiaty więdły, usechł trawnik.

Po niecałym roku zostali wydaleni z rezydencji. Nie chroniła ich umowa o pracę, ponieważ książę uwierzył w słowo Johnsonów. Dynamika współpracy: zachwyt, rozczarowanie, awantura, zerwanie będzie się powtarzać w kolejnych przedsięwzięciach i znajomościach zawieranych przez Barbarę. Stanie się powodem wielkiej wielostronnej frustracji osób dramatu.

Goście. Jasna Polana, październik 1978

Miarą ambicji gospodyni jest lista gości zaproszonych na otwarcie: prezydent USA Jimmy Carter z małżonką, wiceprezydent Walter Mondale, sekretarz stanu Cyrus Vance, sekretarz do spraw energii James Schlesinger, gubernator Brendan Byrne, doradca prezydenta Zbigniew Brzeziński, rosyjski dysydent Aleksander Sołżenicyn, zbuntowany ambasador PRL w Waszyngtonie Romuald Spasowski, członek KC Bogumił Sujka, minister kultury Wiktor Zin, przedsiębiorcy Nelson i John

Rockefellerowie oraz gwiazda telewizyjna Walter Cronkite. Prywatny jet miał transportować gości na najbliższe lotniska, skąd zabierać ich miały limuzyny.

Prawie nikt z wymienionych nie pojawił się na otwarciu.

Wśród stu sześćdziesięciu osób jest szwagierka Sewarda lady Dill z Bermudów, żona Wallace'a Harrisona, Ed Link z Florydy, projektant Tiffany'ego John Loring, Nicola Bulgari, gubernator New Jersey Byrne i żeglarscy przyjaciele Sewarda. Grzegorz Górzyński, Richard Rodzinski i Halina Rodzinska. Junior, najstarszy syn Sewarda. Oraz Anthony Bliss z Metropolitan Opera.

Zaproszenie otrzymują młodzi muzycy, których Barbara poznała dzięki Małcużyńskiemu lub Krzysztofowi Pendereckiemu. Gra New Arts Trio, zespół symfoniczny założony przez skrzypka Piotra Janowskiego, oraz Piotr Paleczny.

Przyjeżdża też Hanna Lachert, młoda skrzypaczka, oraz dyrygenci: Jerzy Semkow i Jacek Kaspszyk, który wygrał właśnie Konkurs imienia Herberta von Karajana. Dla nich wizyta w Princeton jest wyprawą na drugą stronę lustra. Nie mieli do czynienia z takim bogactwem.

Hanna Lachert:

– Jechaliśmy z Jerzym Semkowem starym, dziurawym chevroletem, który na podjeździe pałacu wyglądał jak wielkie bardzo brzydkie kaczątko. Kiedy w naszą stronę zwrócili się gospodarze, którzy stali w drzwiach i witali kolejnych gości, Jurkowi wypadł hamburger, którego kupił sobie na drogę jeszcze w Nowym Jorku i nie dojadł. Potoczył się na próg, ale wszyscy udaliśmy, że nic się nie stało. Zwiedzaliśmy pałac. Największe wrażenie zrobiła na nas skromna kozetka Sewarda. Sypiał w pokoiku wielkości szafy, pomiędzy dwiema wytwornymi sypialniami, które zaprojektowała dla nich Basia.

Jacek Kaspszyk:

– Od progu zostaliśmy poinformowani, że zarówno kucharz, jak i jedzenie przylecieli z Paryża jumbo jetem, a każda potrawa była przygotowywana ponad osiem godzin. Zobaczyłem złote klamki i obrazy. Byłem przytłoczony. Obserwowałem potem Sewarda i zrozumiałem, że ten dom nie jest w sferze jego nawet tymczasowego zainteresowania. On go toleruje, bo Basia jest zadowolona.

Na prywatce Basia promienieje szczęściem.

Dwóch nieżyczliwych gospodyni świadków opowiada potem adwokatom, że Basia wysłała swego osiemdziesięciotrzyletniego męża do łóżka o dziewiątej trzydzieści wieczorem. Protestował, że nie jest zmęczony, ale ona zmusiła go do opuszczenia przyjęcia. Świadkowie obserwowali potem Basię w czułej scenie z młodym polskim artystą. Przysięgają, że jego ręce błądziły poniżej linii pleców gospodyni.

Pałac. Jasna Polana, 1977–1996

Kiedy goście przekraczają wewnętrzną kutą bramę prowadzącą na podjazd do rezydencji, mijają fontannę, wchodzą do hallu wprost na szerokie schody, a na ścianach widzą najdroższe dzieła sztuki, nie potrafią ukryć swoich emocji. Amerykańscy dziennikarze, a także ważni goście z Europy i Ameryki z emfazą opowiadają o tym, co widzieli.

Zazwyczaj są zachwyceni, zwłaszcza kiedy jest mowa o kosztach wyposażenia.

Dziennik „Daily News": „Basen pływacki o wymiarach olimpijskich otoczony antycznymi rzeźbami greckimi i rzymskimi, cieplarniany ogród z orchideami o wartości siedemdziesięciu ośmiu tysięcy dolarów, klimatyzowany domek dla psów, podgrzewane marmurowe podłogi, marmurowa wielka wanna z jacuzzi, pozłacane wieszaki na ręczniki, wielkie stare drzewa (trzydzieści tysięcy dolarów każde), basen z tłustymi karpiami, rozległe włoskie ogrody".

Potem dom robi wrażenie na kolejnych ważnych zwiedzających.

Wiesław Ochman, wybitny polski tenor, razem z żoną oraz grupą przyjaciół podjeżdża pod rezydencję w 1982 roku:

– Brama wykwintna i w bardzo dobrym stylu. Pan, który tam pracował (ale nie miał wysokiego stanowiska), powiedział nam, że przyjeżdżają wycieczki, żeby ją fotografować.

Uwagę zwraca piękna kaplica w budowie.

Następnie wnętrze. Szyba oddzielająca pomieszczenie mieszkalne od basenu jest tak czysta, że mój serdeczny przyjaciel Stanisław Jordanowski wchodzi w nią i nabija sobie guza. Wchodzi do łazienki, gdzie ochładza się płatkami kosmetycznymi firmy Johnson & Johnson.

Idziemy do pokoju, w którym wiszą polskie obrazy. Znany obraz Chełmońskiego *Ptak na stercie ściętych trzcin*, jest Stanisławski, Michałowski, Witkacy.

Obiad jemy w pokoju, w którym wiszą mali mistrzowie holenderscy. Daj mi, Panie Boże, takich małych mistrzów.

Kolejne pomieszczenie powala na kolana. Wchodzę i widzę Gauguina. Później popularny *Zimowy pejzaż* Moneta, potem Modiglianiego. Coś nieprawdopodobnego.

Na pierwsze piętro prowadzą schody, nad którymi wisi jakiś chlapacz, chyba Klein, coś takiego między współczesnością a impresjonizmem. Van Gogha też oczywiście mają.

Ale największe wrażenie robi na mnie Courbet. Staję jak wryty. Ciężkie, gęste malarstwo, moje ukochane. Jestem wstrząśnięty domem i zgromadzoną kolekcją.

W 1985 roku do Jasnej Polany zostaje zaproszona Zofia Romaszewska, działaczka Solidarności.

– Z zewnątrz budynek mało interesujący, lecz wewnątrz urządzony samymi antykami.

Przestrzenie ogromne. Ramy obrazów bogate, ale obrazy powieszone tak, że nie ma wrażenia przepychu i przesytu.

Podczas pierwszej wizyty jedną noc śpię w łożu z baldachimem. Łóżko szerokie, wygodne, z materacem, wykończone drewnem.

Łazienki mają ogrzewaną podłogę – w 1985 roku moje zdumienie nie ma granic. W pokojach wiszą sztychy. Wszystko, co na ścianach, jest prawdziwe. Salon ma może sto dwadzieścia metrów. Tam odbywają się przyjęcia. Jej sypialnia to graciarnia. Łóżko wstawione jakby we wnękę. Rozliczne pamiątki, książki, bibeloty. Na ścianach kilimki.

Izabella Cywińska, minister kultury w pierwszym niekomunistycznym rządzie polskim, rok 1990:

„W wielkim angielskim parku, wśród mniejszych zamków stoi piętrowy zamek z piaskowca. (...) Niby romański, a niby Wersal. Gdzieś fragment kamiennej pergoli z piniami, obok trzystuletnie bukszpany, opatulone w juciano-drewniane kołdry (przyjechały tu z Wirginii), stare drzewa, wszystko z importu. Estakady i łąki.

A w środku słonecznie, złotawo, empirowo, rzymsko, polsko, biało, muślinowo, aksamitnie, marmurowo, a przytulnie. Pełno sreber i najlepszych obrazów. Miła służba. Para Polaków w kuchni i przy stole. Pani Stenia w pokojach cichutko skrada się na palcach w białym płóciennym dresie. Sama robi tu wszystko.

Basen. Boże, to cudo! (...) Woda czyściutka, szmaragdowa, posadzki kamienne, podgrzewane. Zresztą tak samo jak we wszystkich łazienkach, których jest tu niezliczona ilość, każda w innym kolorze marmuru – z litą wanną, współczesną rzeźbą, ze złotymi ornamentami armatury. Wszystko jest w dobrym stylu, mimo takiego pomieszania. Stare dywany (jeden z nich po Ludwiku XV) i cudowne meble staroangielskie. Pełno wokół kwitnących roślin... i jamników. I bokserka za oknem. Nie wolno jej wejść, bo gryzie jamniki. W oborze malutki, nowy (od przedwczoraj) osiołek. W parku stado saren z innymi niż u nas pupami i kanadyjskie gęsi. Przed domem zajazd, ale zamiast trawnika – fontanna"[30].

Z rzadka pojawiają się głosy mniej entuzjastyczne.

Barbara Goldsmith, reporterka, która odwiedza Barbarę w połowie lat osiemdziesiątych, nie podziela zachwytu.

„W rzeczywistości dom jest ekscentryczną kombinacją przepychu i prozaiczności. Mały ośmiokątny pokój śniadaniowy został zbudowany z czterech tysięcy dwustu kawałków drewna, a mimo to nie wygląda lepiej niż kącik śniadaniowy w wielu podmiejskich domach"[31].

Grzegorz Górzyński, wieloletni przyjaciel Johnsonów, lubił spędzać czas z gospodarzami, ale uważa, że komunikacja i funkcjonalność w pałacu pozostawiały wiele do życzenia.

– Architekt nie miał doświadczenia z rezydencjami. W przedpokoju nie można było otworzyć jednocześnie obu skrzydeł drzwi.

Józef Grabski, marszand i znawca sztuki odwiedzający Polanę od początku lat osiemdziesiątych, nie dostrzega dobrego smaku w rezydencji w Princeton.

– Przerost formy nad treścią. To wszystko mówi wiele o właścicielce: to są marzenia małego Wojtusia, który nagle chce być królem, bo go stać na to, żeby stworzyć coś, co przekracza wielokrotnie możliwości współczesnych arystokratów.

Wnętrze rezydencji w obiektywie Czesława Czaplińskiego

Gdy w 2004 roku część należącej do pałacu ziemi przekształcono w ekskluzywny klub golfowy, fotograf Czesław Czapliński odwiedza pałac na zaproszenie gospodyni. Przy pierwszej, zewnętrznej, prowadzącej na posesję bramie zatrzymują go prywatni policjanci. Najpierw sprawdzają, czy rzeczywiście został zaproszony, ale też czy jego nazwisko nie figuruje na prowadzonej od lat „*hate*-liście". W wykazie osób, które w jakiś sposób naraziły się gospodarzom.

Wystarczyło się rozejrzeć. Tribeca, Manhattan, marzec 2016

I jeszcze artysta z Ameryki. W eleganckim Balthazarze na Spring Street poranne, potenisowe spotkanie wyznacza pisarz, scenarzysta i producent filmowy Dirk Wittenborn, znacząca postać nowojorskiej socjety artystycznej w czasach, „kiedy AIDS nie zarażał, a kokaina nie uzależniała" (według Dirka były to nawet późne lata osiemdziesiąte). Dirk jest jednym z członków rozszerzonego klanu Johnsonów, którego Barbara inspirowała artystycznie.

Urodził się w Connecticut, w rodzinie nauczycieli akademickich. Ojciec był psychologiem. Kiedy w latach siedemdziesiątych rodzice Dirka przenieśli się do Pottersville w New Jersey, on i jego starsze siostry i brat trafili do szkolnej enklawy najbogatszych. Dzieciaki nosiły nazwiska znanych światowych marek, większość latała własnymi samolotami. Zmiana środowiska wymagała od rodzeństwa zupełnie nowych kompetencji społecznych. Co prawda dla wielu Wittenbornowie stanowili powiew świeżego towarzyskiego powietrza, ale część nigdy nie zaakceptowała rodziny spoza swojej klasy.

– Syn nauczyciela znaczył odrobinę więcej niż portorykański służący. Ich rodzice uwielbiali się śmiać, kiedy odwiedzałem ich synów w nieodpowiednim pulowerze. O Żydach mówili: „Hawaiians".

To doświadczenie ukształtowało Wittenbornów na długie lata i bardzo się przydało, kiedy Dirk zechciał zostać pisarzem. Odrealniony świat młodzieży z rezydencji fascynował młodego adepta literatury. Uzyskał do niego pełen akces, kiedy starsza siostra Gretchen wyszła za mąż za Jamesa Loringa, syna Sewarda i Essie Johnsonów. Seward był już mężem Basi Piaseckiej, mieszkali w Jasnej Polanie.

– Oprócz tego, że James jest moim szwagrem, jest teraz moim najlepszym przyjacielem. Jego syn Jamie jest utalentowanym reżyserem, córka Jazz powozi zaprzęgami konnymi jak ojciec, zaczyna karierę pisarską. Pomagam im rozwijać artystyczne ambicje.

Pierwsza ważna książka Dirka Wittenborna ukazała się w 2007 roku, nosiła tytuł *Fierce People* (rok później została sfilmowana, w filmie wystąpili Donald Sutherland i Diane Lane; polski tytuł filmu: *Dzikie plemię*), a jej autor przyznawał, że są w niej wątki autobiograficzne. Nastolatek z Nowego Jorku i jego matka trafiają do posiadłości zepsutego, znudzonego starego WASP-a i jego zaniedbanej, nieszczęśliwej i pokręconej rodziny. Stają się katalizatorem zmian. Zwłaszcza matka, która mimo kłopotów z narkotykami wydaje się autentyczną, sympatyczną i mocną psychicznie osobą. W wywiadach dla amerykańskiej prasy Dirk opowiadał, że prototypem tej żywiołowej postaci jest Basia Piasecka, kobieta znikąd, która weszła z hukiem w rodzinę Johnsonów na początku lat siedemdziesiątych. Dirk poznał ją w 1978 roku. Jak sam przyznaje, całkiem często składał wizyty Sewardowi i Basi.

Jednak teraz, kiedy pytam o dom, który Basia wybudowała, Dirk ironizuje znad jajecznicy:

– Groteskowe miejsce. Groteskowe. A wystarczyło dobrze się rozejrzeć, zobaczyć inne domy najbogatszych, żeby wiedzieć, jak się nie ośmieszyć.

Od Dirka będę próbowała się dowiedzieć, jak w następnych latach Barbara wpłynęła na życie rodziny.

Tymczasem na Manhattanie. Nowy Jork, 1977

Mary Lea zgłasza na policję, że jej mąż wynajął płatnego mordercę, by ją zabił.

Już mniej więcej pół roku po ślubie Mary Lea rozumie, że Victor D'Arc jest homoseksualistą. Sprowadza weekendowych mężczyzn do wspólnej posiadłości. Domaga się sypiania w trójkę. Jako psychiatra zaopatruje w prochy żonę i pasierbów. (Jeden z nich dostaje na osiemnaste urodziny czek *in blanco* i ćwierć uncji kokainy). Kiedy ich wspólna galeria zaczyna dogorywać, postanawiają zająć się produkcją filmową i teatralną. Inspiracją jest młody, czekający na wielką karierę aktor John Fino, kochanek obojga małżonków. Zagrał drugoplanową rolę w drugiej części *Ojca chrzestnego*, teraz spędza tygodnie z państwem D'Arc, towarzysząc im aktywnie w prywatkowych ekscesach. Przedstawia im operatywnego nowojorskiego impresario Marty'ego Richardsa, self-made mana z Bronxu, w młodości śpiewaka romantycznego. Ma być łącznikiem z Hollywood i pomóc rozwinąć karierę producencką Mary Lea i aktorską Johna Fino. Zaczynają pracę nad filmem *Fort Apache, The Bronx* i zatrudniają samego Paula Newmana. A potem sprawy toczą się znanym już torem. Marty Richards zakochuje się w Mary Lea lub w jej majątku i trafia na podatny grunt. Obdarza milionerkę atencją, której dotąd nie zaznała. Obejmuje i przytula, wychwala i prawi komplementy w towarzystwie, snuje plany wspólnego

Z Mary Lea i Martym Richardsem

podboju fabryki snów. Nie przejmuje się komentarzami, że jest karierowiczem i że mierzy za wysoko ze swoim żydowskim pochodzeniem i orientacją seksualną. Znosi sarkazm rodziny Johnsonów i zdobywa miłość Mary Lea, rozsierdzając tym jej męża. Wkrótce cała czwórka trafia na czołówki „The New York Timesa", „New York Daily News" i „The New York Post".

W 1977 roku Victor D'Arc czuje, że majątek żony wymyka mu się spod kontroli. Gdyby Mary Lea zmarła, odziedziczyłby dwadzieścia milionów. D'Arc zaczyna się rozglądać za płatnym mordercą, który wykonałby zlecenie.

Pośrednikiem ma być John Fino, który w ten sposób mógłby rozwiązać problemy finansowe rodziny, ale nie wytrzymuje napięcia i zwierza się swemu ojcu z planów, które wprowadza w życie Victor.

Policja wszczyna śledztwo. John Fino trafia za kratki, Mary Lea rozwodzi się z Victorem, następnie wychodzi za Richardsa.

Synowie Mary Lea nienawidzą Richardsa od pierwszego wejrzenia.

Ojciec Mary Lea Seward senior odczuwa zażenowanie z powodu postępowania córki, która sprawia kłopoty „ponad wszelkie wyobrażenia". Marty znajduje porozumienie tylko z jedną członkinią klanu Johnsonów. Jest nią katoliczka, imigrantka, jego równolatka Basia Piasecka, przyszywana teściowa.

Wśród Johnsonów Marty czuje się jak brzydkie kaczątko z Bronxu, ale wkrótce wymyśla sposób na rozwinięcie skrzydeł. Znajduje dwie osoby, które wprowadzają go w poczet kawalerów maltańskich – ekskluzywnej katolickiej organizacji charytatywnej, tradycją sięgającej czasów wypraw krzyżowych. W drugiej połowie lat siedemdziesiątych przynależność do niej daje wstęp do wielu zamkniętych nowojorskich klubów. Marty jest pierwszym kawalerem pochodzenia żydowskiego.

Basia od razu decyduje, żeby kawalerem został również Seward.

W 1980 urządza odpowiednią uroczystość, która jest niemal tak wytworna jak wielkie otwarcie rezydencji. Uświetnia ją aktor Gregory Peck, są dzieci Sewarda.

Świeżo mianowany kawaler nie jest zbyt wzruszony. „Kończcie tę ceremonię i miejmy to już z głowy" – mówi wprowadzającemu Richardsowi.

Przemówienie o nowym rycerzu wygłasza Lawrence Foster, rzecznik prasowy firmy Johnson & Johnson, który już od pewnego czasu zbiera informacje o Sewardzie z myślą o jego pogrzebie.

„MILIONERKA"

Tymczasem w Polsce. Wrocław, 1971

W październiku 1970 roku, trzy lata po wyjeździe Barbary, podpułkownik Balicki, naczelnik Wydziału Paszportów i Dowodów Osobistych Komendy Wojewódzkiej Milicji Obywatelskiej we Wrocławiu, informuje siostrzaną placówkę w Katowicach, że 9 września 1967 roku obywatelka Piasecka Barbara odebrała paszport na wyjazd do Francji (poprzedni stracił ważność 30 sierpnia) i do tej pory nie wróciła. Tak więc władza musi zająć się rodziną uciekinierki, a zwłaszcza braćmi. Balicki prosi o „rozpatrzenie celowości lub zabezpieczenie wyjazdu obywatelowi Rochowi Piaseckiemu", zamieszkałemu w Bytomiu najstarszemu bratu Barbary. Podobnie zabezpieczone są wyjazdy Piotra. Czynnikiem łagodzącym nie jest nawet przynależność obu do PZPR.

Jeśli chodzi o Grzegorza, brata najbardziej związanego z Barbarą – jego kłopoty z KWMO zaczynają się dwa lata wcześniej. Paszport Grzegorza zostaje wstrzymany już w 1968 roku, kiedy komenda dostaje donos, że nie wróci on z planowanej wycieczki. (Grzegorz rozstał się z żoną, a następnie zaprzyjaźnił z młodą kobietą znajdującą się pod obserwacją wywiadu PRL). Wiedzie mu się coraz lepiej i na prawo i lewo opowiada o bogatej siostrze.

W 1971 roku Grzegorz jest dla bezpieki łakomym kąskiem. Właściciel czternastohektarowego gospodarstwa w Zacharzycach, w które zainwestował ponad pół miliona złotych, rozbudowuje obory i stajnie, w których zamierza umieścić bydło hodowlane. Jeździ mercedesem. Ostatnio kupił dom za trzysta tysięcy złotych. Cała rodzina jest dofinansowywana przez siostrę. Poprzez konto w PKO Piaseccy otrzymali już czterdzieści tysięcy dolarów.

W czerwcu podpułkownik Kopczyk z KWMO wydaje opinię, że Grzegorz, który właśnie chciałby wyjechać do Włoch, żeby spotkać siostrę i może przyszłego szwagra – siostra rzekomo chce wziąć ślub we Włoszech – jest doskonałym materiałem na tajnego współpracownika. Siostra, planuje Kopczyk, będzie kolejnym celem.

Na dwóch pierwszych spotkaniach (kawiarnia Sezam oraz restauracja w Karłowicach) ze Stanisławem Kopczykiem Grzegorz (spokojny, niezbyt elokwentny, ale chętny) opowiada o losach Barbary i jest to historia z gatunku *fantasy*.

Fantastyczne opowieści Grzegorza. Wrocław, 1971

Grzegorz Piasecki opowiada podpułkownikowi Kopczykowi: „Siostra wyjechała do Francji i Włoch z założeniem nauki języków i poszerzenia wiedzy w zakresie renesansu. W Rzymie uzyskała stypendium ONZ i zaczęła studiować włoski i angielski. Po roku otrzymała pracę w Międzynarodowym Instytucie Oceanografii w Nowym Jorku. Ukończyła naukę i treningi płetwonurkowania. Następnie przeszła do pracy przy badaniach życia i dna oceanu. Była to praca niebezpieczna, ale wysoko płatna, ponieważ polegała na badaniach dna morskiego w okolicach

Państwo Johnsonowie

wysp Bahama w dużym zbiorowisku rekinów. Otrzymała bardzo dużo pieniędzy, szczególnie na filmy, które okazały się unikatowe. Po powrocie z każdej wyprawy miała dużo czasu, więc zajęła się dziełami sztuki sprzedawanymi na licytacjach. Zakupione obrazy, szczególnie mistrzów holenderskich, zgłosiła na wystawę do Paryża i Londynu, gdzie zostały zakupione przez tamtejsze muzea. Za sprzedane obrazy otrzymała tak dużo pieniędzy, że otworzyła galerię sztuki w Nowym Jorku. Obecnie wychodzi za mąż za zamożnego człowieka o nazwisku Johnson, zajmującego się branżą farmaceutyczno-kosmetyczną. Narzeczony jest również związany z w/w Instytutem. (...) Siostra w formie prezentu zakłada dla mnie nowoczesną hodowlę bydła i trzody (...). Chce poczynić pewne subwencje na rzecz Centrum Zdrowia Dziecka, względnie ośrodka wczasowego dla dzieci z domu dziecka. W załatwianiu tych spraw w Polsce pełnomocnikiem chce uczynić mnie.

Ja również zadeklarowałem swój skromny wkład w dzieło odbudowy Zamku Królewskiego w wysokości pięć tysięcy rocznie aż do zakończenia budowy. (...) Ja i moja rodzina jesteśmy dobrymi Polakami, pochodzimy z rodziny chłopskiej, a zatem idea socjalistyczna jest dla nas żywotną sprawą".

Podpułkownik Kopczyk jest pod wrażeniem wspaniałej opowieści, a ponieważ nie ma możliwości zweryfikowania faktów, Grzegorz z rodzicami otrzymuje zgodę na wyjazd do Włoch. Grzegorz dostaje zadanie wywiadowcze. Musi się dowiedzieć, czy siostra pomoże rozwinąć przemysł w Polsce. To są czasy, w których polski wywiad zaczyna interesować się kapitalistyczną technologią, ze szczególnym uwzględnieniem chemii, elektroniki, przemysłu maszynowego i leków. Decyzją pierwszego sekretarza PZPR trwa bowiem w kraju budowanie drugiej, lepszej Polski.

Jako dobra Polka. Wrocław – Ansedonia, 1971

Po powrocie z Ansedonii kontakty z Piaseckim przejmuje Stanisław Makuch z Komendy Wojewódzkiej, a Grzegorz uzyskuje status kandydata na tajnego współpracownika. Funkcjonariusze narzekają, że nabrał mentalności „dorobkiewicza" i jest przekonany, iż za pieniądze można kupić wszystko.

Grzegorz opowiada Makuchowi, że siostra wie, iż powinna pomóc Polsce Ludowej. Najchętniej, jak już mówił, przekazałaby pieniądze na odbudowę zamku lub dotacje na dom starców.

Nie jest jednak zaskoczona, kiedy dowiaduje się, że Polskę interesują również nowe technologie, za które Polska musi płacić mnóstwo pieniędzy. Zdaje sobie sprawę, że można by je podpatrzyć, dostarczyć do Polski i tańszym kosztem wykorzystać. Ma tylko wątpliwości, czy jako historyk sztuki zdoła dotrzeć do wielkiej chemii i elektroniki, które są dla niej czarną magią.

Zastrzeżenia dotyczą zwłaszcza układów piątej generacji. Sugeruje, by w instytucie finansowanym przez Johnsona zatrudnić stypendystów z Polski. Sami mogliby podpatrzeć.

Grzegorz podkreśla, że siostry nie przeraża fakt, iż brat rozmawia z bezpieką. „Jako dobra Polka nie będzie żałować wrogów i chętnie powie, kto jest negatywny. Będzie o tym mówić, jak tylko uzyska obywatelstwo USA i będzie mogła swobodnie wracać do Polski". Następuje to już w 1972 roku.

Notatka służbowa. Wrocław, 17 stycznia 1973

W styczniu 1973 roku Barbara odwiedza Wrocław i spotyka się z podpułkownikiem Makuchem, który chce omówić szczegóły współpracy i poznać młodą milionerkę z dyrektorem Zakładu Ochrony Środowiska Politechniki Wrocławskiej profesorem

Bohdanem Głowiakiem. Profesor jest stypendystą Fundacji Forda, byłym prorektorem, ma ambicje i wielkie plany. Barbara może się mu przydać. Podczas styczniowego spotkania Barbara obiecuje Makuchowi, że będzie przesyłać wszelkie materiały z dziedziny ochrony środowiska, jakie napotka w Instytucie Oceanograficznym założonym przez męża.

Przyrzeka Głowiakowi, że dostarczy elektroniczne urządzenia pomiarowe, na które w żadnym wypadku nie stać politechniki. Obiecuje, że namówi na przyjazd słynnego Edwarda Linka i swojego męża. (Dobrze się składa, bo w maju Seward będzie we Wrocławiu przebywał prywatnie).

Barbara trochę rozczarowuje rozmówców, kiedy przyznaje, że w środowisku amerykańskich VIP-ów o Polsce mówi się niewiele.

Ale zaraz ich pociesza. Duże znaczenie propagandowe dla polskiego przemysłu stoczniowego będzie miał zamówiony przez męża w Szczecinie specjalny jacht z polską załogą na pokładzie. Mąż jest pewien, że dzięki niemu zachęci znanych ze snobizmu amerykańskich milionerów do złożenia podobnych zamówień w polskich stoczniach.

Na koniec Barbara ma małą prośbę. Chce, żeby bratanica Beata i jej mąż Marek mogli swobodnie wyjechać do USA, gdzie zamierzają studiować. W styczniu Stanisław Makuch jest zadowolony, chociaż zdaje sobie sprawę, że trudno mu będzie wyegzekwować wszystkie obietnice. Beata z Markiem wyjeżdżają do Princeton.

Mazurka. Szczecin, 1972–1975

Od 1972 do 1975 roku Grzegorz Piasecki nadzoruje inwestycje szwagra w Szczecinie. Za namową Basi Seward zamawia w Stoczni Remontowej Gryfia wielki jacht pełnomorski. Za dwieście sześćdziesiąt tysięcy dolarów kupuje wysłużony lugrotrawler o nazwie Jarząbek, który za dopłatą dwóch milionów stocznia przerabia na luksusowy jacht z czterema dwuosobowymi pokojami gościnnymi, każdy ze swoją łazienką. Salon jest ręcznie rzeźbiony. Zdobienia podejmują się plastycy zatrudnieni przy budowie Jasnej Polany, w tym krewni architekta Tada Leskiego.

Jacht otrzymuje nazwę Mazurka. Basia jest jego matką chrzestną i tłumaczy, że nazwa wynika z rosnącej miłości męża do twórczości kolejnego Polaka w jego życiu, genialnego Fryderyka Chopina.

Kiedy dekadę później „New York Magazine" zamieszcza ogłoszenie, że Mazurkę będzie można wynająć na sezon letni, jacht jest w nim opisany jako najpiękniejszy, jaki widziano kiedykolwiek w Zatoce Nowojorskiej.

Uroczystość wodowania odbywa się w czerwcu 1975 roku, jest wielkim świętem urzędników i stoczniowców, ale amerykańscy milionerzy nie ruszają masowo do szczecińskiej Gryfii. Podczas realizacji inwestycji dochodzi bowiem do niedomówień w kwestii ostatecznej ceny. Kłopotem jest polska załoga. Kontraktuje ją firma Polservice i od jej uznania zależy przedłużanie umów z kapitanami. Kiedy zmiana załogi następuje – bez uprzedzenia – tuż przed naukowym rejsem Sewarda, nie kryje on rozczarowania.

Potrzebny rolnik. Kępno, 1973

Grzegorz realizuje rolnicze ambicje Sewarda, zwłaszcza że żadne z jego dzieci nie ma ochoty zajmować się hodowlą. Państwo Johnsonowie kupują gospodarstwo rolne w Domasłowie, w gminie Kępno, skąd rodzice Basi wyjechali kiedyś na Kresy. Gospodarstwo nazywa się Szczęście. Na stu hektarach stoi zrujnowany przedwojenny pałacyk, którym od teraz zarządzać będzie na sposób amerykański Grzegorz Piasecki. Ani Barbara, ani Seward nie rozważają oczywiście przeprowadzki do Domasłowa, zależy im natomiast, aby okoliczni mieszkańcy zobaczyli, na czym polega sprawna zachodnia gospodarka.

Na początku lat siedemdziesiątych z zaniedbanej rudery jak za dotknięciem czarodziejskiej różdżki wyrasta bajkowy dwór, nowoczesne Soplicowo. Dom i osiem porządnych, samodzielnych domów dla pracowników, którzy doglądają hodowli koni i owiec. Grzegorz jest dobrym, rubasznym gospodarzem. Sprowadza do siebie rodziców, Wojciecha i Pelagię. Gości częstuje w progu krajowym alkoholem. Lubi przebierać się w strój kowbojski przywieziony z Ameryki i pokazywać się w nim sąsiadom, a nawet w mieście. Szczęście obrasta legendą. Zwłaszcza po tym, jak na terenie posiadłości ląduje helikopter, którym przylatuje Barbara. Opowiada się we wsi, że wkrótce powstanie tu prywatne lotnisko, żeby wielkie samoloty z Ameryki miały gdzie lądować.

Trudności z dotarciem. Włochy, 1976–1977

W 1976 roku informacja o chętnej do współpracy Barbarze trafia do Wydziału II Zarządu VII Departamentu I w Ministerstwie Spraw Wewnętrznych. Sprawa otrzymuje kryptonim „Milionerka".

Agenci analizują wszystkie dokumenty dotyczące rodziny Piaseckich oraz Johnsonów i są niezadowoleni, że tak cenny kontakt nie został dostatecznie skonsumowany mimo dobrej woli podporucznika Makucha z Wrocławia.

Teraz polski wywiad chce zacząć poważnie zacieśniać osobiste więzi. Agentom najbliżej do Ansedonii.

Jeden z nich niby przypadkiem wpada na państwa Johnsonów na lotnisku, mówiąc, że zbiegiem okoliczności udaje się w te same okolice. Johnsonowie proszą, żeby ich odwiedził, gdy

Wakacje. Barbara i Maria Biłowicka z domu Łęska

będzie w pobliżu. Agent udaje się do ich domu dwa dni później i dzwoni do bramy. Nie zastaje gospodarzy. Zostawia wizytówkę opiekunce willi i prosi o telefon. Musi wracać do Rzymu przed wieczorem. Barbara nie oddzwania.

Następnie agenci wywiadu próbują nawiązać kontakt z Barbarą przez Grzegorza. Jest to o tyle trudne, że zarówno Barbara, jak i Grzegorz zdążyli przyzwyczaić się do swoich nowych możliwości finansowych i załatwiania spraw z pozycji siły. Niemniej póki Grzegorz Piasecki mieszka w Polsce, będzie można przez niego dotrzeć do siostry. Jeden z inspektorów Wydziału II, którego zadaniem jest wyciągnięcie wniosków z dotychczasowej porażki, podejrzewa, że pewną rolę odgrywa tu również brak przygotowania pracowników do kontaktów na tak wysokim szczeblu. A na koniec pyta: „Czego my właściwie chcemy?".

Nie dla celów szkoleniowych. Warszawa, styczeń 1981

W 1978 roku służby bezpieczeństwa są oburzone, ponieważ dowiadują się, że Barbara przekazała pewną sumę dolarów na fundusz Komitetu Obrony Robotników.

„Staje się dla nas niezbyt przychylna". Zaangażowani w sprawę oficerowie, rezydenci oraz zwykli nowojorscy donosiciele nie bardzo mogą sobie z tym poradzić.

Ewentualny pośrednik, Grzegorz Piasecki, wyjechał z Polski.

W styczniu 1981 roku Wydział II Zarządu VII Departamentu I Ministerstwa Spraw Wewnętrznych postanawia zakończyć sprawę Barbary i jej męża, „tzw. multimilionera w wieku ok. 81 lat". Kapitan Krzysztof Szmigierski zaznacza, że sprawa o kryptonimie „Milionerka" nie nadaje się do celów szkoleniowych dla adeptów wywiadu.

Niezrozumiani. Domasłów, marzec 1983

W Domasłowie urzęduje ksiądz Tomasz Ilski – sympatyzujący z Solidarnością wrocławski duszpasterz akademicki, który na początku lat osiemdziesiątych zostaje wysłany do Domasłowa na kolejne czternaście lat. W położonym na obrzeżach wioski Szczęściu rezyduje Roch Piasecki, starszy brat Barbary. Kolacją u Rocha Tomasz Ilski tradycyjnie kończy coroczną kolędę.

– Pan Roch starał się, żeby Domasłów trochę ożył. Pewnego razu kupił jakieś instrumenty muzyczne dla szkoły, ale nie znalazł się nikt, kto by tę jego inicjatywę podjął. Instrumenty kurzyły się w kącie.

Chciał też stworzyć w Domasłowie wielki ośrodek edukacyjny – pobudować większą szkołę oraz basen. Ale nie miał sojuszników wśród mieszkańców. Judymowie nie zawsze znajdują zrozumienie. Tak było i tu. Do tego dochodzi wiejska ambicja, a poza tym część tych chłopów to niestety byli ludzie rozpici, żyjący w swoim świecie. Pan Roch i jego społeczne rewolucje nie były nikomu potrzebne. Był szanowany, ale nie został do końca zaakceptowany przez tamto środowisko.

Jednak nie chciał wyjechać za granicę. Mawiał: „Lubię trzymać nogi pod swoim własnym stołem”.

WDOWA

Do starości dołącza choroba. Jasna Polana, 1980

Grzegorz Górzyński:

– Seward stawał się niedołężny, powolny i Basia nie mogła tego znieść. Była rozżalona i zirytowana. Z uporem organizowała mu zajęcia.

Richard Rodzinski:

– Byliśmy u nich na Bahamach. Ja z żoną i z przyjacielem, dyrygentem Jerzym Semkowem. Denerwowała się z powodu drobnych niedociągnięć. Źle postawionego talerza przez służbę, nieporadności Sewarda. Strasznie wtedy krzyczała. Chowaliśmy się, Seward też się potulnie wycofywał. Potem Basi mijała złość. Wyładowywała się i wszystko było tak jak wcześniej.

Wojciech Fibak, przyjaciel, kolekcjoner:

– W Jasnej Polanie też bywała wymagająca wobec służby. Raz jej służąca stłukła przy nas filiżankę. Rozpętała się burza: Barbara wykrzykiwała niewybredne wyrazy, dziewczyna płakała, została zresztą zwolniona. U mnie takie rzeczy się nie zdarzały. Kiedyś mój portugalski służący skasował nowiutkie porsche, które sprowadził ze Szwajcarii. Zadzwonił zapłakany, a ja się cieszyłem, że jemu nic się nie stało. Barbara nie potrafiła się powstrzymać. Może nawet nie chciała.

Ale bywają też momenty szczęścia. Krótko po imprezie maltańskiej państwo Johnsonowie towarzyszą córce Sewarda

Dianie Johnson Firestone i jej mężowi Bertowi w kilkudniowej wycieczce do Anglii na wyścigi królewskie do Ascot.

Basia nie może się powstrzymać, więc przy okazji kupują cztery obrazy, w tym Botticellego. Mają zawisnąć w kaplicy, ale ponieważ nie jest jeszcze zbudowana, Botticelli wisi w pokoju Sewarda.

„W Londynie tato wydawał się zadowolony" – mówi Diana przed sądem spadkowym.

Barbara tłumaczy znajomym, że mąż ożywa przy młodych. W połowie 1981 roku Johnsonowie zabierają na krótki rejs najmłodszego syna, Jamesa, z żoną Gretchen, ale po rejsie Basia jest rozczarowana. Uważa, że są już dla męża za starzy.

Na początku lat osiemdziesiątych Seward choruje, nie mówiąc o tym nikomu. W październiku 1980 roku, korzystając z nieobecności żony, która wyjechała do Europy kupować obrazy, każe się zawieźć do szpitala w Bostonie. Powodem dyskretnej wizyty są narastające problemy z potencją. Gdy powracają, umawia się na kolejną wizytę, tym razem w szpitalu w Princeton.

Wtedy właśnie zaczyna zastanawiać się, czy jego testament jest wystarczająco precyzyjny. Kilka godzin przed wyjazdem wzywa Ninę Zagat. Prosi, by wprowadziła zmiany do testamentu. Teraz Barbara ma otrzymać cały majątek, łącznie z funduszami przeznaczonymi dla instytucji charytatywnych. Według Niny Zagat ten ruch jest spowodowany informacją, że Kongres ma przyjąć nowe prawo: odtąd cały majątek zapisany współmałżonkowi będzie zwolniony z opłat podatkowych. Seward nie ma zwyczaju płacić niepotrzebnych podatków.

W szpitalu rozpoznano raka prostaty i Seward Johnson musi być poddany operacji obustronnego usunięcia jąder. Według diagnozy lekarza prowadzącego ma przed sobą najwyżej trzy lata życia.

W 1982 roku wyniki są tak dobre, że lekarze uznają, iż nowotwór ustąpił. Seward oddycha z ulgą. Zabiera żonę na kolację na Manhattan, żeby powiedzieć uroczyście, jak szczęśliwy jest z powodu wspaniałego życia, które razem wiodą. Rak wraca po pół roku. Seward traci siły.

Grzegorz Górzyński:

– Basia była wstrząśnięta chorobą męża. Siedziała przy łóżku Sewarda, tłumaczyła mu, że wyzdrowieje. Chciała w to wierzyć. Za wszelką cenę pragnęła zatrzymać go po stronie życia. Lekarz zalecił terapię kobaltem, Barbara szukała metod niekonwencjonalnych.

Do Jasnej Polany przylatuje zza oceanu angielski uzdrowiciel, bioenergoterapeuta Clive Harris. W latach siedemdziesiątych prowadził seanse uzdrowicielskie w polskich kościołach. Był nadzieją dla milionów uczestników tych seansów, zanim podczas jednego z nich nie poinformował, że uzdrawia przy pomocy duchów i demonów.

Ale Basia bardzo chce, żeby pomógł. Zastanawia się nawet, czy na życzenie Harrisa nie zaprzestać konwencjonalnej terapii na rzecz uzdrowicielskiej energii.

Grzegorz Górzyński:

– Tłumaczyłem, że jeśli przestanie leczyć męża, może stanąć przed sądem. Zgodziła się, by Harris był terapeutą dodatkowym.

Barbara Goldsmith: „W domu Johnsonów panowała ciężka atmosfera choroby i śmierci. W 1982 roku zmarł ukochany pies Sewarda Prince. Barbara mówiła na procesie, że to była jedna z dwóch sytuacji, kiedy mąż płakał”[32].

Kilka miesięcy później umiera młodsza od Sewarda matka Barbary. Sprawy zaczynają lawinowo się pogarszać.

Zdarza się, że Seward budzi się w nocy, wstaje z łóżka, upada i czeka na pomoc do rana, jeśli nie udaje mu się wezwać służby. Wizyty w szpitalu są coraz częstsze. Rak pustoszy organizm, teraz Seward cierpi również na stwardnienie tętnicy szyjnej, chorobę jelita grubego, a także „zmienne stany psychiczne", poważne zaburzenia mowy i zawroty głowy.

Seward junior opowiada, jak w grudniu 1982 roku ojciec wstaje o szóstej rano i prosi o gotowaną owsiankę. Basia odmawia, ponieważ kucharka jeszcze śpi. Proponuje mężowi owsiane ciasteczka, ale Seward chce owsiankę. Niestety nie może porozumieć się z nikim innym, ponieważ cała służba mówi tylko po polsku. Prosi więc amerykańskiego szefa ochrony, aby pojechał do Princeton i kupił owsiankę. Basia jest wściekła i zaczyna krzyczeć, że Seward denerwuje domowników, bo przecież to ona jest odpowiedzialna za jego obsługę. Seward mówi cicho, że nie chciała mu dać owsianki, więc ją sam sobie zorganizował.

Według Sewarda juniora incydent z owsianką jest dowodem na brak uczuć w domu ojca.

23 stycznia 1983 roku Seward, słaby i odwodniony po ataku ostrej biegunki, jedzie do szpitala na kolejną transfuzję krwi. Lekarka Jacqueline Mislow notuje: „Pacjent słaby, jego cera blada, mowa powolna, czego nie obserwowano wcześniej u tego żywotnego osiemdziesięciosiedmioletniego pana"[33].

Barbara towarzyszy mężowi we wszystkich medycznych podróżach, sprawdza, co robią pielęgniarki i pokojówki.

Grzegorz Górzyński:

– Była zupełnie uwiązana, ale czuła, że musi Sewarda dopilnować.

W 1982 roku zaczyna przygotowywać budowę kaplicy. Kompletuje materiały, szuka odpowiedniego ołtarza.

Niepokój o męża łagodzi uzupełnianiem kolekcji. Barbara Goldsmith: „Tylko w styczniu 1983 roku kupiła dwa świeczniki w stylu Ludwika XVI za trzysta siedemdziesiąt pięć dolarów, *Świętego Sebastiana* Zurbarána za pięćset pięćdziesiąt tysięcy dolarów i szesnastowieczną rzeźbę koni Giambologny za dwieście pięćdziesiąt tysięcy. W ciągu miesiąca Nina Zagat napisała pięć pism do banku, żądając transferu z linii kredytowej Sewarda, w sumie na trzy miliony trzysta pięćdziesiąt tysięcy dolarów".

Junior: „Siedzieliśmy z nią kiedyś. Joyce i ja. Basia przeglądała katalog aukcyjny i wyglądała jak dziecko, które wybiera zabawki. Kupowała przedmioty za setki tysięcy dolarów".

Basia powtarza żonie Sewarda juniora swoje motto: „Kuj żelazo, póki gorące". I jeszcze: „Jak widzisz okazję, to ją chwytaj".

Seward jest pewien, że właśnie te złote myśli definiują jej życie.

Jeśli umierać, to na Florydzie. 26 stycznia–23 maja 1983

Kiedy stan męża bardzo się pogarsza, Barbara upiera się, żeby zgodnie z sugestiami Harrisa wysłać męża do Fort Pierce, gdzie panuje cieplejszy klimat. Wyjazd na Florydę jest korzystny również ze względów podatkowych. Ewentualna śmierć Sewarda w stanie New Jersey lub Nowy Jork obciążyłaby rodzinę dodatkowymi opłatami. Seward oficjalnie jest mieszkańcem Fort Pierce. Nie powinien umierać w Princeton.

Grzegorz Górzyński:

– Na prośbę Basi latałem tam jej samolotem co drugi tydzień, w piątek, zaraz po pracy w szpitalu. Lubił ten dom, lubił patrzeć na morze. Czasem wnoszono go na Ocean Pearl, jego jacht zacumowany w porcie, z rzadka odbywał wycieczki na wózku inwalidzkim. Były dni, kiedy czuł się dobrze, a jego umysł wydawał się jasny. Nie mówiliśmy o śmierci.

Najwierniejszym towarzyszem Sewarda na Florydzie jest teraz brat Barbary Grzegorz Piasecki, który przenosi się z Jasnej Polany do Fort Pierce. Jest na każde zawołanie siostry.

Jennifer Johnson przed sądem spadkowym: „Pan Piasecki opróżniał basen przy łóżku taty, pomagał mu dostać się do łazienki i obmywał go, tak jakby wręcz to lubił".

Smutek Grzegorza. Manhattan, sierpień 2016

Grzegorz Górzyński:

– Grzegorz Piasecki to nie był szczęśliwy człowiek. Całkowicie zależny od siostry. Zaglądał do kieliszka. Im bardziej zaglądał, tym bardziej Basia się wściekała. Im bardziej nieprzyjemna była siostra, tym większa frustracja brata.

Był przy tym życzliwy. Kiedy poprosiłem go, zrobił mi półki do gabinetu. Gdy chciałem wysłać kserokopiarkę dla Solidarności, załatwił fracht.

Bardzo lubił Sewarda, choć jego angielski nie był wybitny. Seward czuł się bezpiecznie z Grzegorzem. Pozwolił się wozić na spacery. Pięć minut przez ogród aż do nabrzeża, gdzie stał jacht.

Rozbity pociąg i jazda na ośle. Fort Pierce, kwiecień 1983

Kiedy Seward ląduje na Florydzie, sześcioro jego dzieci zaczyna mu składać wizyty.

Diana Johnson Firestone jeszcze w styczniu przylatuje na lunch swoim samolotem. Całuje Basię i idzie do ogrodu. „Wiedziałam, że ojciec leczył się na raka i pojawiły się komplikacje.

Basia tak mi mówiła. Ale w styczniu wydawał się w dobrym humorze. Kiedy odwiedziłam go w marcu, tylko na chwilę wyszedł ze swojej sypialni"[34]. Podczas kolejnej wizyty Diana przywozi swoje córki. Nie widziały dziadka od co najmniej trzech lat. Dziadek nie wie, z kim ma do czynienia.

Basia zwierza się pasierbom, że ojciec bardzo cierpi z powodu niedołężności. Jest dla niego niebywale upokarzająca.

Dzieci są przygnębione stanem zdrowia ojca, ale on nie rozmawia o chorobie ani o śmierci, ani o testamencie, który podlega nieustannym korektom.

Między listopadem 1971 roku a majem 1983 roku Seward Johnson zmienia testament dwadzieścia dwa razy. Z punktu widzenia osoby posiadającej olbrzymi majątek nie jest to niczym nadzwyczajnym. Testament podlega natychmiastowym korektom wraz z każdą poważniejszą zmianą prawa podatkowego, niemniej dzieci Sewarda oraz ich małżonkowie są zaniepokojeni milczeniem taty w tej kwestii.

Nieprzyjemna sytuacja zdarza się w marcu 1983 roku, kiedy osłabiony Seward zostaje przewieziony do szpitala w Boca Raton. Podczas odwiedzin Seward junior prosi go, żeby zrezygnował ze stanowiska w Harbor Branch. Kilka lat wcześniej, w ramach próby pojednania, Seward pozwolił Juniorowi zarządzać instytutem. Propozycja Juniora jest dla ojca ciosem. Dom w Fort Pierce znajduje się naprzeciwko tej placówki. Nawet w czasie choroby Seward może czuć się częścią zespołu.

Barbara Piasecka zeznaje potem, że po rozmowie z synem mąż się rozpłakał. To drugi raz, kiedy widzi jego łzy.

Kilka tygodni potem Barbara dzwoni do rezydencji Mary Lea, żeby zawiadomić, że ojciec ostatecznie słabnie. Rodziny Richardsów i Woldów przepływają akurat przez Kanał Panamski

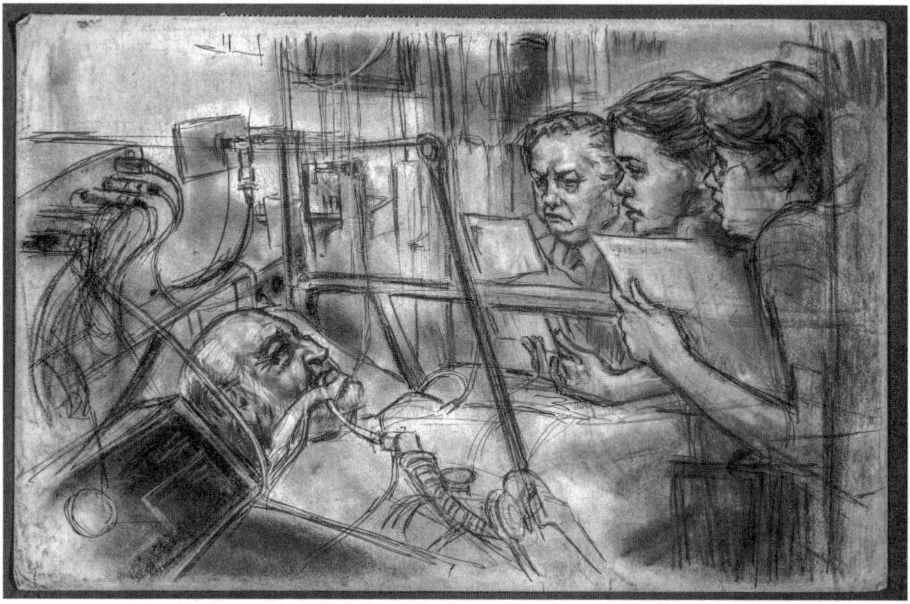

Szkic procesowy sprawy Johnson *versus* Johnson.
Seward na łożu śmierci

na luksusowym statku Queen Elizabeth 2. Mary Lea i Elaine z mężami opuszczają statek i przylatują do Fort Pierce.

Seward ma opuchniętą twarz, wychudzone ciało i halucynacje. Opowiada Mary Lea o rozbitym pociągu i że jeździ na ośle.

Umiera nad ranem dwa dni później.

Zaalarmowany przez gospodynię administrator domu znajduje Barbarę w sypialni męża. Trzyma Sewarda za rękę, szlochając: „Kocham cię".

Pozostałe dzieci Sewarda Johnsona przyjeżdżają następnego dnia.

Marty Richards sądzi, że tyle łez co tego dnia nie wylano przez wszystkie pozostałe lata życia.

25 maja przed południem zostaje odprawiona msza dla pracowników Harbor Branch. Zaraz po księdzu przemawia Junior:

„Nasz ojciec żył dla przyszłości. Chciał służyć przyszłości, wysyłając człowieka w głąb morza, by w pełni zbadać bogactwo naszej planety. Teraz jego przyszłością stała się wieczność, a dla mnie dzień jego śmierci stał się najcięższym dniem w życiu. (...) Basiu, do nas i do reszty rodziny należy wypełnienie tego pustego miejsca w naszych sercach treścią, która będzie go najbardziej przypominała"[35].

A potem powietrze przeszywają dźwięki syren alarmowych z jachtów Ocean Pearl oraz Seward Johnson.

Grzegorz Górzyński:

– To była bardzo wzruszająca uroczystość.

Po południu odbywa się pogrzeb Sewarda. Jest kameralny. Basia zaprasza tylko najbliższą rodzinę.

Urna z prochami trafia na miejski cmentarz Hillcrest Memorial Gardens w Fort Pierce i zostaje wsunięta do kolumbarium z nagrobną tablicą. Basia zapowiada, że to skromne miejsce jest tymczasowe. Planuje, że oboje spoczną w kaplicy w Jasnej Polanie.

Na domowej stypie Diana Johnson Firestone zaprasza Basię do swojego domu w Wirginii oraz do drugiego – w Irlandii. Mary Lea zapewnia macochę, że może odetchnąć również u Richardsów w Southampton. Gretchen, żona Jamesa, pyta głośno, czy nie jest to dobry moment na odczytanie testamentu, ale zapłakana Basia nie chce jeszcze o tym słyszeć. Marty Richards zadaje to samo pytanie Górzyńskiemu. I to jest koniec wzajemnych uprzejmości.

Wstrząs. Princeton, czerwiec 1983

Junior nie może uwierzyć, kiedy przegląda pismo, które wręcza mu Nina Zagat, prawniczka rodziny Sewarda.

Zaczyna czytać: „Z rozmysłem nie zrobiłem zapisu na rzecz moich potomków, poza moim synem Sewardem Johnsonem juniorem, nie z powodu braku uczuć dla nich. Życzeniem moim było zapewnić dzieciom niezależność finansową w młodym wieku i w związku z tym stworzyłem znaczne trusty dla każdego z nich jeszcze za mojego życia. Było mi przyjemnie patrzeć, jak moje dzieci prowadzą swoje interesy niezależnie ode mnie, a nie byłoby to możliwe, gdybym nie zabezpieczył ich finansowo w ten sposób"[36].

Cały majątek wart pięćset milionów dolarów (niektórzy mówią, że miliard) ma przejść w ręce Barbary. Dzieci mają nie dostać nic, prócz trustów, które ojciec założył dla nich w 1944 roku. Wyjątkiem jest Junior, mianowany wykonawcą testamentu razem z Niną Zagat i Barbarą. Ojciec zapisuje mu przystań jachtową i milion dolarów.

Diana otrzymuje kopię ostatniej woli ojca pocztą. „Pomyśleliśmy, że to nie może być prawdziwa ostatnia wola ojca.

Szkic procesowy. Kłótnia podczas obiadu. Widoczni od lewej: Elaine Johnson Wold, Keith Wold, James Johnson, Mary Lea Johnson Richards, Marty Richards i Barbara Piasecka Johnson

Wydawało mi się naturalne, że tata wspomni w ostatniej woli o swoich dzieciach i wnukach. Zapomniał też o swoim ukochanym instytucie"[37].

Banda Polaków i jej herszt. Czerwiec 1983

Zdeterminowany Junior jeszcze w czerwcu umawia spotkanie z rodzeństwem. Mąż Diany jest członkiem ekskluzywnego klubu Metropolitan na Manhattanie, więc stawiają się tam: Junior, Mary Lea, Elaine, Diana, Jennifer i James. Towarzyszą im małżonkowie. Do tej pory dzieci Sewarda nie żyły w wielkiej zażyłości. Teraz mogą się lepiej poznać. Łączy ich poczucie krzywdy i dyshonoru. Testament ojca jest dla nich nie do zaakceptowania.

Podczas spotkania w The Metropolitan Club dorosłe dzieci uzmysławiają sobie, że Seward nigdy nie był czułym ojcem.

Mary Lea mówi, że przez ten testament znów poczuła się odrzucona i zdradzona. Gretchen, żona Jamesa, ma żal, że to Junior, a nie James, został wyróżniony w zapisie. Jennifer wyznaje, że sama uwzględniła tatę w swoim testamencie. Okazuje się też, że dla Sewarda juniora fakt, że macocha jest osobą z innego kręgu kulturowego, ma jednak wielkie znaczenie.

„Oszukiwał nas. Nie powinien był spotykać się z nami, nie powinien mieć z nami nic wspólnego, skoro zamierzał nam coś takiego zrobić. Mnie całkowicie wprowadził w błąd. (...) Zapewniał sobie komfort życiowy, nową młodość, za cenę naszego majątku. W końcu te ogromne pieniądze znajdą się w rękach bandy Polaków, których mój ojciec nigdy nawet nie poznał"[38].

Dzieci uznają, że padły ofiarą spisku.

Ile razy zmienia się testament? The Metropolitan Club. Czerwiec 1983

Na następną naradę w The Metropolitan Club zaproszony zostaje Alexander Forger, prawnik z firmy Milbank, Tweed, Hadley & McCloy. Wysoki, przystojny, ma opinię dobrego mediatora. Pracował dla federalnych i stanowych agencji rządowych, ale słynie z perfekcyjnej obsługi VIP-owskich klientów. Dzięki Forgerowi Jacqueline Kennedy Onassis otrzymała dwadzieścia milionów dolarów po śmierci Aristotelisa Onassisa, mimo że mąż w testamencie zapisał jej tylko dwieście tysięcy dolarów. Firma Milbank i inni reprezentuje rodzinę Rockefellerów.

Kiedy Forger czyta dostępne wersje testamentu Sewarda Johnsona, uznaje, że te ostatnie nie mogły wynikać ze świadomych decyzji.

Czy to możliwe, aby osiemdziesięciosiedmioletni człowiek zmieniał zdanie co trzy tygodnie i wymyślał coraz bardziej wyrafinowane postanowienia w swym testamencie? Czy ten facet naprawdę brał czynny udział w skomplikowanej intelektualnie działalności prawnej?

Prawnicy Forgera zaczynają badać testamenty, poczynając od 1971 roku, i odkrywają, że zapis dla Barbary rozrósł się od dziesięciu milionów dolarów do ostatecznego przeznaczenia jej całości majątku. W końcu po dziewięćdziesięciu dniach dochodzą do wniosku, że jest wystarczająco wiele podstaw, aby podjąć dalsze kroki.

Adwokat Forger wysnuwa wniosek, że doszło do nieprawidłowego wpływania na decyzje Sewarda Johnsona. Zapowiada, że zbieranie dowodów na tę tezę potrwa co najmniej rok.

Mary Lea dzwoni do wdowy po ojcu i mówi, że nie będzie ona mile widziana w jej domu w Southampton. Odwołane zostaje zaproszenie do Wirginii. 30 września 1983 roku do sądu spadkowego na Chambers Street na Manhattanie wpływa za to pozew przeciwko testamentowi.

O spisku pasierbów Barbara dowiaduje się ostatecznie, kiedy wraca z wycieczki do Europy. Była tam z Niną Zagat. Kupowały dzieła sztuki.

Barbara jest w szoku. Nina dzwoni do prawników z Shearman & Sterling oraz Sullivan & Cromwell. Te dwie kancelarie mają opinię najpotężniejszych firm w Stanach Zjednoczonych.

Proces, który szybko nadciąga, okaże się największym w historii pojedynkiem firm prawniczych. Zarazem najbardziej obrzydliwym i obnażającym prywatność. Każdą ze stron szybko ogarnia obsesja, że musi wygrać wszystko. O tym, że szybkie porozumienie pozwoliłoby oszczędzić stronom kilkadziesiąt milionów dolarów, nie myśli już nikt.

Sąd spadkowy. Chambers Street, Manhattan, marzec 2016

Sąd spadkowy (Surrogate's Court) ma siedzibę na Dolnym Manhattanie w siedmiopiętrowym, monumentalnym, neoklasycystycznym pałacu. Tam też znajduje się ciasne archiwum z czytelnią. Kiedy proszę o akta sprawy o unieważnienie testamentu J. Sewarda Johnsona, życzliwa archiwistka zwraca uwagę, że najprawdopodobniej nie wiem, o czym mówię.

– Musielibyśmy wjechać trzema wózkami wyładowanymi po sufit, nie zmieszczą się między stołami w czytelni. To trzydzieści wielkich pudeł, wydajemy po cztery.

Akta liczą ponad czterysta tysięcy stron dokumentów. Gromadziło je dwudziestu dwóch prawników z dwudziestu dwóch firm adwokackich. Rozjechali się po trzech stanach, żeby przesłuchać setki świadków. Zatrudnili researcherów w Polsce. Obsługa prawna kosztowała dzieci Johnsona trzysta tysięcy dolarów miesięcznie. Podobno Barbara zapłaciła dwieście tysięcy dolarów za same odpisy aktów obalających testament.

Dokumenty zebrane w trzydziestu pudłach to w części skomplikowane analizy prawnicze, rachunki, kalendarze, zdjęcia oraz stenogramy z przesłuchań, które układają się w kilka przygnębiających opowieści. Jedna jest o życiu dzieci Johnsona, definiowanym przez wielkie, zarobione przez przodków pieniądze. Druga o nuworyszce i o dworze, który ją otaczał. Trzecia o tym, że między bohaterami dwóch pierwszych nie mogło być porozumienia.

Oto pudło trzecie, dowód numer 23. List Juniora do stryjenki Evie, wdowy po Robercie Woodzie, stryju Juniora. Junior przeprasza ciotkę, że Barbara wciągnęła ją na listę swoich świadków. Jednocześnie ostrzega, że jeśli jej zeznania będą tego wymagały, adwokaci Johnsonów zadadzą jej kilka pytań.

„Droga Evie,

(...) Życie z Basią to był taniec na krawędzi. Z jednej strony cieszyłem się, że ojciec miał szansę na zmianę, z drugiej strony powinien włączyć mi się alarm. Kiedy na weselu Libet poprosiłem Basię do tańca, było to nasze zaproszenie do rodziny. To wymagało ode mnie tyle determinacji co skok z wysokiego klifu. Przez następne lata kontaktowałem się z Basią i żyłem blisko z ojcem. Ale wciąż martwiłem się o niego.

W ciągu tych lat wielokrotnie przeciwstawiałem się Basi, nawet w obecności ojca, i namawiałem go, żeby był sobą. Ale on stopniowo się poddawał. Fizycznie i moralnie. W jej rękach był jak plastelina. Wiedziałem, że gdy zacznę z nią walczyć, stracę kontakt z tatą. Więc balansowałem na linie. Czasem przymykałem oczy. Teraz mamy rezultat. (...)

Z miłością i szacunkiem

Seward junior"

Pierwsza salwa. Manhattan, 10 maja 1984

To Aleksander Forger wydaje pierwsze wojenne oświadczenie, oskarżając Barbarę Piasecką Johnson i jej adwokatkę Ninę Zagat o oszustwo, przymus i zastraszanie.

„Środki, jakimi posługiwała się Barbara w celu osiągnięcia swego celu – zdobycia majątku Sewarda – nie sprowadzały się jedynie do umiejętności oczarowania i zniewolenia Sewarda, ale mając gwałtowny charakter, pozwalała sobie później również na wybuchy gniewu, którym z biegiem czasu Seward Johnson, człowiek spokojny z natury, nie miał sił się przeciwstawić. Wbrew własnej woli, nie zdając sobie z tego sprawy, w wieku osiemdziesięciu ośmiu lat pozwolił jej zawładnąć całym majątkiem".

Kontratak. Manhattan, 17 grudnia 1984

Adwokat Barbary przygotowuje równie przykre oświadczenie. Według Roberta Osgooda Seward Johnson miał powód, by wydziedziczyć dorosłe dzieci. Przede wszystkim ojciec czuł się zraniony, że dzieci nie potrafią właściwie korzystać z bogactwa, którym dysponują, oraz że źle się prowadzą. Osgood prezentuje ponad dwadzieścia dokumentów na poparcie swojej tezy. Są nimi wycięte z gazet sensacyjne artykuły, których bohaterami są dzieci Sewarda (przede wszystkim Junior i Mary Lea), pozwy rozwodowe oraz prywatne listy.

Do najbardziej nieprzyjemnych dokumentów należą artykuł w „Daily News": „Małżonek [Mary Lea] w zmowie z płatnym mordercą", oraz list zmagającego się z uzależnieniem od narkotyków Sewarda Ryana, syna Mary Lea, do dziadka: „Te przeklęte pieniądze są przyczyną wszelkiego zła - gdyby nie pieniądze, może bylibyśmy lepszą rodziną".

Wkrótce potem oświadczenie Roberta Osgooda przedostaje się do prasy. Dzieci Johnsona uważają to za naruszenie obyczajów. Teraz jest jasne, że adwokatom Basi nie chodzi o to, by jej życie z Sewardem przedstawić jako rajskie i zupełnie bezproblemowe. Ich celem jest pokazać, jak bardzo Sewardowi nie udały się dzieci. A skoro tak, teraz one postanawiają, że trzeba pokazać, jakim potworem jest żona ich ojca.

Kto przekupuje świadków? Manhattan, lipiec 1985

Po oświadczeniu Roberta Osgooda i po wojennej naradzie adwokat dzieci Edward Reilly jedzie do Fort Pierce na Florydę i ze zdziwieniem przekonuje się, że większość personelu, który zajmował się Sewardem, nie ma zamiaru zeznawać na rzecz jego dzieci. Niebawem okazuje się, że zanim przyjechał Reilly, wielu z nich odwiedził już John Peach, pracownik Barbary. Niektórzy dostali pieniądze za milczenie. Ustalono, że w czasie kiedy przygotowywane były przesłuchania świadków, John Peach zarobił około dwustu tysięcy dolarów i być może są to pieniądze za przekupywanie świadków. Kiedy Reilly przedstawia sądowi tę historię – świadkowie Barbary zostają przez sąd zdyskwalifikowani.

Wet za wet. Manhattan, 18 lipca 1985

Barbara nie pozostaje dłużna. Sullivan & Cromwell wydają kolejne oświadczenie: „Sześcioro nieszczęśliwych dzieci Sewarda Johnsona zostało w młodym wieku multimilionerami. Razem zmarnotrawili dziesiątki milionów dolarów, nie osiągając przy tym niczego poza złamanym życiem. I ciągle jeszcze pozostało im bardzo wiele, nikomu nie grozi bieda. Wartość ich trustów w chwili śmierci ojca wynosiła ponad sześćset sześćdziesiąt milionów dolarów. One jednakże chcą mieć więcej, więcej i jeszcze raz więcej. Wciąż nie zaspokojeni bogactwem zapewnionym przez ojca przypuścili szturm na jego spadek".

Junior jest przesłuchiwany łącznie przez trzysta pięćdziesiąt sześć godzin, piętnaście dni i nocy.

Podczas gdy prawnicy wydają kolejne oświadczenia, Basia rezygnuje z życia towarzyskiego. Adwokaci doradzają jej, by nie pozwalała się fotografować. Jej konto w banku jest tymczasowo zablokowane przez sąd, więc żeby kupić rysunek węglem autorstwa Rafaela, musi sprzedać rzeźby Giacomettiego, Maillola i jeszcze kilka innych. Kiedy podnoszą się zarzuty o brak umiaru, mówi, że mąż zawsze chciał mieć Rafaela w swoich zbiorach.

Miała posprzątać dom, a nie nasze konta. Nowy Jork, lato 1985

Wiosną Junior, nieformalny przywódca dzieci Sewarda, umawia się na spotkanie z ambitnym reporterem „The New York Timesa" Davidem Margolickiem. Margolick, z wykształcenia prawnik z dyplomem Stanford University, prowadzi w „Timesie" kolumnę sądową. Wiadomo, że zbliżający się proces o bezprawny nacisk będzie doskonałym materiałem na książkę typu *case study*. Poza tym jeszcze nigdy tak bogaci z takim zapałem nie walczyli między sobą tak brutalnymi metodami. Junior uznaje, że przyjazny człowiek z poważnej prasy może być korzystnym sprzymierzeńcem. Opowiada reporterowi o tym, w jak okropny sposób trzecia żona ojca ze swoją prawniczką pozbawiły rodzinę stuletniego dorobku. Kontaktuje go z rodzeństwem, przede wszystkim z Mary Lea. Margolick pisze artykuł.

Reportaż ukazuje się 18 czerwca 1985 roku i ma tytuł „Wielkie pieniądze doprowadziły rodzinę do gorzkiej wojny o spadek". Tekst nie wygląda tak, jak pragnąłby Junior.

Margolick pisze o tym, że według dzieci Barbara – połączenie Marii Antoniny z Hetty Green – wykorzystywała męża, odizolowała go od świata, zwolniła anglojęzyczną służbę. Ale pisze również, że jej prawnicy mają dokumenty, które osłabiają obraz dzieci jako ideowych wojowników o honor rodziny i Instytutu Oceanograficznego Harbor Branch. Chodzi o wspomniane problemy osobiste i psychiatryczne. Margolick cytuje najbardziej zjadliwe zeznania i artykuły: „Przez swoją pierwszą żonę Seward junior został sprowadzony do roli baby-sittera, szofera i kucharza. Czasem żona upokarzała go, prosząc o śniadanie do łóżka, w którym przebywała z innym mężczyzną".

Margolick ukazuje pogardę, z jaką po latach uprzejmych uśmiechów Junior wyraża się o Barbarze: „Mój ojciec był cywilizowanym człowiekiem. (...) A kiedy Basia została poproszona o wyczyszczenie naszego domu, powinna zrozumieć to dosłownie, a nie metaforycznie". Albo: „Być może Barbara potrafiła umeblować kaplicę, ale nie potrafiła się zachować w kontaktach z ludźmi".

Junior czyta i jest niezwykle zdenerwowany. Na kolejnym zebraniu rodzinnym zostaje podjęta wspólna decyzja, że należy znaleźć alternatywę dla powstającego dzieła młodego reportera.

Wybór pada na znajomą Marty'ego Richardsa Barbarę Goldsmith, dziennikarkę, redaktorkę, pisarkę i filantropkę, która zajmuje się sztuką, ale opisuje też znane postacie ze świata filmu i sztuki. Zdobywała nagrody, a jej *Little Gloria*, opowieść o walce dwóch wielkich nowojorskich rodzin o prawa do opieki nad młodą milionerką Glorią Vanderbilt, została bestsellerem i przeniesiono ją na ekran. Goldsmith wydaje się odpowiednią przeciwwagą dla Margolicka. Najważniejsze, że podejmuje się zadania i że wzrusza ją historia dzieciństwa Mary Lea i podejrzanych relacji z ojcem. Książka *Johnson v. Johnson* ukazuje się rok po procesie, Goldsmith jako pierwsza pisze o rzekomym molestowaniu Mary Lea. Sprzedany zostaje prawie milion egzemplarzy. David Margolick wydaje *Undue Influence* w 1992 roku, kiedy Amerykanie czują się przesyceni opowieściami o perypetiach Johnsonów.

Do filmu się nie nadają. Manhattan, październik 2014

Reporter David Margolick mieszka w bloku, który lata temu zapobiegliwy burmistrz przeznaczył dla ludzi kultury i zamroził ceny najmu. Było to w czasach, kiedy okolica nie była jedną z pożądanych. Po trzydziestu latach w pobliżu Lincoln Center zrobiło się elegancko, a Margolick, *freelancer*, jest sąsiadem celebrytów.

David napisał kilka ważnych reporterskich książek, między innymi *Elizabeth and Hazel: Two Women of Little Rock*[*],

---

* Podwójny portret bohaterek słynnego, symbolicznego zdjęcia wykonanego na ulicy Little Rock w stanie Arkansas w 1957 roku. Elizabeth Eckford to czarnoskóra studentka, która mimo protestów wściekłych przeciwników równouprawnienia Afroamerykanów próbuje dostać się do *college*'u.

a w 2011 wstrząsającą *Predator Priest*, o wieloletniej prawnej walce rodziny dziecka molestowanego przez księdza w mieście, w którym autor się urodził.

Sprawa Johnson *versus* Johnson była jego pierwszym wielkim tematem.

– Kiedy wpłynęła do sądu, zorientowałem się, że to będzie niesamowity i głośny proces. Znana, bogata i ceniona rodzina staje przeciwko kopciuszkowi, który okazał się sprytniejszy, niż myśleli. Potem okazało się, że wyjątkowe w tej sprawie są przede wszystkim wielkie pieniądze. Kiedyś chciałem, żeby na podstawie mojej książki ktoś nakręcił film lub serial. Ale potem zrozumiałem, że nie byłoby w tym filmie nikogo, kogo można by polubić.

Wątpliwości reportera Margolicka dotyczą czasów sprzed serialu *House of Cards*, kiedy okazało się, że bohaterowie mogą być odpychający, a widz nie przesypia nocy, aby śledzić ich losy.

Biedna Basia. Manhattan, październik 2014

– Tu Barbara – mówi w słuchawce młody męski głos, kiedy dzwonię do Barbary Goldsmith, pisarki i filantropki. Osiemdziesięciotrzyletnia Goldsmith choruje na serce i nie opuszcza wielkiego apartamentu przy Park Avenue, ale pisze w e-mailu, że może chwilę porozmawiać przez telefon w godzinach lunchu.

Kiedy asystent przekazuje jej słuchawkę, mówi, że polubiła Basię.

– Miała pecha, bo otoczyła się okropnymi ludźmi. Jedni ją wykorzystywali, innymi pomiatała. Nowy Jork nigdy jej nie zaakceptował.

– Dlaczego?

– Jeśli chcesz być zaakceptowana w towarzystwie, to musisz dotrzymywać słowa. Jeśli mówisz, że dasz dwadzieścia milionów dla Metropolitan Museum, to powinnaś przekazać te pieniądze. Basia rzucała słowa na wiatr i zupełnie o tym zapominała. A ludzie nie zapominali. Ktoś powinien był jej to powiedzieć.

Nadszarpnięty wizerunek. Manhattan, luty 1986

Jak zauważa Frank Prial, kolejny reporter „The New York Timesa" obecny na procesie, awantura o spadek jest jednym z kilku problemów wizerunkowych, z którymi zmaga się ostatnio wielka firma farmaceutyczna z New Jersey.

Do pierwszego kryzysu dochodzi pod koniec 1982 roku, kiedy siedem osób w okolicach Chicago umiera po zażyciu tylenolu extra, najpopularniejszego środka przeciwzapalnego i przeciwbólowego produkowanego przez Johnson & Johnson. Nieznany sprawca dodał cyjanku do jednej z partii leku. (Barbara Piasecka mówi, że za sprawą stoi KGB, które chce zguby amerykańskiego narodu). W pierwszych dniach po doniesieniach o śmiertelnym zatruciu odesłano do producenta trzydzieści jeden milionów buteleczek z tabletkami. Zatruty tylenol trafia na pierwsze strony gazet w całym kraju i do głównych wiadomości. Dyrektorzy Johnson & Johnson z otwartą przyłbicą współpracują z mediami, ostrzegając przed możliwością zatrucia, i udaje się im uratować wizerunek firmy jako przyjaznej pracownikom, dbającej o najwyższą jakość produktów i dobro klientów. (Po roku tylenol wrócił na apteczne półki i odzyskał zaufanie). Teraz, podczas procesu, doskonały wizerunek wali się na oczach wszystkich.

Krańcowe wersje prawdy. Sąd spadkowy. Manhattan, 27 lutego 1986

27 lutego dziennikarze i gapie okupują monumentalne schody wiodące do Surrogate's Court. Tego dnia o dziewiątej rano zaczyna się proces. Barbara Goldsmith jest tam chwilę wcześniej:

„Stoję na schodach (...) i patrzę, jak Barbara podjeżdża błękitnym kuloodpornym mercedesem. Wysiada z Niną Zagat i Arnoldem Baumanem, prawnikiem firmy Shearman & Sterling. Nagle przy jej boku pojawia się ochrona, dwaj inni goryle stoją przy schodach, rozmawiając przez walkie-talkie, czwarty osłania ją od tyłu. Tłum reporterów rzuca się na nią, lampy błyskowe i kamery telewizyjne idą w ruch, szarozielone oczy Basi błyszczą. Na twarzy ma przylepiony uśmiech. Przechodzi przez ogromną rotundę z marmurową posadzką, schyla głowę, żeby uniknąć oka obiektywu, chwyta ramię Baumana i znika w windzie.

Mary Lea i Marty Richards przyjeżdżają w brązowej limuzynie. Podczas gdy Mary Lea szybkimi krokami wbiega po schodach, człowiek z jej ochrony próbuje narzucić płaszcz na skierowaną na nią kamerę. Richards zwraca mu uwagę: »Tu nie ma miejsca dla pana, to nie jest proces o dokonanie zbrodni«.

Jakimś sposobem Juniorowi i jego żonie udaje się wejść do środka niezauważenie. Zatrzymuję ich słowami: »Czy uważacie, że w tej sali dojdziecie do prawdy?«. Junior, który ostatnie trzy lata żył pod presją tego procesu, odpowiada: »Wątpię. Sąd w rzeczywistości nie zajmuje się wcale prawdą. Zajmuje się dwiema krańcowymi wersjami prawdy, i to jak najbardziej sprzecznymi«.

W hallu na górze pracuje pięć ekip telewizyjnych i około dwudziestu reporterów. »Którzy to Johnsonowie?« – pytają. Gdy

Szkic procesowy. Ława przysięgłych

wskazuję Dianę Johnson Firestone i Jennifer Johnson, kamerzysta TV wykrzykuje: »Jezu, wcale nie wyglądają na bogatych!«. Johnsonowie mają problem, jak zaprezentować się w sądzie. Jaką pokazać twarz, gdy w grę wchodzi pół miliarda dolarów, a jest się sądzonym przez ławę przysięgłych, w której zasiadają: czyściciel ulic, sekretarka, urzędnik z agencji turystycznej, matka dwójki dzieci i inspektor finansowy korporacji Exxon. Z ławy przysięgłych docierają do mnie zdania. »Nie mogę wyżyć za dwanaście dolarów dziennie, muszę się opiekować wnuczką – jej matka jest prostytutką«".

Tak więc limuzyny parkują na tyłach sądu. Siostry Johnson nie zakładają swoich złotych naszyjników od Buccellatiego, lecz przychodzą w tweedowych spódnicach. Przez pierwsze dwa tygodnie do momentu, kiedy sędzina przyjdzie w futrze z czarnych norek, siostry i Barbara marzną w skromnych płaszczach. Kiedy „bariera futrzana" pęka, Barbara wkłada krótkie futro z soboli.

Marie Lambert kroczy powoli po czerwonym dywanie rozciągającym się od pokoi sędziowskich aż do podium sali rozpraw.

Lambert zarzuciła sędziowską togę jak pelerynę, co pozwala dostrzec jej jasnoczerwoną suknię. Robi wrażenie matrony. Pochodząca z włosko-amerykańskiej rodziny pani Lambert była przewodniczącą Stanowego Nowojorskiego Stowarzyszenia Prawników Sądowych. Ma twardy nowojorski akcent.

Mówi: „Jedźmy dalej. Bierzmy się do roboty".

W sali przy ogromnym stole zastawionym dokumentami i termosami z kawą siedzą adwokaci z najbardziej renomowanych firm. Tworzą obraz powagi, wzajemnego szacunku. Mają krótko obcięte włosy, drogie klasyczne garnitury i tylko kolor krawatów odpowiada nowej modzie znamionującej siłę: wszystkie są żółte.

Tego pogodnego dnia na świecie wydarza się wiele rzeczy częściowo związanych z tym procesem. Oto przed tygodniem na półkach aptek znaleziono nowe kapsułki z zatrutym tylenolem firmy Johnson & Johnson, kolejny raz podrzucone przez maniaka mordercę. W tym samym czasie Johnson Sea Link II, ulepszona w Harbor Branch łódź podwodna, znalazła w oceanie ważną część rakiety kosmicznej po katastrofie promu Challenger. Ale w sali rozpraw panuje taka hermetyczna atmosfera, jakby żaden zewnętrzny świat nie istniał.

Najpierw zabierają głos adwokaci dzieci Sewarda Johnsona. Mówią, że Barbara i Nina Zagat nie tylko wymusiły podpisanie absurdalnej wersji testamentu. Zapowiadają, że udowodnią, iż Seward Johnson był w małżeństwie nieszczęśliwy i pomiatano nim. Siostry Johnson płaczą w swoich rzędach. Adwokaci Barbary Piaseckiej nie pozostają dłużni. Opowiadają o chciwych dzieciach, zazdroszczących tacie bajkowego życia wśród szlachetnych dzieł sztuki w kilku posiadłościach, do których przemieszczał się za pomocą wspaniałych samochodów lub prywatnymi samolotami[39].

Czarny charakter. Manhattan, 1986

Dla dzieci Sewarda prawdziwym uosobieniem zła jest Nina Zagat, prawniczka z firmy Shearman & Sterling. Niewysoka, przysadzista, w źle leżących ubraniach i wielkich okularach. Od początku lat siedemdziesiątych towarzyszyła Sewardowi i jego młodej polskiej żonie. Przygotowywała wszystkie wersje testamentu. Dzieci mają pretensje, że znając testament, przed procesem i w czasie procesu zachowywała się, jakby potencjalni spadkobiercy nie mieli powodu do niepokoju i rozgoryczenia. Przeciwnie: była miła i przyjacielska.

Szkic procesowy. Na sali sądowej widoczni od lewej: Barbara Piasecka Johnson, sędzina Marie Lambert, prawnicy Donald Christ i Nina Zagat

Według dzieci była w zmowie z młodą żoną taty, dbając równocześnie o swoje interesy. Jeśli testament pozostanie w mocy, otrzyma przynajmniej sześć milionów dolarów i ćwierć miliona rocznie jako opiekunka trustu Barbary.

Dzieci nie doceniają roli, jaką Nina grała w rodzinie Johnsonów przez ostatnią dekadę, ani jej dokonań.

Nina Safronoff wstępuje do Yale Law School w 1963 roku i jest jedną z bardzo niewielu kobiet w szkole. Firmy prawnicze nie palą się do ich zatrudniania. Na stu sześćdziesięciu siedmiu studentów jest dwanaście dziewczyn. Mówi się, że wyróżnia się ciepłem, otwartością i wrażliwością, co czyni ją osobą wyjątkową w koleżeńskim gronie przyszłych prawników.

Jeszcze pod koniec lat sześćdziesiątych, podczas roku spędzonego w Paryżu z poznanym na studiach mężem Timem Zagatem, zapisuje się na kursy kulinarne w Le Cordon Bleu. Włóczy się z mężem po restauracjach, opisując ich dobre i złe strony. Powstaje wtedy pierwszy przewodnik Zagatów. Potem kolejne wydania nowojorskie.

Ale zanim urodzi się słynny dziś Zagat Survey, Ninę zatrudnia firma Shearman & Sterling. Trafia do wydziału klientów indywidualnych, zwykle bardzo bogatych, którzy na jej barkach zostawiają wszystkie prawnicze problemy: trusty, spadki, testamenty, nieruchomości, zakupy. Tak poznaje Sewarda Johnsona. Z czasem zostaje on jej głównym, a potem jedynym klientem, o czym wiedzą nieliczni, bo Nina jest lojalna i dyskretna.

Kiedy Barbara wkracza w życie Sewarda, Nina realizuje jej fantazje. Organizuje aukcje i zakupy dzieł z kolekcji, rozwiązuje problemy migracyjne robotników ściąganych do Jasnej Polany, finalizuje przewóz materiałów do budowy pałacu, doradza Harbor Branch. Kiedy Seward jest umierający, przenosi się na Florydę. Prawników dzieci Sewarda irytują te pozasłużbowe relacje Niny

Szkic procesowy. Przesłuchanie Mary Lea Johnson Richards

z pracodawcami. Zagatowie przychodzą na urodziny i lunche bez okazji. Uczestniczą w aukcjach w Monte Carlo, jeżdżą z multimilionerami do Rzymu, Paryża i Londynu. Spędzają wakacje na Bahamach, kręcą marmoladę z pomarańczy rosnących na drzewach w Fort Pierce. Johnsonowie obdarowują prezentami synów Niny, zapraszają na najbardziej kameralny pogrzeb boksera Prince'a.

W świecie okropnych ludzi, którzy nie akceptują Barbary i nazywają ją pokojówką – Nina Zagat jest kompasem i ostoją.

Tłumaczka. Lower East Side, Manhattan, październik 2014

Krystyna Olszer mieszka na Dolnym Manhattanie od 1969 roku. Męża, chemika w Instytucie Badań Jądrowych w Warszawie, wyrzucono z Polski w marcu 1968 roku. Krystyna najszybciej z rodziny nauczyła się angielskiego i zaczęła uczyć studentów polskiego w The New School w Nowym Jorku. Mówi o sobie „polska Amerykanka", nie w pełni zintegrowana z Polonią, która, jej zdaniem, zbyt szybko wpada pod wpływy parafii i zamyka się w jej kręgu. Tłumaczy: „Polski Kościół w Ameryce od XIX wieku przekonuje: »po szkole podstawowej dziecko powinno pomagać rodzicom, nauka nie jest najważniejsza«". Krystyna uważa, że to nastawienie do dziś jest przyczyną niezbyt wysokiej pozycji Polaków w Ameryce.

W 1986 roku jej koleżanka Barbara Wierzbiańska, żona właściciela nowojorskiego „Nowego Dziennika" (Piasecka wspierała finansowo przedsięwzięcie), dzwoni do Krystyny z informacją, że bogata znajoma gwałtownie potrzebuje wiarygodnych tłumaczy. Krystyna z kolei potrzebuje pieniędzy na kształcenie córki. Zgadza się więc przekładać zeznania polskich pracowników Jasnej Polany przed manhattańskim sądem.

Krystyna Olszer:

– Proces zaczynał się o dziewiątej rano, ale Barbara zwykle się spóźniała, bo jechała z Princeton autem, a rano są korki. Ktoś ją zapytał, czemu nie może przyjeżdżać wcześniej. Wtedy wpadła w szał: „Przecież nie będę latać samolotem, wiecie, ile kosztuje przelot na tej trasie? Jestem oszczędna!".

Dla mnie była bardzo miła. Zaprosiła mnie do domu na lunch, podała *gnocchi*, uśmiechała się i mówiła, że deser przygotowała specjalnie dla mnie. Pokazała mi rysunek Rafaela. Wyciągnęła go na chwilę ze specjalnej kasety, bo szkodziło mu światło. Wtedy zrobiło mi się przykro, że nie może się nim cieszyć.

W sali sądowej uśmiechała się bez przerwy, ale czułam, że jest spięta. Nie przypuszczała, że jej służba spiskuje, że nagrywa po kryjomu burzliwe połajanki. Jej prawnicy też nie wiedzieli. Była na nią wściekła.

Na taśmach, które tłumaczyłam, pani Basia pokrzykuje na pokojówkę Izabelę i jeszcze na innego pracownika. Izabela i jej mąż byli zatrudnieni w Jasnej Polanie, ale kiedy zadecydowano o wyjeździe na Florydę, poproszono ich, żeby pojechali z Barbarą i chorym mężem. Właściwie Barbara tak zarządziła, mimo cichych protestów Izabeli.

Krystyna rozkłada na stole kopie stenogramów nagranych po kryjomu awantur. Przechowuje je do dziś.

Polskie wrzaski. Manhattan – Princeton, 1983–2014

Ze stenogramów Krystyny:

Barbara rozmawia z Izabelą, która nie umyła wanny. Kobieta tłumaczy, że jest w ciąży i nie może się schylać.

Barbara jest zła. Zauważa, że Izabela mogła wejść do wanny, by ją umyć. Pyta retorycznie, co Izabela ma w głowie. Dlaczego nie jest w stanie zaplanować swojego życia?

Do cholery!

Izabela odpowiada, że intendentka Ewa niesłusznie doniosła Barbarze, że poprzedniego dnia ani Izabela, ani jej mąż nie pojawili się w kuchni i przy stole. Izabela wyjaśnia, że to sama Ewa dała jej mężowi wolne, o czym zapomniała. A Izabela ścieliła łóżka, ponieważ nie jest leniwa. To Ewa boi się Barbary i dlatego zmyśla.

„Czy wszystko – pyta retorycznie pracodawczyni – musi być na moich barkach? Czemu mam się martwić twoją ciążą, nie tylko ty byłaś w ciąży".

Barbara robi się jeszcze bardziej zła. Zaczyna przeklinać, powtarza w kółko to samo.

Barbara: „Jak nie chcesz pracować ciężko, to nie pracuj, wynoś się. Tu trzeba pracować, a ty jesteś leniwa. Chyba to, cholera, widzę... Masz pracować, kto za ciebie zrobi twoją pracę? Widzę, że nie potrafisz, nic nie umiesz. Wynoś się, idź robić coś innego".

„Polskie wrzaski", które z radością opisują amerykańskie gazety, wydają się dowodem na bardzo zły stan psychiczny Barbary Piaseckiej Johnson w tygodniach poprzedzających śmierć męża. A jej metodą zarządzania posiadłościami jest sianie strachu.

Krystyna Olszer:

– Niestety nie miała klasy. Ośmieszała się, mówiąc, że Izabelę zatrudniło KGB.

Drugi stenogram dotyczy niezadbanego trawnika. Winien jest Edward Suligowski, długoletni pracownik Jasnej Polany, który – jak się okazało – chodził z dyktafonem i nagrywał. Czy na polecenie prawników dzieci Johnsonów? – tego nie powiedział.

Szkic procesowy. Przesłuchanie świadka

16 kwietnia Edward Suligowski zeznaje przed ławą przysięgłych. Opowiada, że z włączonym dyktafonem zawsze podchodził tam, gdzie była awantura. Ale pewnego dnia, kiedy schodził ze schodów i usłyszał wściekły głos pani, bardzo się wystraszył. Nie wiedział, gdzie się schować, więc pobiegł do ubikacji i zatkał uszy. Jego zeznania przedrukowują gazety. Czytają je następnego dnia pracownicy Polany. Podejmują decyzję.

Nie krzyczała niesłusznie. Bruno Zelerowicz. Rutki-Kossaki, 2015

Stolarz Bruno Zelerowicz jest jednym z tych, którzy zaglądają do „Daily News" w kwietniu 1986 roku, i widzą pełne zajadłości nagłówki. Oprócz niego widzą je: Marek Bułaj, mąż bratanicy Basi Beaty, John Stroczyński, zarządca Polany, i kilku ludzi ze stolarni.

– O co jemu, Edkowi, chodzi, to myśmy zrozumieć nie mogli. Jak przyszedł na Polanę, to powiedział, że ma dużo dzieci, to pani Johnson kazała dać mu większą pensję, lżejszą robotę i on miał tam bardzo dobrze. Dojeżdżał sobie z Trenton. Ale on od razu zaczął psioczyć, przychodził do warsztatu i psioczył. „Edek, ty cholero, przecież pomaga ci, co nie? Dostałeś pensję i lepszą robotę" – tak my mówili. A on miał to nagrywanie ze sobą.

Ktoś w gazecie zobaczył, że Edek zeznawał przeciwko pani. Wkurzyliśmy się. Szybka decyzja i myśmy wszystkie pojechali na ten Manhattan. Samochodami, czternastu chłopa, żeby oni wiedzieli, że Edek kłamie. Weszliśmy do sali, krzyknęli: „Szpieg! KGB! Kłamca", i ta straż złapała nas w pułapkę. Nie wszyscy mieli szansę krzyknąć. Szybko do kozy nas wsadzili, kazali mandaty płacić. Pan Stroczyński najbardziej ucierpiał, bo w tej kozie siedział. Każdy jeden potem zeznawał, ale pani Johnson nic do tego nie miała.

Mogę powiedzieć, że ci ludzie, co nagrywali, szukali tylko pieniędzy. Ja szesnaście lat pracowałem na Polanie i nie słyszałem, żeby się pani niesłusznie na kogoś wydarła. Tylko słusznie.

O Edku wiem tyle, że raz nie zebrał z trawnika psich odchodów przed wschodem słońca, jak miał nakazane. A mógł zebrać.

Kwiecień to trzeci miesiąc procesu. Emeryci, którzy przychodzili oglądać go dla rozrywki, przenieśli się do innej sali, gdzie rozpatrywana jest sprawa z udziałem osób powiązanych z mafią.

Jednym z wiernych emerytów, którzy wciąż oglądają walkę Barbary z dziećmi męża, jest Rajmund Peluch, kiedyś marketingowiec, obecnie, jak się przedstawia, prezes organizacji Friends of Poland, która wydaje gazetkę „The Friends of Poland News". Peluch zapytał tysiąc stu czytelników, czy Barbara Johnson powinna zatrzymać swoje pół miliarda, czy dać chociaż połowę dzieciom męża. Według Pelucha połowa polskich czytelników powiedziała: dać. Szesnaście procent chciało, żeby Barbara wzięła wszystko. Jedenaście procent nie miało zdania.

Kiedy urodziny taty? Sąd spadkowy. Manhattan, maj 1986

Zeznania Niny Zagat nie przynoszą większych sensacji, ponieważ adwokatka ogranicza odpowiedzi do słów: „nie wiem", „nie mam wiedzy" i „nie przypominam sobie". Doprowadza do szaleństwa prawników dzieci Sewarda. Udaje się potwierdzić, że pani Zagat dbała o porządek w dokumentach, restrykcyjnie pilnowała podpisów, nie lubiła zamieszania. A w ostatnim miesiącu życia Sewarda wszystkie jego samochody przepisała na Barbarę.

W maju adwokaci Barbary zaczynają przepytywać dzieci Sewarda. Pragną udowodnić, że ich troska o dobro taty po jego śmierci nie idzie w parze z zażyłością przed śmiercią. I jeszcze że – wbrew opinii niektórych – dzieci nie umrą z głodu.

Ze stenogramów procesowych:

Adwokat:

– Czy pan wie, jaką w tej chwili ma wartość trust, który w 1944 roku założył dla pana ojciec?

James L. Johnson:

– Około sześćdziesięciu milionów.

Adwokat wyciąga z teczki dokument, z którego odczytuje, że wartość majątku Jamesa wzrosła do dziewięćdziesięciu milionów. Daje to roczny przychód w wysokości dwóch milionów dolarów. Nie można nazwać się biedakiem, jeśli kupuje się letni dom nad oceanem bez naruszania kapitału.

– Czy pamięta pan, kiedy przypada dzień urodzin ojca?

– Czerwiec chyba, pamiętam, że czerwiec. Chyba trzynasty.

Adwokat poprawia:

– Czternasty czerwca. Czy dzwonił pan regularnie złożyć ojcu życzenia?

– Niestety nie.

Do symbolicznego wydarzenia na sali sądowej dochodzi w maju, kiedy prawnicy pytają Juniora o rzeźbę Króla Leara, którą Junior wykonał na początku lat osiemdziesiątych i pokazał ojcu, mówiąc, że to on był inspiracją. Ojciec niedokładnie zna Szekspira, więc Junior wytłumaczył, że to przestroga. Król Lear oddał władzę nad królestwem, a potem został wyrzucony.

Adwokat Barbary pyta Juniora, czy powiedział też ojcu, że w opowieści o Królu Learze występują jego dzieci, które – kiedy on dzieli między nie królestwo – obracają się przeciwko niemu i niszczą go?

Adwokat dzieci Sewarda dodaje głośno, że wszystkich, którzy wzięli udział w walce o królestwo, czekał bardzo smutny koniec.

Powołane przez adwokatów sprzątaczki i opiekunki z Florydy zeznają, że jeszcze na Florydzie państwo Johnsonowie trzymają się za ręce, przytulają i ściskają.

W prywatnej rozmowie z Barbarą Goldsmith sędzina Marie Lambert zwierza się ze swoich zgryzot dotyczących procesu.

Po pierwsze, nie może zrozumieć obopólnej chciwości, która rozdziela rodziny po śmierci jednego z członków. Przecież można zjeść tylko jeden posiłek, prowadzić tylko jeden samochód. Dzieci Johnsona zaangażowały już sześciu adwokatów, teraz pojawia się kolejny. Nowy adwokat Barbary siedzi na rozprawie i trzyma ją za rękę, a Barbara płaci mu za godzinę trzysta siedemdziesiąt pięć dolarów albo nawet więcej.

Po drugie, nie rozumie, dlaczego adwokaci Barbary popełnili zasadniczy błąd już na początku rozprawy. Przekonywali, że zawsze była spokojna i nigdy nie krzyczała. A przecież od razu było widać, że małżeństwo było hałaśliwe, bo żona taka była. Takie są właśnie te kobiety z Europy Wschodniej. Wrzeszczą, krzyczą i dają się ponieść emocjom. Ale to nie znaczy, że są złymi żonami.

W każdym razie widać, że Marie Lambert ma dosyć tego procesu. Dąży do ugody, bo jest praktyczna i uważa, że nie powinno się tracić pieniędzy na opłaty sądowe i prawne. Gdyby doszło do wyroku, z pewnością podlegałby apelacji, skoro w procesie wzięło udział dwustu dwudziestu prawników. Tę sprawę należy zatrzymać, w przeciwnym razie nie zakończy się nigdy.

Jeszcze w maju sędzinie Marie Lambert udaje się zwołać na rozmowę prawników obu stron. W poniedziałek 2 czerwca strony osiągają kompromis w sporze Johnson *versus* Johnson.

Według ugody wszystkie oskarżenia o oszustwo zostają wycofane. Barbara zatrzymuje trzysta pięćdziesiąt milionów dolarów, które nie są uwięzione w truście. Może je dostać natychmiast. Każde z dzieci dostaje po sześć milionów dwieście tysięcy dolarów, z wyjątkiem Juniora, który otrzymuje dodatkowo osiem milionów dolarów, jako zadośćuczynienie za stracone honoraria z tytułu powiernictwa i wykonania testamentu.

Nina Zagat otrzymuje milion osiemset tysięcy dolarów.

Honoraria adwokatów wynoszą łącznie dwadzieścia cztery miliony dolarów.

Sami zwycięzcy. Sąd spadkowy. Manhattan, czerwiec 1986

„Dlaczego zgodziła się pani na ugodę, przecież mówiła pani, że nigdy tego nie zrobi?" – pytają dziennikarze stłoczeni na schodach.

„Pokojowe rozwiązanie jest lepsze. Inteligentni ludzie zawsze zmieniają swoje poglądy, więc i ja je zmieniłam. Chciałam zeznawać, ale moi adwokaci do tego nie dopuścili" – odpowiada Barbara. Jest ubrana w białą sukienkę w czarne groszki i białe rękawiczki. Uśmiecha się szeroko, a potem wychodzi w towarzystwie ochroniarzy.

Swoją konferencję prasową urządzają dzieci Sewarda i ich rodziny. Marty Richards mówi dziennikarzom: „Barbara zawsze mówiła, że Johnsonowie są słabi. Teraz dowiedziała się, że są silni. I to jest wspaniałe".

Johnsonowie, ich prawnicy i sędzina Lambert idą na drinka do restauracji Le Zinc.

W tym procesie obie strony czują się wygrane.

Wielu jednak uważa, że wielkim przegranym jest system prawny Stanów Zjednoczonych Ameryki. Wśród nich jest Jimmy Breslin, który w programie *Good Morning America* ujmuje to tak: „Czy możecie wyobrazić sobie coś takiego: staracie się w szkole,

Dzieci Sewarda Johnsona w Surrogate's Court, marzec 1986 rok.
Od lewej: John Seward junior, Elaine, Jennifer, Mary Lea,
James i Diana

pracujecie ciężko w *college*'u, dostajecie się na studia i cudem załapujecie do znakomitej firmy Sullivan & Cromwell. I teraz od świtu do nocy życie upływa wam na sprawie, w której chodzi o staruszka, którego połączyło bara-bara z pokojówką, i jego dzieci, z których każde ma sto milionów dolarów. To przedstawienie było żałosne".

Rok po procesie Donald Christ, jeden z obrońców Barbary (odsunięty po kilku miesiącach), mówi znajomemu, że wciąż „wyciąga kawałki szkła ze swojego tyłka".

Dwa lata po procesie w „The New York Timesie" ukazuje się artykuł zatytułowany „Nie możesz nie doceniać nowojorskich kobiet". Jennifer Johnson i Yoko Ono wymieniane są jako jedne z najbogatszych kobiet na Manhattanie. James Johnson trafia na listę najbogatszych miesięcznika „Forbes". Barbara Piasecka Johnson znalazła się tam rok wcześniej.

W swoim bestsellerowym poradniku *The Rich Die Richer and You Can Too* (Bogacze umierają zamożniejsi i ty też możesz) traktuje on o tym, jak zarządzać swoim majątkiem, nawet po śmierci. William D. Zabel przedstawia sprawę testamentu Johnsona seniora jako nieszczęsną pułapkę. Według niego Seward przewraca się w swojej cmentarnej kwaterze, kiedy widzi, że jego ostatnią wolę prawnicy przepisali na nowo, mając za nic jego intencje. Mimo że dobrze napisany, testament był łatwym celem dla osób, które chciały go obalić. Nie zapisując nawet drobiazgu dzieciom, stary pan Johnson wpędził wszystkich w kłopoty. Niczego w majątkowym życiu pozagrobowym nie można pozostawić przypadkowi.

Ćwierć wieku po procesie Seward junior opowiada pisarzowi Jerry'emu Oppenheimerowi, że tak naprawdę to nawet lubił i szanował Basię. Zwłaszcza jej zadziorny i przebojowy styl.

Spełniłam marzenia. Jasna Polana, 4 czerwca 1986

Barbara zaprasza kilkunastu dziennikarzy na lunch do Jasnej Polany. Chce podzielić się swoją radością z powodu końca procesu.

Jest też Nina Zagat i kilkoro prawników. W grupie reporterów widać i Goldsmith, i Margolicka.

Goldsmith: „Barbara przyjmuje nas niczym Jacqueline Kennedy oprowadzająca wycieczkę po Białym Domu. Gdy zbliżamy się do rezydencji, stoi w bramie, wielokrotnie powtarzając: »Witam w domu«".

David Margolick: „Ktoś ze służby rozdaje ulotki z informacjami o Barbarze. Że urodziła się niedaleko miejsca narodzin Tadeusza Kościuszki i że pochodzi ze starej arystokratycznej rodziny, która wydała na świat pisarzy, inżynierów i naukowców. Dziwne, jeśli ktoś wiedział, że jeden z jej braci, Piotr, po krótkim pobycie w Jasnej Polanie udał się na Florydę, aby podjąć się pracy w ogrodzie u innej bogatej Polki Blanki Rosenstiel".

Barbara Goldsmith: „Barbara zaprasza nas na wycieczkę po swoim domu. Mówi: »Chcę, żebyście zobaczyli nie, ile mam pieniędzy, ale ich wartość«. W salonie wskazuje na podłogę z epoki Ludwika XIV i sekreterę z epoki Ludwika XVI, którą kupiła za półtora miliona dolarów. Potem zaczyna się konferencja prasowa we włoskim ogrodzie.

»Jakie cele stawia sobie pani na resztę życia?« – pyta dziennikarz z »The Star-Ledger«.

Barbara odpowiada: »Chciałabym dalej urzeczywistniać marzenia mojego męża i moje własne, co sprowadza się do działalności dobroczynnej, pomocy mniej szczęśliwym ludziom, udostępniania ogółowi wielkiego dokonania, jakim jest moja kolekcja dzieł sztuki, dzielenia jej z innymi«".

Margolick: „Po lunchu Grzegorz bierze nas na spacer po posesji, żebyśmy zobaczyli nie wykończoną jeszcze kaplicę ze schronem. Widzę peryskopy warte sześćdziesiąt tysięcy dolarów zamontowane po to, żeby mieszkańcy mogli się zorientować, czy Rosjanie już odeszli i czy droga wolna. Ktoś zwraca uwagę na słynny dom dla psów i mówi, że jest większy niż całe jego mieszkanie. »Jeśli masz psy, musisz o nie dbać«, karci go Grzegorz".

Goldsmith: „W Jasnej Polanie wciąż trwa budowa kaplicy. Barbara długo podróżowała po Europie, żeby znaleźć inspirację dla tego budynku. Wybrała projekt szesnastowiecznego architekta włoskiego Giacomo da Vignola. Do kaplicy zamówiła dzwon z odlanym napisem »Największemu przyjacielowi Polski J. Sewardowi Johnsonowi. 23 maja 1983 roku«. Z drugiej strony dzwonu widniał napis: »Solidarność 1980«".

Goldsmith: „Ktoś pyta, czy Barbara ma zamiar wyjść powtórnie za mąż. »Nigdy o tym nie myślałam« – odpowiada gospodyni. Wtedy jeden z dziennikarzy wykrzykuje: »Proszę mnie poślubić, mnie!«.

Żartom nie ma końca.

Późnym popołudniem, na pożegnanie, gospodyni staje przy potężnej bramie i mówi: »Większość ludzi nie spełniła swoich marzeń. Ja swoje zrealizowałam«. I układa palce obu rąk w kształt litery V, znak Solidarności. To zdjęcie obiega całą Amerykę".

Bruno Zelerowicz, stolarz z Rutek, pamięta dzień zwycięstwa swojej pani i czerwcową wizytę dziennikarzy.

– Szkoda gadać. Po posesji się kręcili i przeszkadzali. My akurat namiot weselny żeśmy stawiali dla bratanka pani, Krzysia, co się z Chinką lub Japonką żenił i trza było dziwne dekoracje ustawiać. Podłogę żeśmy też kładli, wykładziną obijali, żeby było wygodnie. Zaraz było wesele, ale co to za impreza, w stylu amerykańskim. Przyszli, dwie godziny zjedli, potańczyli i zaraz ich nie było.

Grzegorz Górzyński:

– W tym mniej więcej czasie do Niny Zagat wpłynął list od dyrekcji cmentarza na Florydzie z zapytaniem, dlaczego nikt nie płaci za kwaterę pana Sewarda Johnsona. W ferworze zdarzeń wszyscy o tym zapomnieli.

Pożegnanie z Niną. Jasna Polana, czerwiec–wrzesień 1986, Manhattan, jesień 1986

Lunch z dziennikarzami jest ostatnią wizytą Niny Zagat w Jasnej Polanie. Barbara zaczyna podróżować, wreszcie ma swobodę. Jednocześnie rośnie w niej poczucie krzywdy z powodu trzech lat spędzonych w koszmarnym stresie i poniżeniu.

Zaczyna myśleć, że to wina prawniczych korporacji, które ją osaczyły i wywiodły w pole. Nina staje się uosobieniem zła. Barbara decyduje, że nie zapłaci jej pełnego obiecanego honorarium. Na nową gwiazdę w Jasnej Polanie wyrasta John Fox, były dziennikarz, mąż Polki zaprzyjaźnionej ze stypendystką Barbary.

Najpierw Barbara nie odpowiada na telefony ani zaproszenia Niny, a potem zaczyna wysyłać listy.

Pisze, że przez ostatnie lata Nina była złym doradcą. „Przez ciebie straciłam majątek. Jesteś nieudolna i leniwa. Nie pasujesz i nigdy nie pasowałaś". „To, co robisz, przypomina mi to, co mój mąż mówił o swojej córce: Sprawiasz niewyobrażalne kłopoty". „Ostrzegam cię: wynoś się z mojego życia".

Nina wynosi się z życia Barbary, ale wcześniej jeszcze raz spotkają się w sądzie. Tym razem po przeciwnych stronach barykady.

„Basia nie może żyć bez sądzenia się z najbliższymi" – drwi dziennik „Daily Mail". „To prawda, w dzisiejszych czasach trudno wyżyć za czterysta milionów".

Grzegorz Górzyński:

– Dla Niny to był szok. Przez siedemnaście lat regulowała wiernie wszystkie sprawy Barbary: przelewy za kupowane obrazy, wysyłkę darów dla Solidarności, kontakty z Harbor Branch, obsługę fundacji, którą Basia chaotycznie zarządzała. Dzięki Ninie miała porządek. Basia powinna była wiedzieć, że testament mógł być podważony niezależnie od jego formy.

W 1989 roku Barbara składa zeznania, podczas których okazuje się, że nie ma pewności, w którym amerykańskim stanie jest zameldowana. Floryda? New Jersey? Te sprawy – tłumaczy – w zależności od przepisów podatkowych regulowała Nina.

A jednak upiera się, że pani Zagat wykazała się niekompetencją. Powinna była się domyślić, że dzieci zapragną podważyć testament. Powinna była zabezpieczyć interesy. Było bowiem oczywiste, że Seward nie chciał obdarować dzieci. Powinna była spowodować, żeby mąż, zanim umarł, przekazał Basi majątek.

Barbara przed sądem: „Moja prawniczka wykazywała się tylko chciwością. Czy państwo wiedzą, że dostałam rachunek za obecność na pogrzebie męża? Nie przyszła za darmo".

Prawnicy reprezentujący Ninę Zagat uznają, że Barbara myli się co do jakości jej usług. Teraz postanawiają udowodnić, że pani Johnson nie była warta hojności swego męża.

Sąd spadkowy. Manhattan, styczeń 1989

Bernard Greene, prawnik Niny Zagat, przesłuchuje Barbarę Piasecką Johnson w obecności jej prawnika Jonathana Whisenanda.

Greene:

– Czy kiedykolwiek zdarzyło się, że powiedziała pani mężowi w twarz: jesteś tylko zramolałym starcem?

Barbara Piasecka Johnson:

– Ta kwestia była już dyskutowana.

Greene:

– Czy pani kiedykolwiek powiedziała mężowi: jesteś zramolały?

Whisenand:

– No przecież dostał pan odpowiedź.

Greene:

– Czy pani odpowie na moje pytanie, pani Johnson?

Piasecka Johnson:

– Już odpowiedziałam.

Greene:

– Zapytam jeszcze raz i dam pani szansę na odpowiedź. Czy kiedykolwiek powiedziała pani mężowi, że jest zramolałym starcem?

Piasecka Johnson:

– Moja odpowiedź jest taka, że ta kwestia była już dyskutowana.

Greene:

– Zaznaczmy, że w tym miejscu napotkaliśmy opór świadka.

Whisenand:

– Nie ma żadnego oporu.

Greene:

– Dobrze. W takim razie: czy kiedykolwiek powiedziała pani mężowi, że jest zramolałym starcem?

Piasecka Johnson:

– Już odpowiedziałam, że tę kwestię już poruszaliśmy.

Greene:

– Czy odpowie pani teraz ? Kolejny raz zapytam.

Whisenand:

– Sprzeciw!

Greene:

– Proszę zaznaczyć, że znów mamy sprzeciw. Proszę zaznaczyć, że strona sprawia trudności.

Whisenand:

– Nie sprawiamy żadnych trudności.

Greene:

– Pani Johnson. Czy John Peach, państwa pracownik, kiedykolwiek był świadkiem, kiedy pani mówiła mężowi, że jest zramolały?

Whisenand:

– Znów sprzeciw.

Greene:

– Zadam znów to samo pytanie.

Whisenand:

– Ależ nie daje pan jej szans na odpowiedź.

Greene:

– Czy może pani odpowiedzieć?

Whisenand:

– Czy może pan mówić ciszej? Pan wrzeszczy!

Massengill (reprezentuje sąd):

– Szczerze mówiąc, panie Whisenand, pan Green nie wrzeszczy. Mówi ciszej niż ja teraz.

Whisenand:

– Wątpię.

Piasecka Johnson:

– Nie przypominam sobie.

Greene:

– Czy pani kiedykolwiek powiedziała mężowi: jesteś starym, głupim człowiekiem?

Whisenand:
– Sprzeciw.
(...)
Greene:
– Czy pani policzkowała męża?
Piasecka Johnson:
– Nie przypominam sobie...
Po przesłuchaniu Barbara Piasecka Johnson ostatecznie rozczarowuje się co do Ameryki.

W 1989 roku kończy się także przyjaźń z Grzegorzem Górzyńskim. Zdarza się to po incydencie w Jasnej Polanie, gdzie gości ich wspólny znajomy diler sztuki Harry Bailey. Bailey nagle słabnie, a Barbara robi mu zastrzyk, który Harry nosi ze sobą. Kiedy dowiaduje się, że choroba Harry'ego nazywa się AIDS, uważa, że Grzegorz, lekarz, powinien był się wcześniej dowiedzieć o naturze dolegliwości i ostrzec gospodynię, aby się nie zbliżała. Więcej do niego nie dzwoni.

Seward w szufladzie. Manhattan, październik 2014

Z Niną Zagat spotykam się dzięki rekomendacji Davida Margolicka i uporczywym e-mailom. Do kawiarni przy Columbus Circle uśmiechnięta Nina przychodzi prosto z miasta, z zakupami. Niewiele się zmieniła w porównaniu z kobietą ze zdjęcia z połowy lat osiemdziesiątych. Wręcza przewodnik Zagatów na 2015 rok, tego popołudnia przyszły z drukarni pierwsze paczki. Cztery lata temu firma Google odkupiła część udziałów firmy Zagatów za sto dwadzieścia pięć milionów dolarów.

– Kiedy poznałam Basię, byłam nią zafascynowana. Była pełna energii, pomysłów na życie, głodna przygód, a wokół mnie sztywni faceci w dusznych prawniczych korporacjach. Uwielbiałam spędzać z nią czas. Przeżyłyśmy wspólnie wspaniałe lata.

– Czy Basia była szczęśliwa?

– Była zafascynowana Sewardem i bardzo się do niego przywiązała. Ale trudno ją było uszczęśliwić. Nie wiem, czego chciała w życiu. Szybko się zniechęcała, traciła zainteresowanie. Przedsięwzięciami i ludźmi. Nigdy nie odwiedziła grobu męża. Nigdy go nie zabrała z szuflady w Fort Pierce. Zamknęła rozdział i poszła dalej.

DOBRODZIEJKA

The Barbara Piasecka Johnson Foundation. Princeton, 1974

Kiedy w Ameryce majątek człowieka przekroczy mniej więcej sto milionów dolarów, oczekuje się, że założy on dobroczynną fundację, najlepiej swojego imienia. „*Give back*" to zasada zakorzeniona w purytańskiej mentalności tamtejszego społeczeństwa. Odkąd Andrew Carnegie i John D. Rockefeller postanowili stworzyć instytucje swojego imienia, osoby o statusie materialnym Barbary Piaseckiej Johnson nie mają wyboru.

Swoją fundację ma Seward Johnson, jego była żona i przede wszystkim brat – Generał. The Robert Wood Johnson Foundation to potęga, jedna z pięciu największych zajmujących się zdrowiem w Ameryce organizacji charytatywnych.

Fundacje mogą być oczywistą formą ucieczki przed fiskusem ze względu na nieograniczone odpisy podatkowe przysługujące darczyńcom. Jeśli na działalność wyda się minimum pięć procent funduszu założycielskiego, można odpisać od podatku całą wydaną sumę. Można też robić zakupy na rachunek fundacji. Zwykle te pięć procent funduszu na działalność pochodzi z odsetek od kwoty zainwestowanej w akcje albo zysków z działalności gospodarczej.

W 1974 roku za radą swojej prawniczki Niny Zagat Barbara zakłada fundację dobroczynną swojego imienia. Jej celem statutowym jest kształcenie profesjonalistów z Polski, wspieranie inicjatyw artystycznych, medycznych i międzynarodowych przedsięwzięć humanitarnych. Jest w swoich próbach pomagania uparta i nieugięta.

Jednym z pierwszych beneficjentów fundacji zostaje Krystian Zimerman, który zaprzyjaźnia się serdecznie z Barbarą. Następne przedsięwzięcie przysporzy jej rozczarowań.

Biblioteka Polska. Paryż, 1977

Biblioteka Polska w Paryżu powstaje w XIX wieku z inicjatywy Karola Sienkiewicza, Juliana Ursyna Niemcewicza i księcia Adama Czartoryskiego. Mieści się na Wyspie Świętego Ludwika i w drugiej połowie XX wieku wciąż szczyci się największym księgozbiorem polskim poza krajem. Jest symbolem kultury niezależnej od komunizmu. Zadłużonym i chylącym się ku upadkowi. To, co liczy się dla Barbary, to fakt, że osobą ważną w bibliotece jest Zofia Zdziechowska, przyjaciółka Witolda Małcużyńskiego. W 1977 roku Barbara przez wzgląd na niego pochyla się nad tą polską placówką.

Jeszcze przed śmiercią Witolda deklaruje pomoc finansową. Przelewa cyklicznie na konto Biblioteki w sumie dwieście pięćdziesiąt tysięcy dolarów. Do tej pory nawet najbogatsi patrioci za granicą wpłacali raczej po pięćset franków.

Wielki dar dla Paryża wywołuje reakcję Polonii amerykańskiej, która czuje się zdradzona. Do Piaseckiej Johnson zaczynają docierać komentarze, że najważniejsi są Polacy w Ameryce, a nie abstrakcyjna, daleka Biblioteka. Pierwsze spory wśród Polonii komentuje Zygmunt Hertz, redaktor paryskiego pisma „Kultura", w liście do Czesława Miłosza:

„Szalenie żałuję, że nie jestem panią Johnson, opieprzyłbym całe towarzystwo od góry do dołu. Popatrz, jakie czasy, nawet milioner nie może wydawać forsy »na cele« takie, jakie chce. Wszystko razem dość ponure".

Kilka miesięcy później Hertz ma okazję poznać Barbarę osobiście. Dzięki Zofii Zdziechowskiej i swoim wpłatom na Bibliotekę Barbara bywa na emigracyjnych salonach. Zygmunt Hertz melduje Miłoszowi:

„U Józiów [Józefa i Marii Czapskich] była pani Johnson, dobrodziejka Biblioteki Polskiej w Paryżu i żona milionera (własny boeing itp.). Spłynęła na dół, muszę powiedzieć, że za taką forsę można mieć ładniejsze. Ot, typowa Polka, w miarę tęga, blond, sporawa. Miło jest podśmiewać się o niczym z osobą, która sika forsą, i nic od niej nie chcieć. Stwierdziłem, że słowo dupa nie jest jej obce, bo akurat coś tam podeszło w związku z tym słowem"[40].

Ten zmieszany z pogardą i ciekawością podziw nie trwa długo. Pół roku później Towarzystwo Historyczno-Literackie wyraża na łamach „Kultury" swoje niezadowolenie ze sposobu, w jaki pani Johnson oraz jej prawnicy chcą ułożyć dalszą współpracę. Fundusze mają być przekazywane przez fundację, a nie z milionerskiej kieszeni. Fundacja Piaseckiej Johnson uzyska też wpływ na działanie Biblioteki. Działacze Towarzystwa uznają, że fuzja Towarzystwa i fundacji jest sprzeczna z interesem Biblioteki, zrywają korespondencję z fundacją, a Barbara przestaje płacić. W listopadzie 1979 roku rada Towarzystwa uprzejmie dziękuje Barbarze za „wydatne zmniejszenie zadłużenia" Biblioteki.

Znajomość z Zofią Zdziechowską kończy się w sposób mniej dyplomatyczny.

„– Twoja propozycja jest poniżej godności – denerwuje się Zdziechowska, komentując propozycję przejęcia kontroli nad Biblioteką przez fundację.

– Wyciągnęłam cię z biedy i tam cię poślę – wścieka się rozczarowana Barbara.

– Nie potrzebujemy pieniędzy od pastucha takiego jak ty"[41].

Barbara nie traci wrażliwości na Polskę.

Sierpniowy bunt polskich robotników w 1980 roku zastaje ją we Włoszech. Na kilkudniowe wakacje do willi Johnsonów przyjeżdża Grzegorz Górzyński.

– Oglądaliśmy w telewizji włoskiej strajki. Basia nie mogła się oderwać. „Niech się trzymają, niech nie upadają na duchu". Była tak wzruszona, że w odruchu serca sprzedała swoją biżuterię od Bulgariego. Zadzwoniła do swojej prawniczki Niny Zagat, żeby znalazła kontakt z polskimi robotnikami z Solidarności. Nina zaczęła szukać kontaktu przez amerykańskie związki zawodowe. Basia chciała, żeby jak najszybciej przekazać pieniądze. Podejrzewam, że wysyłała je regularnie. Przez całe lata osiemdziesiąte narzekała, że prócz kilku osób nikt z Polski jej nie podziękował. Ani oficjalnie, ani jakimkolwiek gestem.

Selekcjoner. Princeton, 1977–1989

Ambicje filantropijne Barbary nie pozostają bez echa wśród rodaków w Polsce i za granicą. Do fundacji Barbary i do niej osobiście spływają prośby o pomoc finansową. Kilkaset próśb miesięcznie.

Pierwszego przesiewu listów dokonuje Grzegorz Górzyński.

– Mężczyzna z Konina chciałby objechać świat rowerem, więc prosi o pieniądze na rower. Ktoś potrzebuje mieszkania,

"I never was afraid of hard working and strong dreams."
—Basia Johnson

wanted a divorce. "That's all he said. He wasn't the kind to explain. He just ran out of steam, I guess. It's weird. There's nothing you can explain about a man like that. I'm surprised I stayed married to him as long as I did."

The marriage limped along for another two years before totally disintegrating. Seward was in economic control, doling out the rent for various European residences. At the time of their divorce, his net worth was approximately $9 million. He and Ruth entered into an agreement whereby each child was to receive $6,000 annually and Ruth was to receive $12,000.

Basia and Sewar[...]Bahamas, 1981.
He nearly ran his yacht aground[...]

In 1940, six months after J. Seward Johnson married [...]ther Underwood, Ruth married Philip Crockett, a Bos[...] businessman and Rhodes scholar. To economize, the Cr[...]etts vacated "the Castle" and moved with Diana to [...] chauffeur's cottage, which they still occupy. Mary [...] Elaine, and Seward junior were housed in a converted g[...] adjoining the chicken coop. Mary Lea recalls, "It was [...]ed into three rooms and a bathroom. The floor was con[...] Elaine and I had paper wardrobes. Rats would come in[...] chicken coop to eat the feed. They'd get into our part [...] house and climb up the walls and march around the w[...] frames. We didn't think much about money in those [...] mean, we didn't even think that Dad lived so nicely[...] maybe a little, because it was so disgusting in that [...] house. I felt absolutely abandoned, as if nobody wa[...] When Dad divorced Mom, I felt he'd divorced me."

Mary Lea Johnson, a quiet, generous, gentl[...] woman with intense blue eyes, is married to th[...]haired, elegantly groomed Martin Richards. They[...] the Producer Circle Co., which has produced such [...] hits as *On the Twentieth Century, Sweeney Todd*[...] *aux Folles*, and the Pulitzer Prize–winning *Cri*[...] *Heart*. During the trial Mary Lea had several bou[...] and was hospitalized. Her husband's enormous [...] her was evident. She has led a difficult, troub[...] marked by physical illness and a sense of self-ab[...] unworthiness. There is about her a bruised qualit[...] times an unreachability, as if she existed in a bell[...]ing to her husband, "Mary Lea has that Johnson [...] off and disappearing. Maybe it's helped her cop[...]

Lea very much, and I try to make up for all the pain she's experienced, for all the things she's never had. But I can't compensate for all the damage. And she loved her father till the day he died. I can't understand why."

Mary Lea was the first baby to appear on the Johnson's baby-powder can. It is common knowledge among those close to Mary Lea that her father was the first man to seduce her. He followed periods of neglect with sporadic intense attention that induced febrile excitement. He was obsessed [...]

92

Basia Johnson i mroczne dziedzictwo. „Vanity Fair" z października 1986 roku

ktoś lekarstwa dla żony. Piszą też polskie instytucje: „My, Tworki, jesteśmy wiodącym ośrodkiem psychiatrycznym. Prosimy o dolary".

Wybierałem najbardziej rozsądne, ale dotacja zależała od przypadku, humoru Basi albo pierwszego wrażenia, jakie robił na niej ubiegający się o pomoc, jeśli udało mu się zaaranżować spotkanie. Działało kilka sposobów.

Na ambicję. Warszawa, 1986

Kiedy szukam beneficjentów Barbary, odpowiada pewien menedżer, prosi jednak o anonimowość ze względu na zajmowane stanowisko. W połowie lat osiemdziesiątych był zdeterminowany.

– Zacząłem studia w warszawskiej Szkole Głównej Planowania i Statystyki. Chciałem nauczyć się zarządzania rynkiem sztuki, a szkoła ta była w kraju jedynym oknem na świat, w tym świat rynku sztuki. Ale żeby zostać specjalistą, musiałem po studiach wyjechać za granicę. W grę wchodził uniwersytet w Holandii, gdzie jednakże nikogo nie znałem, lub szkoła w Nowym Jorku, gdzie perspektywy miałem lepsze ze względu na wsparcie rodziny, która tam już mieszkała. Jesienią 1986 roku dowiedziałem się o zbliżającej się wizycie pani Barbary Piaseckiej Johnson. Była znana w świecie kolekcjonerów oraz wiadomo było, że założyła fundację, która pomaga między innymi młodym Polakom, szczególnie artystom. Pani Johnson miała uświetnić wernisaż w Muzeum Narodowym. I wtedy, późną jesienią, zadzwonił do mnie znajomy dyrektor muzeum i zapytał, czy po wernisażu nie przewiózłbym pani Johnson z muzeum do hotelu Victoria. Nie chciał, żeby wiozły ją osoby przypadkowe. Zwrócił się do mnie, ponieważ mój ojciec miał stare volvo, w owych czasach pojazd luksusowy. Spadłem mu z nieba.

Zrozumiałem, że mam wielką szansę, by przedstawić się milionerce i poprosić o wsparcie. Obliczyłem, że z Muzeum Narodowego do Victorii jest półtora kilometra. Jeśli pojadę Nowym Światem – znajdę się tam w ciągu czterech minut. Za krótko, żeby opowiedzieć o miłości do sztuki. Postanowiłem pojechać Jasną i Mazowiecką, byle wydłużyć tę trasę do siedmiu minut. Wykułem na pamięć płomienną kwestię.

Tego wieczora wpuszczono mnie na dziedziniec muzeum. Z budynku wyszła elegancka kobieta w futrze w towarzystwie krępego mężczyzny. Brata, jak się okazało. Zgodnie z etykietą otworzyłem tylne drzwi. Usiadłem za kierownicą i zacząłem recytować. „Mam nadzieję, że podobała się państwu wystawa. A jeśli państwo pozwolicie, wspomnę o sobie". I dalej, że chciałbym wspierać polską sztukę i o innych moich marzeniach.

Od czasu do czasu spoglądałem w lusterko. Z tyłu nie było żadnej reakcji na mój wywód. Pani Johnson siedziała z kamienną twarzą. Żadnych emocji. Żadnej rozmowy. Ale ja musiałem wywalić wszystko do końca. Dojechaliśmy do Victorii. Otworzyłem drzwi, powiedziałem „do widzenia".

I byłbym myślał, że zrobiłem z siebie człowieka niepoważnego, gdyby nazajutrz nie zadzwoniła do mnie sekretarka profesora Gieysztora z zaproszeniem na spotkanie z panią Johnson na Zamku Królewskim. Poszedłem. Rozmowa była bardzo konkretna. Pani Johnson pytała, czym się dokładnie interesuję i co chciałbym studiować. Czy mam zamiar wrócić do Polski, czy nie. Znów nic nie potwierdziła.

Ale niedługo na adres domowy przyszedł list z Ameryki na papierze „The Barbara Piasecka Johnson Foundation". W liście były pytania o wysokość opłat na moim wymarzonym wydziale na New York University. Sugerowano, bym wybrał sobie przedmioty do studiowania.

Byłem wniebowzięty.

Fundacja opłaciła moje studia, a ja wyjechałem do Nowego Jorku. Prócz studiowania zacząłem pracę w Carnegie Hall, zapraszałem polskich muzyków, aby przesłuchali ich amerykańscy agenci. Razem z innymi studentami z paszportami z Europy Wschodniej założyliśmy stowarzyszenie. Nie marnowałem czasu.

Przez cały czas studiów pisałem do pani Johnson listy z podziękowaniem. Wielokrotnie. Pytałem, czy stypendyści mają swoje spotkania, na które można przyjść i zdać relację z postępów. Dzwoniłem do Jasnej Polany. Nigdy nie dostałem odpowiedzi. W pewnym sensie czułem się odrzucony z powodu jej obojętności, ale wciąż traktuję ją jak moją wielką dobrodziejkę.

Na kobietę. Paryż – Nowy Jork, 1983

Barbara Toruńczyk, historyczka literatury, działaczka opozycji i wydawczyni podziemnych książek, od 1980 roku mieszka w Paryżu. Chce otworzyć pismo literackie, w którym pisarze mogliby publikować poza cenzurą. Szuka źródeł finansowania.

„Nie miałam pomysłów, ale miałam katar (...). Znałam popularny środek na przeziębienie – tylenol – produkowany przez firmę Johnson & Johnson. Żoną Johnsona była Barbara Piasecka, milionerka, o czym, mieszkając kiedyś w Ameryce, nie mogłam nie wiedzieć. Wiedziałam też, że jest kolekcjonerką, interesuje się sztuką, wspiera różne akcje społeczne. Napisałam do niej list, jak kobieta do kobiety. A potem jeszcze listy do Brandysa i Barańczaka, aby poparli moją prośbę. Ale wstydziłam się im pokazać, co napisałam do pani Johnson. Wyszłam wrzucić do skrzynki te trzy listy. Po drodze kupiłam »Herald Tribune«, a może »Le Monde«, gdzie przeczytałam, że w Chicago kilka osób zmarło po zażyciu tylenolu, bo jakiś szaleniec wsypał do niego cyjanek. I że w całych Stanach wycofują lek z aptek, a fortuna pani Johnson jest zagrożona. Kiedy przeczytałam to Wojtkowi Karpińskiemu, dostał ataku śmiechu. »To są te twoje interesy – szydził – twoje wyczucie finansowe«. Pożegnałam się z myślą o pieniądzach, pomyślałam, że Barańczak i Brandys zrezygnują w tej sytuacji z wysyłania rekomendacji. I co się okazało? Obaj napisali listy z poparciem, a ja po dwóch tygodniach dostałam depeszę: »10 tysięcy franków w drodze. Szczęść Boże«. To były pieniądze na pierwszy numer »Zeszytów Literackich«"[42].

Na Zimermana i Hanuszkiewicza. Paryż – Nowy Jork, 1981–1986

Karol Stein, student ze Szczecina, przyjeżdża do Paryża jeszcze przed stanem wojennym. Poznaje młodą aktorkę Małgorzatę Zajączkowską, która w Paryżu odwiedza przyjaciółkę Joannę Pacułę. Po 1981 roku Stein postanawia wyjechać do Ameryki, zakochana Małgorzata nie ma przekonania, ale decyduje, że jedzie za Steinem.

W Paryżu Małgorzata mieszka u Zimermanów, przyjaźni się z żoną artysty. Na pożegnanie Krystian mówi: „Dam ci amerykański telefon do Piaseckiej. Jest dziwna, ale może coś dla was zrobić".

Wtedy Stein nie wie jeszcze, co Barbara mogłaby dla nich zrobić.

W czerwcu 1984 roku lądują na północnym Bronxie. Mieszkają w klitce u znajomych i są bez pieniędzy. W Paryżu, jeśli ma się sto franków, za pięćdziesiąt kupuje się wino i spędza wieczór z przyjaciółmi. Sto dolarów w Nowym Jorku oznacza, że jeszcze czterystu brakuje, by wynająć mieszkanie.

Małgorzata Zajączkowska:

– Na środku ciasnego pokoju stoi fortepian, na którym ćwiczy chłopak koleżanki, za oknem świstają kule, a drzwi do mieszkania nie można zamknąć, bo co wieczór jeden z lokatorów, zaburzony weteran z Wietnamu, sprawdza, czy u mieszkańców wszystko w porządku. Jeśli drzwi są zamknięte, to je wyważa. Czułam, że musimy się wyprowadzić, bo zwariuję. Mówiłam jakoś po angielsku, więc zadzwoniłam pod adres, który dał mi Krystian.

„Jasna Polana, *can I help you*?" – powiedział głos pierwszej sekretarki w centrali Jasnej Polany.

Trzecia sekretarka przeszła płynnie na polski i powiedziała, że próbuje łączyć dalej. Stein i Zajączkowska są przekonani, że już po wszystkim.

Barbara odzywa się jednak po dziesięciu minutach, Małgorzata mówi, że jest przyjaciółką państwa Zimermanów i chce Basię serdecznie od nich pozdrowić.

Małgorzata:

– Basia mówi „dziękuję bardzo" i w słuchawce zapada cisza. Dramat. Ale nie odkłada słuchawki, więc ja dalej desperacko, że Paryż, stan wojenny, że jestem aktorką, że grałam w Teatrze Narodowym u Adama Hanuszkiewicza.

„Och, on jest bardzo przystojny" – odpowiada Basia i pyta, gdzie mieszkamy.

„Och, nie można mieszkać na Bronxie" – martwi się. Więc jej odpowiadam, że czasami się mieszka tam, gdzie nie można.

Barbara umawia się na lunch i podaje adres CPW, który nic im nie mówi. Dowiadują się, że to Central Park West, najlepszy adres na Manhattanie.

Małgorzata:

– Kupujemy różę, która jest dla nas droga jak pierścionek od Tiffany'ego.

Karol:

– Inicjatywę przejmuję ja. Jestem naprawdę ujmujący. Mówię, że chcemy się uczyć angielskiego i że będziemy wdzięczni za pomoc. Zajączkowska mówi potem, że mnie jeszcze takiego nie widziała, chociaż przecież taki byłem, jak się do niej zalecałem. W każdym razie Barbara tłumaczy, że w mieszkaniu, w którym jesteśmy, mieszkają czasem ludzie godni zaufania, tacy jak my. Klucze będą czekać u państwa Zagatów, którzy mieszkają nieopodal.

Małgorzata:

– Barbara mówi, że zaraz musi uciekać, bo ma premierę w Metropolitan. Idzie do sypialni się przebrać i po piętnastu minutach wychodzi ubrana jak królowa.

Karol:

– Wchodzi w tych swoich specyficznych ciuchach, i drogich, i dziecięcych: butki z kokardkami, dużo falbanek...

Małgorzata:

– Zapowiada, że nasze sprawy będzie prowadziła jej prawniczka Nina. Decyduje bowiem, że pokryje nam czesne za naukę języka. I wychodzi do Metropolitan. Jestem oszołomiona.

Karol:

– Przenosimy się z tego Bronxu w okolice Central Parku. Budynek ma ogród na dachu. Pewnego dnia Zajączkowska zbiega cała w emocjach, że na dachu spotkała Calvina Kleina. Nie wiedziałem, o kim mówi. Projektant od słynnych majtek przyniósł jej kieliszek białego wina. Na naszym piętrze mieszkał Ed Simon, brat Paula Simona. Poznaliśmy obu.

Wybieramy pełne studia na New York University. Bliżej byśmy mieli na Columbię, ale NYU ma lepszy basen dla studentów. W życiu się tyle nie napływałem.

Mieszkamy obok tego Kleina, ale na razie nie mamy pieniędzy. Raz w tygodniu przyjeżdża samochód z Jasnej Polany. Kierowca przywozi karton kiełbasy, sery, jakieś puszki oraz wino.

Małgorzata:

– W lodówce stoi szampan, więc raz wlewam sobie go do kąpieli, żeby poczuć się jak gwiazda. Skóra lepka, piecze, nic specjalnego. Potem idę na uniwersytet piechotą, bo szkoda mi dolara na metro.

Karol:

– Oprócz obowiązków na uczelni udzielamy się towarzysko, bo okazuje się, że Baśka polubiła nas od pierwszego wejrzenia. Prowadzi działalność dobroczynną, więc ciągle ktoś ją zaprasza na uroczyste oficjalne kolacje, na które nie zawsze chce chodzić. Więc chodzimy my, ciągle w tych samych ciuchach, bo nie mamy na inne. Czasem dzwoni z Jasnej Polany i proponuje: może byście przyjechali na lunch, na kolację? Tak poznajemy Jasną Polanę. W Jasnej Polanie przebieramy się w kostiumy i wskakujemy do wody. Jeśli akurat gości Krystian Zimerman, gra na fortepianie przy basenie.

Gospodyni kocha artystów i lubi się bawić.

Kiedy przeprowadzamy się na Manhattan, od razu zaczynają się odzywać znajomi z Polski. „Kurde, ale macie życie, może byście nam też załatwili?" Ale my umawiamy się z Zajączkowską, że tak nie można. Raz tylko robimy wyjątek, kiedy dowiadujemy się, że profesor Aleksander Bardini jest w Nowym Jorku i śpi gdzieś kątem na podłodze. Zajączkowska ma sentyment do swojego dawnego wykładowcy, więc go przygarniamy.

Podejmujemy dorywczą pracę u Zagatów. Zajączkowska robi *baby sitting*, a jak synowie Zagatów są starsi, jeżdżę z nimi na wypady narciarskie, zabieram ich na wakacje. Pomagam w wydawnictwie. Zapraszają nas nawet na święto Dziękczynienia.

Małgorzata:

– Zagatowie mieli pieniądze i pozycję, ale podobało im się, że mogą z nami porozmawiać, na przykład o sztuce. Mieli do nas szacunek. Basia też miała.

Kiedy Tim i Nina Zagatowie zaczynają pracę nad przewodnikiem po restauracjach, Karol jest ich najważniejszym pomocnikiem.

Karol:

– To jest czas, kiedy Baśka i Nina są najlepszymi przyjaciółkami. Jak jestem u Zagatów, ciągle słyszę, że dzwonią do siebie. W czerwcu 1986 roku kończy się proces Baśki z dziećmi Johnsona. Pamiętam dokładnie, bo akurat wtedy rodzi nam się syn. Potem relacja Baśki i Niny zaczyna się psuć. W końcu Nina zostaje wyrzucona i ja jestem zaskoczony, jak Baśka obchodzi się z ludźmi. Zatrudnia Johna Foxa jako dyrektora fundacji i też zaraz go zwalnia. Sądzi się z Johnem z wielką zajadłością, więc kiedy mówi: „Karol, wyrzucam szefa fundacji, może chcesz się nią zająć", odpowiadam: „Tylko za dwieście tysięcy dolarów rocznie. Bo ty mnie zaraz też wyrzucisz". Oczywiście Baśka mówi, że zwariowałem.

Małżeństwo Steinów rozpada się na początku lat dziewięćdziesiątych i Karol wraca do Polski. Znajomość z Barbarą wygasa, ale Tim wciąż zaprasza Karola do Nowego Jorku. W 2016 roku jest drużbą na kolejnym ślubie Steina.

Małgorzata Zajączkowska zaczyna w Stanach Zjednoczonych pracę aktorki jako Margaret Sophie Stein. Dostaje rolę w słynnym filmie *Wrogowie* Paula Mazursky'ego na podstawie powieści Isaaca Bashevisa Singera, soap operach i w *Strzałach na Broadwayu* w reżyserii Woody'ego Allena, ale liczba ról dla aktorek z obcym akcentem jest ograniczona. Wraca w 1999 roku. Zanim wyjedzie, pewien producent telewizyjny zapyta, czy nie zagrałaby roli Basi w serialu o Johnsonach. Zajączkowska lojalnie odmówi zagrania złej wdowy, a projekt upadnie. Kiedy ostatni raz rozmawia z Barbarą, pyta, co sprawiło, że w 1984 roku ona tak jej pomogła. Piasecka mówi, że podobał jej się Hanuszkiewicz i determinacja Małgorzaty. Widziała siebie z lat młodości.

Na opozycję. Warszawa – Nowy Jork, 1985

W sprawie pomocy dla Zofii Romaszewskiej, działaczki opozycji z Warszawy, członkini Komitetu Obrony Robotników, która wybiera się do Nowego Jorku, żeby zbierać fundusze na konspirację, do Barbary dzwoni Felicja Kranc[*] (o tym, jak należy zbierać pieniądze, Zofia dowiaduje się od Ireny Lasoty, emigrantki zaangażowanej w komitet Solidarity with Solidarity. Irena tłumaczy Zofii, że zwracanie się do fundacji charytatywnych jest w Ameryce powszechne i mniej krępujące).

Wkrótce Zofia Romaszewska może przyjechać do Jasnej Polany. Kilka miesięcy później przyjeżdża na stypendium jej córka Agnieszka.

Zofia Romaszewska:

– Kiedy przyjechałam, dni gospodyni upływały na przygotowaniach do procesu o majątek, spotykała się z adwokatami. Zachwycała się Niną Zagat, która była jej opoką. Przychodzili do niej również masażystka, fryzjerka i wróżka. Była ładnie ubraną, nauczoną wiedzy o sztuce osobą, chociaż z tego, jak się wyrażała, wnioskowałam, że jest kobietą prostą.

Chodziłyśmy na spacer po jej ogrodach. Podziwiałyśmy szopy pracze, które mieszkały na terenie jej posiadłości w ogromnej liczbie.

Opowiadała mi głównie o tym, jak kochała pana Johnsona. Mówiła, że nikt jej nie wierzy, a to prawda. Byłam doskonałym słuchaczem, bo nic o sprawie nie wiedziałam, nie miałam zdania. Dziś myślę, że podtrzymywała mit, w który sama uwierzyła.

---

* O tym, że dla Romaszewskiej potrzebna jest pomoc, informuje Felicję dziennikarka Joanna Kranc, którą o pomoc poprosi z kolei Józef Rybicki, legendarny współzałożyciel KOR.

Żeby się uwiarygodnić, opowiadała, że przyjaźni się z homoseksualistami: lekarzem z Nowego Jorku oraz jednym doradcą od sztuki. Dbała, żeby nie można jej było posądzić o romans. W Jasnej Polanie nie było śladu innego faceta. Nawet śladu po śladzie.

W moim przekonaniu była wciąż zakochana w Witoldzie Małcużyńskim. Kiedy o nim mówiła, zmieniał jej się wyraz twarzy. Jeden z najlepszych pokoi gościnnych nosił jego imię.

Chciała, żebym opowiedziała jej o Polsce. Słuchała z dużym zainteresowaniem. Mówiłam, że potrzebujemy pieniędzy na Solidarność, bo inaczej ruch zamrze. Myślę, że to ją fascynowało.

Nigdy nie przeszłyśmy na „ty". Byłam dość nastroszona, nie chciałam się zaprzyjaźniać, tylko zdobyć pieniądze na Solidarność.

Powiedziałam jej, czego potrzebujemy, a ona słuchała uważnie. Już podczas pierwszego spaceru oświadczyła mi, że da pieniądze. Na początek sto tysięcy dolarów. Pieniądze dotarły w 1986 roku przez fundację Ginetty Sagan. Filantropka Sagan mogła wywieźć większe pieniądze z USA. Te pieniądze pozwoliły nam pomóc bardzo wielu ludziom i prowadzić Komisję do spraw Interwencji i Praworządności NSZZ „Solidarność". Na moją prośbę pani Basia kupiła nam kilka samochodów: toyotę, duże renault, hyundaia i nissana. Wszystkie na ropę, o takie prosiliśmy. Mogliśmy wozić adwokatów na sprawy. Auta zostały przywiezione, gdy już byłam w Polsce.

Bez niej nas by nie było. Była najważniejszym fundatorem Komisji. Mogliśmy płacić ludziom za strajki, broniliśmy ich w sądzie. Wszyscy w opozycji zazdrościli nam, że udało nam się zdobyć pieniądze. O tym, że są to środki od Barbary, nie mówiliśmy głośno. Miałyśmy niepisaną umowę, że w kontekście pieniędzy jej nazwisko nie padnie.

Zwłaszcza że kiedy u niej mieszkałam, mnóstwo ludzi z Polski próbowało się do niej dostać. Dzwonili, pisali listy, czekali pod drzwiami.

Na koniec pani Barbara zapytała, co bym chciała dla siebie, a ja powiedziałam, że chciałabym nie mieszkać ze swoją córką. Byłyśmy z Agnieszką w dobrych relacjach, ale nie chciałam z nią mieszkać. Gdy wyszłam z więzienia, Agnieszka była już mężatką. Wszyscy mieszkaliśmy w jednym, trzypokojowym mieszkaniu. Potrzebowałam przestrzeni, źle się czułam z tyloma osobami. A nie było żadnych szans na mieszkanie dla Agnieszki.

I ona to mieszkanie dla Agnieszki ufundowała. Przysłała dwadzieścia tysięcy dolarów, co wystarczyło na mieszkanie i urządzenie go. Opłaciła też stypendium w Yale. Pożegnałyśmy się bardzo serdecznie, a mnie bezpieka już mocno pilnowała, żebym więcej nie dostała paszportu.

Na ubogą siostrzenicę. Jasna Polana, grudzień 1985

Na stypendystkę Agnieszkę Romaszewską czeka na lotnisku długa czarna limuzyna z barkiem i fantazyjnym oświetleniem. Zawozi ją do Princeton.

Barbara udostępnia bajkowy pokój Małcużyńskiego. Jest w nim fortepian, na ścianach Grottger, Wyczółkowski i portret pianisty. Na łóżku wielkie poduszki, batystowa pościel i puchowa kołdra.

Marmurowa łazienka ma podgrzewaną podłogę i pachnie w niej orchideami, które rosną w podłużnej donicy.

Agnieszka chce kupić kosmetyki, których nie można dostać w Polsce, więc następnego dnia gospodyni wzywa ochroniarza i we troje jadą na zakupy do taniego marketu, co Basi sprawia dużą radość. Idą, a za nimi ochroniarz pcha wózek.

Agnieszka Romaszewska:

– Mówiłam, że nie mam tuszu do rzęs. Ona na to: „Który chcesz?". Ja: „Ten". „A ten może?", wskazywała inny, po czym wrzucała do koszyka oba. Następnie: „A może weź to i tamto, przyda ci się", mówiła. Gdy chciałam cienie do powiek: „Tak, oczywiście. Bierzemy. Cztery". Sięgała po kremy nawilżające, mydła, szampony, odżywki, tuzin majtek bawełnianych i gumowy termofor.

Spacerowałyśmy z ochroniarzem, aż napełniła po brzegi wielki wózek. Widać było, że nie była w sklepie od wielu lat. Czułam się nieco skrępowana, bo wyglądało to dość śmiesznie.

Część z tych rzeczy zapakowałam później do dużego pudła i wysłałam szwagierce. Pani Basia była wyrozumiała: „Tak, do paczek i wysyłamy".

Agnieszka przyjeżdża przed Bożym Narodzeniem i pierwszą amerykańską Wigilię spędza w Jasnej Polanie.

Na kolacji poznaje Felicję Kranc, Halinę Rodzinską i jej syna Richarda oraz jego amerykańską żonę, doradcę do spraw dzieł sztuki Harry'ego Baileya i Grzegorza Górzyńskiego. Nie zjawia się brat Barbary Grzegorz, nie ma Beaty, bratanicy, córki najstarszego brata, Rocha, mimo że oboje mieszkają na terenie posiadłości. (O Piotrze, trzecim bracie, wyraża się chłodno. Ożenił się z dziewczyną o ciemnej karnacji. Barbara uważa, że to dla niego nieodpowiednie).

Służba ma wolne, więc Barbara sama nosi dania z kuchni.

Agnieszka:

– Potrawy były polskie, ale nie było świątecznej atmosfery. Choinkę kończyłyśmy ubierać przy gościach. Goście odchodzili od stołu, spacerowali, pani Basia nie wiedziała dokładnie, jakie dania zostawiła jej służba, myliła jej się kolejność potraw. Byłam strasznie samotna i czułam, że pani Basia też była samotna, mimo że zaprosiła gości.

Po świętach gospodyni wybiera się na sylwestra do Wiednia. Na bankiecie będzie George Soros. Agnieszka nie jedzie, ponieważ nie jest zadowolona ze swojego angielskiego.

Agnieszka:

– Wróciła zaraz po Nowym Roku i postanowiła zabrać mnie do Metropolitan Opera. Śpiewał Plácido Domingo. Żeby pójść do opery, musiałam mieć odpowiednią suknię, więc pani Basia zabrała mnie do garderoby. To były pomieszczenia w suterenie, ogromne pokoje, jak w teatrze: pałąki, które podjeżdżają i można przeglądać stroje. Wybrała dla mnie jedwabną suknię z ogromną spódnicą, ale dekolt był za duży. Otulałam się szalem przez cały wieczór.

Wtedy właśnie poznałam osobiście Plácido Domingo. Później przyjechał na obiad do Jasnej Polany. Jedliśmy we czworo. Pani Basia podkreślała, że to przyjaciel.

Barbara chce, żeby kilka miesięcy oczekiwania na letni sezon na uczelni Agnieszka spędziła w Jasnej Polanie. Agnieszka czuje, że Barbara bardzo zacieśnia relację.

Agnieszka:

– Lubiła oprowadzać mnie po swoim domu. Na kominku stały zdjęcia zmarłego męża. Opowiadała, że był miłością jej życia. W ogóle nie potrafiłam w to uwierzyć. Miałam dwadzieścia parę lat i dla mnie był staruszkiem. Pokazywała mi obrazy. „To kupiłam w Londynie, a to w Mediolanie".

Biblioteka i salon wypełnione były świetnymi obrazami. Znajdował się wśród nich jeden obraz Francisco Zurbarána, wspaniały, na którym święta Kasylda z Toledo, przyłapana na niesieniu chleba dla ubogich, zamienia go w kwiaty. Znany obraz, wisiał chyba przy schodach.

Kocham malarstwo i znam się na malarstwie, to było dla mnie wielkie przeżycie.

Śniadanie jadałyśmy w szlafrokach. Dostałam jeden: wspaniały, sięgający ziemi, z delikatnej wełny, wykończony niebieskim atłasem. Jeśli było chłodniej, zarzucałyśmy jeszcze szale na ramiona. Siedziałyśmy w pokoju-werandzie, do którego bezpośrednie wejście ze swojego domku miały psy pani Basi. Uwielbiałam nasze nasiadówki.

Rozmawiają dużo, ale na początku są to rozmowy jednostronne. Agnieszka boi się odzywać. Ma świadomość, że Barbara pomaga Solidarności, więc jeśli Agnieszka się narazi, filantropka może się wycofać.

Agnieszka:

– Była bardzo przejęta tym, co się działo w Polsce, ale nie mogła się dłużej skupić na rozmowie o kraju, jak zresztą chyba na żadnym innym temacie, z wyjątkiem samej siebie i złych ludzi, którzy na nią dybią.

Na szczęście tym, co ma do powiedzenia Agnieszka Romaszewska, Barbara interesuje się niewiele. Zaczyna traktować ją jak zależną od siebie ubogą dziewczynkę, którą ona musi wprowadzić w wielki świat.

Kanapki i termos. Nowy Jork, 1988

„Dziś pojedziemy coś kupić" – mówi pewnego dnia Barbara do Agnieszki. Okazuje się, że w planach jest wyjazd do domu aukcyjnego Sotheby's w Nowym Jorku. Pojedzie Basia, Agnieszka i Beata, która mieszka na terenie posiadłości w ceglanym domu nazwanym Beata's House.

Agnieszka Romaszewska:

– Poszłyśmy więc po Beatę. Kiedy weszłyśmy, pani Basia zobaczyła biblioteczkę, którą wcześniej podarowała Beacie i jej mężowi, i od razu się zdenerwowała: „Dlaczego to tu stoi? Tu nie wygląda dobrze, powinniście przestawić ją tam". „Ale, ciociu", próbuje protestować Beata. „Absolutnie, wygląda fatalnie". Beata i jej mąż wyglądali na przestraszonych. Pewnie przestawili tę biblioteczkę.

Limuzyna zawiozła nas na Manhattan. Weszłyśmy do domu aukcyjnego. Najpierw szła ona, my w peletonie. Wokół pani Basi kręcił się tłum marszandów, z których każdy chciał jej coś sprzedać. Przedstawiała nas obie jako siostrzenice. Sytuacja była dla mnie niekomfortowa. W oczach Beaty widać było niepewność. Pewnie wiedziała, że ciocia Basia może wszystko zrobić. Wydziedziczyć, przepisać majątek, nawet jakiejś przybłędzie. To moja hipoteza, ale miałam takie wrażenie.

Wędrowałyśmy więc przez tę galerię, a ona dopytywała nas: „A jak myślicie, to ładne? Jak ładne, to kupuję". Marszandzi notowali.

Kupiła prezent dla swojego przyjaciela Harry'ego Baileya. Wypatrywała dla niego męskich aktów. „To będzie dla Harry'ego", mówiła. O ile pamiętam, był to szkic ołówkowy Rafaela.

Tamtego dnia, gdy byłyśmy w Sotheby's, wyszłyśmy z aukcji zmęczone i głodne. Myślałam, że pójdziemy do restauracji, i byłam tego strasznie ciekawa „Nie, nie będziemy nigdzie chodzić. Nie wiadomo, co tam dają", powiedziała pani Basia. Zostałyśmy w limuzynie, zaparkowanej chyba przy Piątej Alei. Pani Basia wyciągnęła termos i kanapki. Wyjęła je z papieru, wręczyła nam i wzięła dla siebie. Jadłyśmy, popijając herbatą. To była jedna z najdziwniejszych scen w moim życiu. To musiał być taki kaprys, bo przecież musiała jadać w restauracjach.

Loki od pani Krysi. Princeton, marzec 1986

Agnieszka Romaszewska obserwuje swoją dobrodziejkę z coraz większym zdziwieniem. Nie chodzi do żadnego amerykańskiego fryzjera. Ufa tylko pani Krysi, emigrantce, która pracuje w zakładzie w Princeton. Pani Krysia przyjeżdża do pałacu układać pani Basi loki. Barbara uważa, że żaden amerykański fryzjer nie wie, jak porządnie uczesać kobietę. Unika też amerykańskiego jedzenia, bo uważa, że jest plastikowe. Je to, co zostało wyhodowane w jej posiadłości: kury, warzywa, owoce. Na śniadanie musli. Agnieszka nie ma pojęcia, co to jest.

Jest zależna od humoru gospodyni. Kiedy pyta, czy może zwiedzić Princeton, Barbara mówi, że na uniwersytecie nie ma nic do oglądania.

Agnieszka Romaszewska:

– Nie miałam samochodu, żeby dostać się tam z Jasnej Polany, musiałabym przejść kilka kilometrów. Nawet nie wiedziałabym, w którą iść stronę. W efekcie nigdy nie byłam w Princeton.

Dziwi ją, jak bardzo Barbara nie ufa ludziom. Boi się, że mężczyźni uwodzą ją wyłącznie dla pieniędzy. Dla bezpieczeństwa otacza się mężczyznami o orientacji homoseksualnej.

Agnieszka:

– Z drugiej strony wiedziała, jaką władzę dają pieniądze i jak wiele ktoś, kto ich pragnie, może znieść. Petentom rozdawała pieniądze w mojej obecności, nie zważając, jak zakłopotani mogą się czuć. Wielu mnie przez to znielubiło. Czy chciała się przede mną pokazać, czy przed nimi? Nie wiem. Ale nawet ja, dwudziestoparolatka, zauważałam, że ona nie panuje nad rzeczywistością. Robiła byle jakie notatki w notesiku – gdzie przekazać pięćdziesiąt tysięcy, gdzie sto tysięcy dolarów. Brała długopis i bazgrała. Niesamowicie chaotyczna.

Pakowanie. Jasna Polana, marzec 1986

Agnieszka Romaszewska:

– Kiedy miałam wyjechać na uczelnię, pani Basia zaczęła kompletować dla mnie wyprawkę. Wyciągnęła ogromne kufry, te, z którymi podróżowała do Europy. Zdejmowała z wieszaków ciuchy i ładowała do kufrów. Wśród nich między innymi szary kostium Ungaro z czarnym aksamitnym kołnierzem, czarna sukienka Chanel z białym kołnierzykiem, jakieś kaszmirowe szale tak cienkie, że dawały się przepleść przez pierścionek. Co widziała, to mi dawała. Do tej pory mam aksamitne futerały na kapcie i buty po panu Johnsonie i ich używam. Część sprzedałam, gdy pani Basia mnie „wyklęła" i brakowało mi pieniędzy.

Byłam tym pakowaniem przejęta i zażenowana. Myślałam: z tymi kuframi będę wyglądać w akademiku jak kompletna idiotka. Usiłowałam ją przekonać, żeby mi tyle nie dawała. „E tam, postawisz sobie w pokoju. Nie ma problemu", ucięła rozmowę.

Traktowała mnie coraz bardziej jak ostra ciotka. Na koniec sprawdzała, czy mam ciepłe majtki. „Musisz", mówiła i zaglądała mi pod spódnicę. No i pojechałam.

Do New Haven zawiózł mnie Marek, mąż Beaty. Zaczęłam nowy etap życia. Nie wiedziałam, że wkrótce już bez pani Barbary.

Na opresje stanu wojennego. Princeton – San Francisco, 1986–1987

Mariusz Hamera jest współpracownikiem Zbigniewa Romaszewskiego w Instytucie Fizyki PAN i szefuje instytutowej Solidarności. W listopadzie 1986 roku jedzie na półroczny staż do Berkeley, ale Boże Narodzenie spędza u przyjaciół w Princeton.

Wie, że w pobliżu zatrzymała się Agnieszka Romaszewska. Dzwoni do Jasnej Polany i zostaje zaproszony na lunch.

Mariusz Hamera:

– Zabrałem ze sobą dokumentację represji stanu wojennego. Robiłem z kolegą filmy i zdjęcia, które tajną drogą przesłaliśmy przez Europę Zachodnią do USA. Materiały pokazałem pani Barbarze. Była tym zainteresowana. Jako jedna z nielicznych osób z Polski posiadających pieniądze była naturalną antykomunistką. To było dla mnie oczywiste, bo jej rodzina pochodziła z Kresów zabranych przez Sowietów.

Na początku byłem bardzo sztywny, więc rozmowa nieszczególnie się kleiła. Ale posiedzieliśmy przy stole, napiliśmy się wina i zrobiło się znacznie luźniej. Miała jakieś sprawy na Manhattanie, więc wezwała kierowcę i odwiozła mnie do Princeton. Siedzieliśmy z tyłu auta, a ona opowiadała anegdoty. Jedna była o sukni od Diora. „Dałam za nią sześć tysięcy dolców, wchodzę na przyjęcie, a tam druga kobieta ma dokładnie taką samą", opowiadała. Zadzwoniła w tej sprawie do sklepu do Paryża z awanturą, że sprzedali jeszcze komuś taką samą sukienkę. Pomyślałem: strasznie równa kobita. Zaprosiła mnie nawet na bożonarodzeniową kolację, w sumie spotkaliśmy się cztery razy.

Kilka miesięcy potem Barbara przywozi Agnieszkę do Stanford w Kalifornii. Agnieszka odbiera przyznaną jej rodzicom nagrodę Aurora Foundation. Barbara zjawia się z wyróżniającym się w tłumie gorylem.

Mariusz Hamera:

– Nie wiem, jakiej był narodowości, bo się nie odzywał. Był starszym facetem w czarnej koszuli, czarnym kapeluszu i w czarnych skórzanych rękawiczkach. Wyglądali jak z mafii.

Potem się okazało, że Barbara przyjeżdża do Kalifornii na święta wielkanocne.

Mariusz Hamera:

– Zadzwoniła do mnie i zaprosiła mnie na śniadanie wielkanocne do siebie, do hotelu Bel Air w Los Angeles. Nie miałem planów, więc przyleciałem porannym samolotem z San Francisco. Byłem na miejscu około dziewiątej rano. Pod hotel podjechałem zdezelowaną taksówką, ochroniarze próbowali mnie stamtąd przepędzić. Dopiero kiedy powiedziałem, do kogo przyjechałem, potraktowali mnie z szacunkiem.

Przyjęła mnie w różowej sukience, która podkreślała kolor jej błękitnych oczu. Była bardzo miła. Na wstępie zapytała, ile kosztował bilet, wyciągnęła z torebki pieniądze i rozliczyła się ze mną co do centa. Nie przyjmowała odmowy. Zapowiedziała, że w ciągu dnia będzie musiała pojechać do szpitala odwiedzić przyjaciela Michaela Yorka.

To był drogi apartament z salonem i dwiema sypialniami. Czekała wystawna karta dań, ale Piasecka poprosiła kelnera, żeby przyniósł jej kuchenkę gazową, bo chce samodzielnie ugotować żur na śniadanie wielkanocne. Kelner zdębiał, ale przyniósł co trzeba. „Do picia niestety wzięłam tylko dom pérignion", powiedziała. Dwie butelki chłodziły się w lodówce. Miała ze sobą w walizce wędliny: ze dwadzieścia kilo szynki, boczku i kiełbasy. Powiedziała, że zamówiła to u najlepszych wędliniarzy w Ameryce.

Zaczęła gotować ten żurek. Ona mieszała, ja siedziałem i zabawiałem ją rozmową. Szampana zaczęliśmy pić o poranku, po butelce na głowę. Wiedziała, że do żurku szampan to nieporozumienie, ale powiedziała, że wybrała go, bo miał czerwono-białą etykietę, a chciała, by wszystko tego dnia miało polski akcent.

Kiedy wróciła od Yorka, rozmawialiśmy na tematy polityczne. Sprawiała wrażenie, jakby nie miała żadnej wiedzy o zmianach, które się wykluwały.

Chciała ufundować dla mnie stypendium, ale powiedziałem, że wracam do Polski.

Dwa lata później, gdy ona sama zaczęła przyjeżdżać do kraju, napisałem do niej kartkę z zaproszeniem na obiad w ramach rewanżu za spotkanie w Bel Air. Asystentka powiedziała, że pani Johnson nie ma czasu.

Na opozycyjną legendę. Princeton, 1987

Opozycjonista Leszek Moczulski, założyciel Konfederacji Polski Niepodległej, powstałej w 1979 roku pierwszej niekomunistycznej partii politycznej, wychodzi z więzienia w 1986 roku z ciężką chorobą serca. Wyleczony, z paszportem (jesienią tego roku władze rozluźniają politykę wyjazdową), rusza wraz z żoną na Zachód na zaproszenie działaczy rządu emigracyjnego. Spotyka się z Polakami w Paryżu i Londynie. Witają go spragnieni wiadomości emigranci. Moczulski jest legendą podziemia, pierwszą osobą, która przedstawia się jako emisariusz z walczącego kraju, z otwartą przyłbicą przemawia w polskich klubach i świetlicach i nie boi się powiedzieć publicznie, że przewiduje szybki upadek ZSRR. *Tournée* Moczulskiego to pasmo frekwencyjnych sukcesów, ale większość słuchaczy uważa, że słowa Moczulskiego o upadku ZSRR są nieodpowiedzialne i szalone.

Leszek Moczulski:

– O tym, że pani Johnson pomaga opozycji, dowiedziałem się w Londynie od prezydenta RP na uchodźstwie Kazimierza Sabbata. Podczas obiadu prezydent poprosił mnie na chwilę do osobnego pokoju i powiedział szeptem, że w Princeton urzęduje Polka mająca kontakty, pomagająca opozycji *incognito* ze względu na zagrożenie ze strony KGB, o którym jest przekonana.

Następnym etapem podróży Moczulskich jest Ameryka. Informację o tajemniczej Polce potwierdza szef Kongresu Polonii Amerykańskiej i pyta, czy chcą tę panią odwiedzić. Oczywiście chcą.

Moczulscy są zachwyceni rezydencją, a kiedy Leszek opowiada pani Johnson o rychłym upadku ZSRR, Barbara nie puka się w głowę. Jest zachwycona ogładą i manierami Moczulskiego i jego żony. Różnią się od lokalnych, skrajnych i skłonnych podpalać wszystko nowojorskich polonijnych działaczy KPN, których strach by było wpuścić do pałacu.

Z podróży po Stanach Moczulscy przywożą kilka tysięcy dolarów. Nie pytają o innych beneficjentów, ponieważ gospodyni podkreśla, że musi konspirować.

Zofia Romaszewska jest zdania, że w połowie lat osiemdziesiątych Barbara nie panuje nad swoim majątkiem. Wydaje, wydaje, wydaje. Wszystko osnute mgłą tajemnicy, ponieważ ma obsesję na punkcie KGB. Ale w 1987 roku zatrudnia asystentkę, która ma pomóc zorientować się w potrzebach ojczyzny.

Pomoc logistyczna. Fifth Avenue, 1987

George Kranc, inżynier, profesor Uniwersytetu Nowojorskiego, odsłuchuje automatyczną sekretarkę. Nagrywa się nieznajoma kobieta, która zacinając się, tłumaczy, że chce się umówić na spotkanie z jego żoną Joanną.

Joanna Kranc wyjeżdża z Warszawy jeszcze przed 1968 rokiem. Ma amerykański paszport, przeprowadza dla telewizji CBS wywiady z polskimi dysydentami. Rozmawia przede wszystkim z Polakami, którzy po wprowadzeniu stanu wojennego znaleźli się na Zachodzie. Zna redaktorów paryskiej „Kultury", działaczy polskiego Londynu i monachijskiej redakcji Radia Wolna Europa. Dzięki amerykańskiemu paszportowi przywozi do Polski zakazane książki i organizuje przerzut sprzętu telewizyjnego, który CBS przekazuje dla działaczy polskiego podziemia.

Kiedy George pyta żonę, czy zamawiała sprzątanie, telefon dzwoni ponownie. Tym razem telefonująca się przedstawia. Milionerka Barbara Piasecka Johnson zaprasza Joannę na lunch do Jasnej Polany.

– Nie miałam pojęcia, w czym się jej mogę przydać – mówi Joanna Kranc.

Prosi więc o czas do namysłu i dzwoni po radę do Felicji Kranc, dalekiej krewnej męża, dobrej znajomej Barbary. Dowiaduje się, że Barbara ma plan uczynienia z Joanny osobistej konsultantki do spraw pomocy Polakom z opozycji. Trzeba tylko omówić warunki.

W Jasnej Polanie Barbara mówi podniośle. Chce, żeby Polska wstała z kolan.

Joanna ma dostarczać Barbarze raporty o działaniach opozycji. Informować, jakie grupy i organizacje zasługują na pomoc. Którzy artyści i literaci. Ma weryfikować tony listów z prośbami o pieniądze, które codziennie spływają do biura.

Pierwsza misja to Paryż. Na rzecz opozycji demokratycznej działają tam organizacje dofinansowywane między innymi przez Fundację Rockefellera. To nazwisko od zawsze drażni Barbarę.

„Czy pani naprawdę wierzy w te plotki, że oni mają takie wielkie pieniądze?" – pyta Joannę.

Joanna słyszy, że trzeba dokonać czegoś, co będzie spektakularne w uwalnianiu Polski spod sowieckiego buta, a nie tylko zadowalać się wypłacaniem pieniędzy przez amerykańskie fundacje. Rozmawia więc z polskimi organizacjami w Paryżu, Londynie, Monachium i Warszawie. Ma wspierać główny opozycyjny nurt polityczny, ale problem w tym, że jeszcze go nie ma. Podziemie jest ze sobą skonfliktowane. Dawni założyciele KOR-u kłócą się z założycielami ROPCiO, Solidarność jest uśpiona. Joanna poleca Solidarność Walczącą. Ujmuje ją jej zagubiony, lecz niezłomny lider Kornel Morawiecki.

Z pustymi rękami nie odchodzi nigdy schorowany działacz podziemia Jerzy Targalski. Jest jednym z ulubionych beneficjentów Barbary, która chce, by leczył się w dobrych zachodnich klinikach. Targalski twierdzi, że rewolucja jest ważniejsza niż jego zdrowie, ale nie odmawia. Przekazywanie opozycjonistom gotówki wygląda czasami tak.

Grzegorz Górzyński:

– Byliśmy z Basią w hotelu Ritz, kiedy Targalski podszedł do nas i przedstawił swoje problemy. Basia powiedziała mi, że pan Targalski musi jechać do Londynu leczyć nerki, a ona nie ma przy sobie gotówki. Pożyczyła ode mnie pięćset dolarów i włożyła do ręki Targalskiemu.

Dla działacza Solidarności Czesława Bieleckiego Joanna Kranc negocjuje stypendium i udostępnienie pustego nowojorskiego mieszkania Barbary. Udaje się umieścić działacza w kwaterze, ale jest on dla Barbary zbyt *flamboyant*.

Pisarzowi Michałowi Komarowi Barbara przyznaje tysiąc pięćset dolarów stypendium na napisanie książki. Jest zachwycona, kiedy wdzięczny beneficjent przysyła kwiaty.

Robert Kostrzewa dostaje dwadzieścia tysięcy dolarów na opracowanie antologii paryskiej „Kultury".

Do Joanny zaczynają dzwonić zatroskani doradcy, wskazując kierunek, w jakim powinny płynąć pieniądze.

Na przykład Zbigniew Brzeziński, który boi się nieracjonalnych wyborów. Fortuna Piaseckiej może być zbawienna, ale też groźna, jeśli zostanie przekazana niewłaściwym siłom w kraju. Brzeziński chce doradzać Barbarze. Joanna jednak nie wspomina o telefonie Brzezińskiego, bo wie, że milionerka nie cierpi byłego doradcy Jimmy'ego Cartera, który sympatyzuje z Nowakiem-Jeziorańskim. A Barbara nie cierpi też Nowaka. I wolałaby, żeby nie zajmował wysokiej pozycji w podziemnym życiu politycznym. Co więcej, narzekanie na Nowaka jest dobrym sposobem na hojność Barbary.

Jeden z amerykańskich pracowników fundacji mówi Joannie z zakłopotaniem, że woli, gdy do Jasnej Polany w sprawie wsparcia wolności w Polsce przyjeżdżają polscy duchowni. Mówią wprost, w jakiej sprawie przyjechali, ile potrzebują, a gdy dostają pieniądze, odjeżdżają i sprawa załatwiona. Działacze podziemia kluczą, przychodzą kilka razy, piszą listy pełne aluzji i nigdy nie są usatysfakcjonowani.

Podziemna filantropia Barbary Piaseckiej Johnson staje się dla niej prawdziwym problemem kilka lat później, kiedy John Fox, zwolniony szef fundacji, wystosuje nieprzyjemny list, w którym zasugeruje, że wyjawienie amerykańskiemu urzędowi podatkowemu nielegalnego wywozu pieniędzy za granicę może poskutkować przykrymi konsekwencjami karnymi.

Barbara nie zostaje zadenuncjowana przez byłego dyrektora, ale w 1990 roku zwalnia Joannę.

Ile kosztuje jedno jajko? Jasna Polana, 1986

W Stanach Zjednoczonych mieszka od lat bliska przyjaciółka Romaszewskiej Martyna, która wychodzi za mąż za amerykańskiego dziennikarza Johna Foxa. Przedstawiony Barbarze przez Zofię Romaszewską, znakomicie poinformowany o polskich sprawach John awansuje na szefa jej fundacji. Barbara jest zachwycona Foxem, mówi: „Jaki on cudowny", zleca mu coraz to nowe zadania. Fox ma na przykład zarządzać gospodarstwem.

Kiedy zatrudnia swojego księgowego, okazuje się, że wyprodukowanie jednego jajka w Polanie kosztuje cztery dolary. Gdy John ujawnia niegospodarność, staje się wrogiem numer jeden – głównie zatrudnionych tam Polaków. Agnieszka rozumie, że boją się zwolnień.

Agnieszka Romaszewska:

– Podobno pewnego dnia rozbili komputer, na którym pracował księgowy Foxa. Uznali, że niepotrzebnie liczy. Na Foxa poszły potem liczne donosy. Pani Basia okrutnie się z nim pokłóciła. Uznała, że podważa jej biznesowy autorytet. Nie tolerowała takiego zachowania. Powiedziała, że działa na jej szkodę, jest przeciwko niej, że oszukuje.

John Fox ze wspaniałego pracownika, który miał pilnować jej spraw, wyrósł na największego wroga. Nie chciała słuchać jego wyjaśnień. Wrzeszczała na niego, nie było rozmowy. Wytoczył jej proces za bezprawne zwolnienie z pracy i wygrał. Kupił sobie dom w Georgetown w Waszyngtonie.

Martyna była dla mnie wielkim wsparciem, tłumaczyła na angielski moją pierwszą studencką pracę. Znałyśmy się od siódmego roku życia, teraz Foxowie mieszkali w New Haven, a Martyna studiowała na Yale. Tymczasem na fali nienawiści do Foxa pani Basia zakazała mi spotykać się z Martyną. „To są zdrajcy – mówiła. – Nie masz prawa".

Zdrada. Maj 1986

Agnieszka Romaszewska:

– Ktoś doniósł, że jednak spotykam się z Martyną. Pani Basia uznała mnie za zdrajczynię. Okazało się to dość nagle. Kończyłam pierwszy rok, chciałam z nią uzgodnić, co robić w czasie wakacji. Kiedy zadzwoniłam, powiedziała: „Nie masz już stypendium. Wracaj do Polski". Nie było żadnej rozmowy. „Wszystko skończone. Nie chcę cię znać", dodała. Zasugerowała jeszcze, że Marek, gdy mnie odwoził, za późno wrócił. To były żenujące insynuacje. Nigdy więcej nie rozmawiałyśmy.

Zielony kufer. Warszawa, 2016

Po 1989 roku Zofia Romaszewska zostaje dyrektorem Biura Interwencji Kancelarii Senatu, potem sędzią Trybunału Stanu. Jej mąż Zbigniew bierze udział w obradach Okrągłego Stołu, jest wieloletnim senatorem, przez cztery lata wicemarszałkiem Senatu. Umiera w 2014 roku.

Zofia nie rozumie, dlaczego po 1989 roku Barbara nigdy się nie skontaktowała z jej rodziną.

Zofia Romaszewska:

– Nie odpowiedziała na list mojego męża Zbyszka, w którym napisał, że bardzo jest jej wdzięczny i żeby się nie przejmowała tym, co zrobiła naszej córce. Może miała wyrzuty sumienia?

W latach dziewięćdziesiątych starałam się o przyznanie jej odznaczenia państwowego za pomoc opozycji. Nie udało się. Widocznie posiadano na jej temat wiedzę, mnie niedostępną, z której wynikało, że jest niegodna.

Zofia docenia, że prócz gotówki, samochodu, mieszkania i stypendium dla córki Barbara ubrała ją od stóp do głów.

Zofia Romaszewska:

– Gdy wyjeżdżałam do Polski, dostałam od niej kożuch po jej matce. Nigdy nie miałam takiego wspaniałego, długo w nim chodziłam. Potem dałam go jeszcze mojej sprzątającej pani. Przepiękny, hiszpański, w najlepszym gatunku. Dostałam stosy ubrań, głównie jej własnych, i wspaniałą skórzaną walizeczkę, której do niedawna używałam. Do tej pory mam też worek od niej, w który zapakowałam część ubrań. Noszę w nim rzeczy do pralni.

Potem przysyłała nam jeszcze paczki z przedziwnymi rzeczami. Raz trzy pary białych skórzanych ocieplanych rękawiczek, nie wiedzieliśmy, do czego ich używać. Mam wciąż po niej bransoletkę srebrną z niebieskimi kamieniami. Ładna, ponadczasowa, można by dziś założyć. Ale trudno o stosowną okazję.

Agnieszka Romaszewska jest szefową kanału Biełsat TV w Telewizji Polskiej. Też przechowuje prezenty. O Barbarze przypomina jej zielony okuty kufer, który stoi w przedpokoju. Długi szlafrok się zużył.

– Dzięki pani Basi zrozumiałam, że świat jest o wiele dziwniejszy, niż to może się wydawać na pierwszy rzut oka. A najbardziej zdumiewające i pasjonujące opowieści o ludziach są prawdziwe – mówi.

Z własnej inicjatywy. Warszawa, 1988

Jerzy Duda, budowniczy:

– Sama wykazywała się wspaniałą inicjatywą. Pamiętam, jak przyleciała do Warszawy samolotem wypełnionym pomarańczami z jej gajów na Florydzie. Te cytrusy trafiały do domów dziecka i domów spokojnej starości. Zapewniam panią, że nieraz leciała z cytrusami. Nikt teraz o tym nie pamięta.

Na nową Polskę. Nowy Jork – Buffalo, NY, 1990

Po 1989 roku Jasną Polanę odwiedzają nowo mianowani polscy urzędnicy. Polska milionerka jest naturalnym sprzymierzeńcem nowych władz. Społeczna Fundacja Solidarności dostaje milion dolarów, dzięki którym można zacząć budować społeczną służbę zdrowia. W 1990 roku wydawca „Nowego Dziennika" Bolesław Wierzbiański przedstawia Barbarze Izabellę Cywińską, pierwszą niekomunistyczną minister kultury, będącą z wizytą w Stanach Zjednoczonych.

Barbara jest, jak zwykle, zafascynowana nową znajomą. Zaprasza Cywińską do siebie na kilkudniowy pobyt. Izabella Cywińska ma plan, by namówić bogatych Polonusów do kupowania zrujnowanych zamków, posiadłości i pałaców na Ziemiach Odzyskanych, ponieważ Polaków w żaden sposób nie stać na restaurowanie zabytków. Barbara przyjmuje Cywińską z honorami i wykonuje kilka telefonów. Nazajutrz wsiadają do samolotu i lecą do Buffalo w stanie Nowy Jork. Buffalo to drugie po Chicago skupisko Polaków w Stanach Zjednoczonych. Podczas uroczystego obiadu pani minister ściska rękę kilkunastu majętnych rodaków. Niektórzy wsuwają jej pięciodolarowy banknot do kieszeni, ale pomysł na szersze dofinansowanie kultury przez Polonię w Buffalo okazuje się niewypałem. Cywińska i Piasecka Johnson wracają do Princeton.

Kilka dni później gospodyni organizuje uroczysty obiad w salonie ozdobionym na tę okazję wyselekcjonowanymi obrazami z XVII i XVIII wieku. Wszystkie muszą przedstawiać mięso i warzywa. Nowa minister jest oszołomiona. Na zakończenie kolacji Barbara wygłasza uroczyste oświadczenie o niechybnej współpracy kulturalnej.

Pobyt Cywińskiej kończy się kolejnym uroczystym obiadem. Zaproszeni są Jerzy Kosiński z żoną, skrzypaczka Hanna Lachert i jeszcze kilkanaście osób.

Izabella Cywińska:

– Siedziałam obok Franca Zeffirellego i dobrze się bawiliśmy. Pod koniec, mocno wstawieni, robiliśmy zakłady, kto zje więcej kwiatów z wazonów ustawionych na stole.

Cywińska spotyka potem Basię w Warszawie, na przyjęciu w hotelu Victoria.

– Nie byłam już ministrem i Basia już ze mną nie rozmawiała – wspomina.

Joanna Kranc. Manhattan, listopad 2014

Dwa miesiące wcześniej zmarł mąż Joanny Kranc George i Joanna wyprowadza się do Polski ze swojego mieszkania przy Piątej Alei i 9. Ulicy. Nowi właściciele nie ustają bowiem w próbach zmuszenia do wyprowadzki lokatorów, których niski czynsz został zagwarantowany kilkadziesiąt lat wcześniej. Odnoszą sukces: Joanna nie wytrzymuje nagabywania i telefonów od administratora budynku. Kiedy pytam o pracę w fundacji, jej podsumowanie jest gorzkie.

Joanna Kranc:

– Widziałam, że ludzie z otoczenia pani Basi naciągali ją nieustannie. Chwalili się tym w prywatnych rozmowach, że ich opłacane przez nią doktoraty to fikcja, stypendia nie są przeznaczane na naukę, że kupują sobie samochody.

Wstydziłam się, że pieniądze przepływają w próżnię, więc gdziekolwiek jeździłam, spałam w najtańszych hotelach albo na własny koszt. Pani Basia płaciła mi nieregularnie. Raz przysyłała gońca z pięcioma tysiącami dolarów, potem przez pół roku nie dostawałam nic. Mąż śmiał się ze mnie, że nie potrafię upomnieć się o pensję.

Miewałam wpadki, źle oceniałam ludzi. Ale miałam swoje małe sukcesy. Zobaczyłam, w jakich warunkach mieszkają Polacy, którzy musieli opuścić kraj po stanie wojennym. Komitet Solidarności nie był w stanie wszystkim pomóc, gnieździli się pod miastem w obskurnych budynkach. Karmieni, ale z powodu nieznajomości języka bez perspektyw. Zwróciłam uwagę pani Barbary na ich potrzeby.

Było mi przykro, że większość beneficjentów nie wpadła na to, by jakkolwiek rozliczyć się z przekazanych im pieniędzy. Często mówili, że nie wszystko się udało kupić. Jeden z opozycjonistów powiedział, że we Francji okradziono go, gdy spał w polskiej parafii. Kiedy się skarżyłam panu Józefowi Rybickiemu, współzałożycielowi KOR, tłumaczył, że niestety taki jest mechanizm, który obserwuje: ktoś bierze pięćdziesiąt złotych, ale mu jeszcze brakuje, więc przepuszcza te pięćdziesiąt na inne sprawy. Zaraz znów pożycza, ale już sto pięćdziesiąt. I za chwilę jest winien pięć tysięcy, których w żaden sposób nie może oddać. Pełna dezynwoltura.

Joanna pamięta obiad na cześć minister Cywińskiej, a zwłaszcza obłudę Jerzego Kosińskiego, który przed panią Basią wygłosił oświadczenie, że bez polskiej kultury żaden Żyd właściwie nie mógłby funkcjonować.

– Za wszelką cenę chciał, żeby pani Piasecka go polubiła, choć karierę zbudował na niechęci do Polaków. Franco Zeffirelli i jego narzeczony siedzieli oniemiali z zażenowania. Wiedziałam, że muszę odejść.

Na rympał. Nowy Jork, 1991

W marcu 1991 roku Lech Majewski, reżyser, od dziesięciu lat przebywający w Stanach Zjednoczonych, odbiera zaproszenie na przyjęcie w polskim konsulacie przy Madison Avenue. Okazją jest uroczyste spotkanie z nowym prezydentem polski Lechem Wałęsą. W przyjęciu uczestniczą ważni nowojorscy Polacy. Między innymi Barbara. Spotkanie robi wrażenie na Lechu Majewskim, więc po powrocie pisze o nim felieton.

„Pełno chłopskich twarzy. Ponad muszkami i żabotami, które wylewają się spod ciasnych fraków. (...) Tłum. Mało żon. Zamawiam drinka w barze i siadam w bocznej sali. Za chwilę bar oblega spora grupa księży bratających się z ortodoksyjnymi Żydami. Bratają się w westybulu przy dekoracyjnej klatce schodowej. Ponieważ nie cierpię tłoku, wracam do baru, zamawiam drinka i czekam.

Głośniki chrząknęły, mikrofon zaskowyczał i słyszę głos konsula Jerzego Surdykowskiego zapowiadający prezydenta Wałęsę, który wręczy Krzyż Virtuti Militari kardynałowi Królowi. Plecy ścieśniają się. Swojski, przaśny głos prezydenta rozlega się pod rokokowym sufitem konsulatu. Zachwala »Polskie«, po czym zwraca się do kardynała w te słowa: »Wręczam panu ten medal za wszystkie zasługi, jakie pan poniósł dla naszego ukochanego kraju«. Po chwili ciszy Lech się poprawia: »Przepraszam, że zwracam się do pana *per* pan, ja, taki katolik, powinienem lepiej wiedzieć, ale sądzę, że zostanie mi to wybaczone«. Starczy, drżący głos kardynała szepcze do mikrofonu: »Dziękuję, panie prezesie«, i – jak na komendę – ściana zbitych wyfraczonych pleców pęka i kilku najmniej cierpliwych rzuca się przez salę do suto zastawionego stołu, orlim wzrokiem wypatrując kawioru.

Tłum się rozstępuje i zza niego wyłania się prezydent, który energicznie zalicza las ściskających jego dłoń dłoni, przesuwając się w kierunku stołu. Niektórzy próbują przewidzieć jego następny ruch i ustawić się tak, by kiedy prezydent podejdzie, załapać się na zdjęcie, by już po wszystkim, powiększone, powiesić na ścianie biura lub domu. Wkrótce nic już nie mogę dostrzec, bowiem kurtyna wyfraczonych pleców zamyka się tuż przede mną. Wstaję więc i ruszam do przeciwległej sali. Mijając westybul, zauważam starca w wózku inwalidzkim. Drzemie zgarbiony, a jego podbródek spoczywa na błękitnej wstędze. To kardynał Król.

W końcu Wałęsa znika, a rozentuzjazmowani fotografowie robią zdjęcia wszystkim i wszystkiemu. Rozmawiam z polskim astronomem z Princeton, poznaję szefa Dywizjonu 303, po czym Janusz Kapusta, na niezłym gazie, przedstawia mnie Barbarze Piaseckiej Johnson. »Basiu – krzyczy – to jest jedyny człowiek w tym towarzystwie, który nie chce od ciebie pieniędzy«. Pani Basia chichocze, ściska Janusza i odkrzykuje: »Ja pana tak lubię, panie Kapusta«, po czym bierze mnie pod rękę i siadamy razem w rzędzie rokokowych krzeseł pod ścianą.

Zaczynamy rozmowę o niczym, lecz nie upływają dwie minuty, gdy u jej nóg wyrasta nowa ściana, tym razem czerwonych, zapijaczonych gęb w wieku podeszłym i z worami pod oczami. Rozbawieni panowie klęczą, wywalają zbielałe jęzory, oblizują się lubieżnie i jęczą: »Pani Basieńko, Basieńko cudowna, pani jest najlepszą kobietą na świecie. O cudowna, dziewuszko, Basieńko, opowiedzieć ci kawał? Znasz ten o doktorze i żabie na głowie. Nie? To słuchaj...«. I cha, cha, chi, girlandy śmiechu, i buty Basieńki wylizane do połysku, i Janusz z drinkami krzyczący: »Co się tak płaszczycie na kolanach przed forsą?«. I znowu dowcipy, wciąż na kolanach, i pański głos Basieńki przerywający figle i igraszki: »A czytaliście wstęp, który napisałam do ekspozycji moich zbiorów malarstwa w Warszawie?«.

Cisza. Jak makiem zasiał. Panika. Nikt nie czytał. »A na temat polskiej sytuacji w grudniu dziewięćdziesiątego roku?« – dobija już pokonanych. Cisza staje się nie do zniesienia. »No to g... wiecie« – krzyczy tryumfalnie. Panowie protestują i zapewniają, że owszem, to świństwo, iż nie znają wstępu do katalogu wystawy jej zbiorów ani tekstu o sytuacji w Polsce, ale niemniej jednak to i owo wiedzą. Na przykład, że trzeba by się jeszcze napić. I leją się drinki za zdrowie i pomyślność cudownej, jedynej, najwspanialszej, najrówniejszej, najlepszej, najbliższej, najukochańszej i najpiękniejszej Basieńki"[43].

Mariusz Hamera:

– Chyba nie ma w Polsce opozycyjnych bohaterów, których nie finansowała. Ale nie miała wielkiego szczęścia do ludzi podziemia. Wybór osób, które w Polsce wspomagała, nie zawsze był właściwy, ale wtedy skąd było można wiedzieć? O tym, kto był agentem, dowiedzieliśmy się dużo później.

OPUS MAGNUM

Richard Rodzinski:

– Uwielbiałem patrzeć, jak ogląda swoje obrazy: dotyka, uśmiecha się, zmienia rozkład na ścianach, żyje z nimi. Jeśli chciała Caravaggia, to konkretny obraz, a nie taki, który jest na rynku. Czasem oczywiście kupowała kompulsywnie.

Ma zaufanie do doradców z Polski. W Nowym Jorku doradza jej Zbigniew Legutko, osiadły na Greenpoincie marszand z Krakowa. Dzięki Legutce do jej kolekcji trafiają dziewiętnastowieczni malarze polscy, przede wszystkim Michałowski.

W Londynie zagląda do Andrzeja Ciechanowieckiego, który uważa, że w odróżnieniu od wielu innych bogatych i ambitnych potrafi profesjonalnie wybrać obraz. Skupia się na obrazach, ale kupuje również rzeźbę, sztukę zdobniczą i kolekcje rysunków.

W końcu zaprzyjaźnia się z Harrym Baileyem, Anglikiem, który przez lata pracował dla Christie's, a potem dla indywidualnych kolekcjonerów. Barbara jest jego główną klientką, on zaś wdzięcznym uczestnikiem wspólnych wyjazdów towarzyskich, przyjęć basenowych i zakupów. Aż do przedwczesnej śmierci na AIDS, która w 1990 roku zszokuje Barbarę.

Od 1976 roku przez kolejne dwadzieścia pięć lat wymienia się dziełami sztuki z tenisistą Wojciechem Fibakiem, który przenosi się do Nowego Jorku. Dzieli ich wiek, temperament, gust, przynależność towarzyska. Łączą duże pieniądze i pasja do zbierania obrazów, która ułatwia życie na wysokim poziomie. Fibak zapewnia, że również obopólna sympatia.

Historycy za modernistów. Nowy Jork, 1976–2010

W 1976 roku Fibak ma na swoim koncie zwycięstwo nad amerykańskim mistrzem Arthurem Ashe'em, liderem rankingu Björnem Borgiem. Wygra w sumie piętnaście turniejów singlowych ATP i pięćdziesiąt dwa deblowe, wyczerpując na wiele lat pulę sukcesów polskiego tenisa. Jest atrakcją na salonach, ponieważ amerykańscy celebryci oraz finansiści interesują się tenisem, a Fibak ma ogładę, wykształcenie i zna obce języki. W latach siedemdziesiątych osobowość jest wśród socjety bardziej istotna niż pieniądze, ale Fibak zaczyna być również bogaty. Dostaje zaproszenia na przyjęcia, inwestuje w nieruchomości i dzieła sztuki. U Ciprianiego na Piątej Alei przy 59. Ulicy machają do niego Donald Trump, George Soros, czasem Robert De Niro czy Ronald Lauder. Barbara nie jest częścią amerykańskich salonów. Fibak poznaje ją dopiero dzięki Zbigniewowi Legutce, który pomaga obojgu wybierać obrazy. Zabiera Fibaka do Princeton, gdzie tenisista zaczyna rozumieć, dlaczego Barbara nie należy do socjety.

Seward Johnson to odludek, który przyjmuje ich w piżamie, Barbara miewa fryzury osoby ze wsi wyszykowanej na ludowe święto. Tak też się wyraża.

Wojciech Fibak:

– Zbierała malarstwo historyczne, ja bardziej ambitne, modernistyczne, szczególnie École de Paris. Pierwszy obraz, który od niej kupiłem, to był *Portret Żyda* Piotra Michałowskiego. Nie odpowiadał jej mężowi, być może po linii lekko antysemickiej. A ja wiedziałem, że sam Henryk Sienkiewicz napisał, że to jeden z najlepszych portretów w jego czasach. Sprzedała mi go za czterdzieści tysięcy dolarów. Za te same pieniądze mógłbym kupić w Polsce dwie wille na Żoliborzu.

Jakiś czas potem zawiozłem jej wielkie, dwumetrowe płótno Henryka Siemiradzkiego, które zdobyłem w Londynie. Wymieniłem na parę prac Pankiewicza i Boznańskiej.

Podobnie olejny szkic Matejki do monumentalnego *Kopernika* wymieniłem na Makowskiego, Boznańską i Pankiewicza.

A potem Barbara zaczyna pozbywać się impresjonistów i sztuki modernistycznej na rzecz klasycznej i renesansowej.

Wojciech Fibak:

– Jeśli spadkobiercy mają te obrazy do dziś, to jest kłopot. Nikt w kryzysie nie kupuje ciężkiej sztuki religijnej.

Zwłaszcza że kilka dzieł z kolekcji polskiej, uważa Fibak, pochodzi z niepewnych źródeł, od szemranych polskich półdilerów i oszustów, którym udało się dostać do Jasnej Polany i zrobić dobre wrażenie.

W 1982 roku jakość ważniejszych obrazów sprawdza Józef Grabski, historyk sztuki, emigrant z Krakowa.

Zostawmy pomnik. Jasna Polana, 1982–1990

Józef Grabski odbiera telefon od Barbary w 1982 roku. Po wyjeździe z Polski mieszka w Wiedniu, gdzie zrobił doktorat z historii sztuki, i w Wenecji, gdzie założył i prowadzi międzynarodowy instytut badań nad sztuką i specjalistyczne wydawnictwo. Jako historyk sztuki współpracuje z muzeami i licznymi prywatnymi kolekcjonerami. Barbara chce, żeby sprawdził autentyczność obrazów, które zamierza kupić. Ekspert Grabski jedzie do Princeton, a potem do Londynu, do Włoch, tam gdzie kupuje Barbara.

Potem dostaje ważne zlecenie.

Józef Grabski:

– W Princeton prowadziłem wiele rozmów z Sewardem, mężem Basi. Może nie był kompetentny, jeśli chodzi o sztukę, ale miał zapał i bardzo chciał zostawić po sobie coś ważnego: kolekcję swojego imienia lub żony. Dyskutowaliśmy o dziełach, które już posiadali. Jeszcze zanim poznał Basię, zbierał marynistyczne malarstwo holenderskie, a kiedy ona się pojawiła, zaczęli zbierać sztukę nowoczesną. Posiadali w swojej kolekcji naprawdę bardzo dobre obrazy Moneta, Cézanne'a, van Gogha. Niektóre niestety były słabe, często przepłacone, nietrafione jako inwestycje, o czym mówiłem otwarcie. Seward zrozumiał i zapalił się: „Razem z tobą zrobimy coś ważnego". Było mi miło, że proponuje mi współpracę.

Któregoś dnia usiedliśmy w salonie. Zaczął Seward: „Stworzymy naprawdę wielką kolekcję i podarujemy ją Polsce. Na początek znajdziesz nam jakiegoś Michała Anioła, Leonardo da Vinci czy Rafaela. Ile czasu potrzebujesz. Miesiąc?". Wywiązywanie się z tego zadania zabrało kilka lat, ale w kolekcji znalazły się w końcu rysunki Leonarda i Rafaela, nie udało się tylko z Michałem Aniołem. Za to znaleźliśmy wiele innych bardzo cennych obrazów: Mantegna, Fra Angelico, Tycjana, Caravaggia, Ribery czy Rembrandta.

Umowa z Basią i Sewardem była taka, że ja daję moją wiedzę i kontakty naukowe, sprawdzam jakość artystyczną i wartość tego, co będzie kupowane, kontroluję stan zachowania i pochodzenie nabywanych dzieł. Oni natomiast fundują obrazy, które będą darem dla Polski. Bardzo się przywiązałem do tej idei. Oboje byliśmy emigrantami. Od kilkunastu lat nie mogłem odwiedzać kraju i bardzo zazdrościłem Barbarze, że ona, z amerykańskim paszportem, może. Byłem wzruszony, że pomogę odbudować straty, jakie kraj poniósł w czasie wojny. Straciliśmy olbrzymią ilość dzieł sztuki, choć tak naprawdę niewiele mieliśmy tych rzeczywiście wielkich. Teraz pojawiła się na to szansa. Dzieła miały być przeznaczone do kilku muzeów w Polsce. Te do renesansu włącznie miały trafić na Wawel, barok i klasycyzm – na Zamek Warszawski, do Wrocławia starożytność, arrasy do Poznania, a reszta do Gdańska.

Na początku lat osiemdziesiątych można było jeszcze znajdować na rynku sztuki znakomite dzieła za rozsądną cenę. Miałem rozeznanie rynku i odpowiednie kontakty handlowe i naukowe. W ramach mojego instytutu badań nad sztuką opracowywałem naukowo znaczące dzieła na zlecenie muzeów i prywatnych kolekcjonerów.

Barbara miała pasję kolekcjonerską, dużą wrażliwość i wyczucie jakości, była przecież historykiem sztuki. W swojej kolekcji miała ponad dwa tysiące obiektów, było z czego wybierać. Kolekcja żyła, Barbara kupowała nowe dzieła, sprzedawała słabsze lub te, których już nie chciała. Jednakże ważny, główny trzon zbioru pozostawał nietknięty. Z małymi wyjątkami.

Najbardziej przeżyłem stratę ważnego obrazu Cézanne'a. Zgłosił się do niej marszand z Nowego Jorku i zaproponował dwa miliony osiemset tysięcy dolarów. Jej ówcześni prawnicy namawiali ją na sprzedaż, twierdząc, że to doskonała okazja, i to było dla niej najważniejsze. Starałem się przekonać, że takiego obrazu nie wolno sprzedawać, jest zbyt ważny historycznie, no i oferowana cena jest znacznie poniżej wartości obiektu, ale Barbara nie chciała mnie słuchać. Protestowałem jak Rejtan, lecz nic nie wskórałem. Obraz został sprzedany później przez marszanda za sześćdziesiąt milionów dolarów. Narzucało się podejrzenie, że doradcy Barbary korzystali na tych transakcjach. Podobnie jak wtedy, kiedy namówili ją, żeby odsprzedała konsorcjum pakiet akcji firmy Johnson & Johnson. To był fatalny biznesowo ruch. Akcje tej firmy były żyłą złota, dzień w dzień przynosiły zyski. Myślę, że każdy kioskarz, który prowadzi swój mały interes, wiedziałby, że nie można pozbywać się tych akcji. Kiedy moja żona delikatnie jej zasugerowała, żeby była ostrożna i niekoniecznie słuchała prawników, Barbara wściekła się. Nie znosiła uwag. A po fakcie prawnicy bywali zwalniani.

Kiedyś zadzwoniłem do Barbary z informacją, że w antykwariacie w Londynie jest do kupienia *Chrystus przy kolumnie* Domenichina. Podałem szacunkową wartość. Okazało się, że cena proponowana przez sprzedających jest trzykrotnie wyższa. Powiedziałem Barbarze, że dość łatwo będzie zbić cenę, bo nawet przy dużo niższej sprzedający zarobi spore pieniądze. Ale Barbara powiedziała: kupuję. Przepłaciła w sposób ewidentny. Czasem kupowała dla poklasku, dla pokazania się.

Zakup tego obrazu rzeczywiście robi wrażenie w środowisku. „Kiedy po raz pierwszy ujrzałem *Chrystusa przy kolumnie* wystawionego na sprzedaż w Londynie, pomyślałem sobie: ten obraz nadaje się do galerii publicznej, nie kupi go żaden kolekcjoner. (...) A jednak kiedy drugi raz zobaczyłem płótno, wisiało u pani Piaseckiej w Princeton" – pisze potem sławny historyk sztuki John Pope-Hennessy o obrazie.

Józef Grabski:

– Przykro mi było przy okazji zakupu osiemnastowiecznego biurka królewskiego. Barbara zobaczyła w katalogu Sotheby's sekreterę Ludwika XVI. Wykładany japońską laką czarno-złoty mebel z okuciami. Wspaniały, choć zupełnie niepasujący do kolekcji. Cena: półtora miliona dolarów. Najwięcej, ile zapłacono wtedy za pojedynczy mebel. Powiedziała, że musi go mieć.

Tłumaczyłem, że może mieć ten mebel za milion lub mniej, trzeba tylko poczekać. Trzymałem ją za rękę. Znałem sztuczki domów aukcyjnych, które podstawiały ludzi, żeby licytowali wysoko, aby upatrzony zapaleniec kupił przedmiot powyżej wartości. Ale Barbara nie słuchała, uparła się i przepłaciła. Przelicytowała oferty J. Paul Getty Museum i Wersalu.

Potem szczyciła się tym, że jest u Sotheby's czy Christie's przyjmowana jak królowa. Urządzali jej przyjęcia, ale przecież za jej własne pieniądze. No bo jeśli zarobili sześć milionów, to stać ich było na przyjęcie za dziesięć tysięcy. Ten bardzo drogi mebel kupiła zaraz po śmierci męża, co nie umknęło uwagi jej wrogów, wypominających jej rozrzutność.

Barbara uśmiechała się do zdjęć, ale w gruncie rzeczy często wydawała nam się smutna i zagubiona. Po prostu biedna.

Oprócz obrazów kolekcjonowała znajomości z ważnymi osobami. Tenorowi Plácido Domingo zafundowała koncert za co najmniej sto tysięcy dolarów. Każdy jego przyjazd, podobnie jak Franco Zeffirellego, sporo ją kosztował. Nie docierało do niej, że te przyjaźnie są dla jej pieniędzy.

Konkurencja. Madison Avenue, marzec 2016

Prócz prawdziwych i udawanych zachwytów kolekcja Barbary wzbudza uwagi krytyczne niektórych miejscowych kolekcjonerów.

Ruth O'Hara mieszka w Nowym Jorku i gromadzi dzieła sztuki od pięćdziesięciu lat. Jej apartament zawieszony nad Central Parkiem wypełniony jest rzeźbami. Pod ścianą rysunki Picassa, na parapetach mniejsze rzeźby Alexandra Caldera, z którym się przyjaźniła.

Pochodzi z emigranckiej rodziny stłoczonej na Lower East Side, ale w 1953 roku skończyła Baruch College. Romansuje z początkującym aktorem Steve'em McQueenem (który dorabia w teatrze żydowskim, więc przed rodzicami Ruth może udawać, że mówi w jidysz), jednak nie szuka męża.

Ruth O'Hara:

– Chciałam skończyć studia i zasłużyć na szacunek. Pracowałam, gdzie się dało, bo kobiety w latach pięćdziesiątych nie miały dużego wyboru.

Podczas wakacyjnej pracy w kurorcie w Catskills poznaje Hermana Wechslera, właściciela FAR Gallery na Madison Avenue. On proponuje jej pracę w galerii i Ruth ją przyjmuje.

Ruth O'Hara:

– Przez dwadzieścia pięć lat zdobywałam szlify, obserwując, jak funkcjonuje od podszewki świat kolekcjonerów. Po ćwierci wieku Wechsler, wspaniały, powściągliwy szef, powiedział, że jestem gotowa, by zacząć pracę na swoim. Wtedy założyłam własną galerię. Kupowałam prace Warhola, Picassa i Caldera. Bardzo trudno było mi się z nimi rozstawać.

Aby kupić swoje pierwsze obrazy, musiałam pożyczyć pieniądze i jak najszybciej je oddać, żeby ktoś zechciał mi pożyczyć następnym razem. W tym świecie reputacja jest bezcenna. I powściągliwość. Mogę powiedzieć tylko, że Barbara Piasecka Johnson nie należała do świata, w którym rzeczy przychodzą stopniowo i z pewnym wysiłkiem. Wszystko mogła sobie kupić. Nie wiem, czy umiała to docenić. Była ostentacyjna.

Zróbmy to. Nowy Jork – Wiedeń – Warszawa, 1989

Pomysł na spektakularną wystawę malarstwa rodzi się na początku 1989 roku. Józef Grabski uważa, że było to na lotnisku w Wiedniu, gdzie Grabscy żegnają wylatującą Barbarę.

Józef Grabski:

– Moja żona wymyśliła, żeby pokazać w Polsce dotychczas nigdzie nie eksponowane, przechowywane w większości w magazynach i bunkrach antyatomowych w Genewie dzieła z kolekcji

Barbary. Ona zapaliła się do pomysłu, zwłaszcza że po procesie miała w USA zepsutą reputację. Znów pisano, że była pokojówką. Te złośliwości były dla niej bardzo bolesne.

Zaczęliśmy rozmawiać o realizacji.

Barbara zgadza się, żeby najpierw pokazać dzieła religijne, potem świeckie. *Opus sacrum*, później *Opus profanum*.

Józef Grabski:

– Nie jesteśmy z żoną specjalnie pobożni, ale doceniamy wpływ religii na rozwój kultury i sztuki.

I polityki. Po trzech pielgrzymkach polskiego papieża Jana Pawła II do ojczyzny oczywisty jest wpływ Kościoła na opór wobec systemu.

W Polsce bowiem zachodzą zmiany. Na początku 1989 roku kraj pogrąża się w kryzysie gospodarczym. Osiemdziesiąt procent sondowanych w styczniu obywateli uważa, że odgrywająca kierowniczą rolę Polska Zjednoczona Partia Robotnicza wiedzie Polskę w niedobrym kierunku, co w partyjnych szeregach wywołuje niepokój. Podwyżki cen żywności w 1988 roku uruchamiają na nowo opozycję i falę strajków. Rząd uchwala likwidację Stoczni Gdańskiej. Działacze Solidarności, szczególnie ci z Gdańska, zaczynają batalię o zalegalizowanie związku. Od sierpnia 1988 roku trwają pierwsze przymiarki do rozpoczęcia dialogu między opozycją a partią. W lutym 1989 władze PZPR, przedstawiciele opozycji i Kościoła rozmawiają podczas Okrągłego Stołu o warunkach porozumienia.

Telewizja dzień po dniu relacjonuje postęp negocjacji. Rząd zgadza się na ponowne zarejestrowanie zdelegalizowanego po wprowadzeniu stanu wojennego Niezależnego Samorządnego Związku Zawodowego „Solidarność" i na czerwcowe wybory parlamentarne z udziałem opozycji. Zbliżają się transformacje ustrojowe.

Pomysł, aby obrazy z kolekcji Barbary zawisły w zamku na Wawelu, przeraża ówczesnego dyrektora zamku: „Prywatna kolekcja? I do tego sztuki religijnej? Czy pan nie zdaje sobie sprawy, gdzie jesteśmy?". W marcu Józef Grabski rozmawia z Aleksandrem Gieysztorem, dyrektorem Zamku Królewskiego, który życzliwie odnosi się do propozycji. Wspólnie z profesorem Andrzejem Rottermundem, wówczas wicedyrektorem Zamku, zostają kuratorami pierwszej w historii tak spektakularnej wystawy światowego malarstwa w Warszawie.

Porczyńscy. Warszawa, 1987

Pomysł na wielką wystawę rodzi się kilka lat wcześniej w głowie księdza Andrzeja Przekazińskiego, dyrektora Muzeum Archidiecezji Warszawskiej i wieloletniego przyjaciela księdza Jerzego Popiełuszki, a w połowie lat osiemdziesiątych także ambitnego i skutecznie działającego bywalca Jasnej Polany (na konto archidiecezji wpływa co najmniej sto tysięcy dolarów z konta Barbary).

Namawia właścicielkę na pokazanie kolekcji w Polsce, ale połowa lat osiemdziesiątych jest dla Barbary zbyt burzliwa, żeby mogła ona myśleć o takim przedsięwzięciu. Wobec tego ksiądz udaje się do Paryża do Zbigniewa Porczyńskiego, emigranta, byłego żołnierza, przedsiębiorcy, właściciela atrakcyjnej kolekcji, i zdobywa jego zaufanie. Dochodzi do umowy, na mocy której kolekcja Zbigniewa i Janiny Porczyńskich zostaje przekazana do depozytu Muzeum Archidiecezji. W 1987 roku muzeum z wielką pompą pokazuje obrazy między innymi Rubensa, van Gogha, Picassa. Wystawa wzbudza wielkie zainteresowanie, ale niebawem również kontrowersje. Historycy sztuki zaczynają przypuszczać, że w kolekcji znajdują się w większości doskonale wykonane kopie. Dodając oczywiście, że nawet kontakt z kopią obrazu nie zaszkodzi tłumom zwiedzających. W 1989 roku nowa minister kultury Izabella Cywińska przekazuje na potrzeby kolekcji budynek przy placu Bankowym w Warszawie, pieczętując tym samym wysoki status pokazywanych obrazów.

Ale Porczyńscy nie są konkurencją dla Piaseckiej Johnson.

Cywilizowanie Polski. Wiedeń, marzec 1989

Andrzej Rottermund:

– Oczywiście, że słyszałem o pani Barbarze Piaseckiej wcześniej, bo trudno było nie słyszeć. W latach osiemdziesiątych kupowała dzieła sztuki również w Heim Gallery w Londynie, prowadzonej przez mojego przyjaciela profesora Andrzeja Ciechanowieckiego, a to była jedna z najbardziej prestiżowych galerii na Jermyn Street. W 1989 roku w Polsce następowały zmiany polityczne i domyślam się, że chciała w nich uczestniczyć.

Barbara zaprasza profesora Rottermunda do Wiednia. Spotykają się w hotelu na rogu Ringu i Kärntner Strasse. Piasecka ma tu duży apartament na drugim piętrze. Przyjeżdża do Wiednia w związku z zakupem nieruchomości. Spotykają się też w kolejne wieczory, przy kolacji, i omawiają szczegóły techniczne przyszłej wystawy. Utrzymują dystans. Nigdy nie przechodzą na „ty".

Andrzej Rottermund:

– Nie czułem się onieśmielony. Byłem przez wiele lat wicedyrektorem Muzeum Narodowego w Warszawie przy profesorze Lorentzu, więc miałem do czynienia z zamożnymi kolekcjonerami. Zwiedziłem setki muzeów, spotkałem bardzo zamożnych ludzi, widziałem wspaniałe kolekcje. Sam zajmuję się Bernardem Bellotto, czyli Canalettem. Dwieście jego obrazów jest jeszcze w rękach prywatnych, a każdy z nich wart jest piętnaście, dwadzieścia milionów dolarów. Miałem więc do czynienia z wybitnymi znawcami sztuki, dyrektorami wielkich muzeów, znałem pana Philippe'a de Montebello, dyrektora Metropolitan Museum w Nowym Jorku, czy pana Fredericka Cummingsa z Detroit Institute of Arts. Tak więc przed Piasecką Johnson nie czułem tremy.

Podobnie jak pan Józef Grabski zamierzałem nakłonić ją do podarowania Polsce części kolekcji. Miałem już na tym polu sukcesy. Profesor Andrzej Ciechanowiecki cały swój majątek w postaci dzieł sztuki oddał Polsce, pani Teresa Sahakian także, pozyskaliśmy kolekcję doktora Tomasza Niewodniczańskiego – największą kolekcję polskich map i rękopisów.

Pani Barbara Piasecka chciała, aby jej wystawa miała znaczenie cywilizacyjne. Przełom dokonywał się na naszych oczach. Miały odbyć się częściowo wolne wybory do parlamentu. Świat znów zainteresował się Polską. Wielka wystawa w zachodnim stylu, z piękną scenografią, z dobrym oświetleniem i pięknie wydanym katalogiem miała być dowodem na przynależność Polski do kultury Zachodu. Nam wysokiego standardu wystawienniczego bardzo brakowało, oczywiście nie ze względu na brak wiedzy, ale dolarów.

Na fali pierwszego entuzjazmu sprawy zaczęły rozwijać się bardzo szybko.

Józef Grabski:

– Użyczyła mi swojego samolotu, żebym poleciał do włoskiego reżysera i scenografa Franca Zeffirellego i zaproponował mu zaprojektowanie wystawy. Zeffirelli zgodził się współpracować przy tworzeniu ekspozycji i kilkakrotnie przylatywał do Warszawy.

Andrzej Rottermund:

– Następne spotkanie odbyło się w Warszawie. Z panią Piasecką przyleciał Franco Zeffirelli, profesor Arthur Wheelock, historyk sztuki z National Gallery of Art w Waszyngtonie i dwóch prawników, żeby spisać trzydziestostronicową umowę.

Wybraliśmy przestrzeń na pierwszym piętrze Zamku Królewskiego, w Pokojach Królewiczowskich: dużych, wysokich pomieszczeniach, można powiedzieć, muzealnych. Zaczęliśmy pracować w wielkim tempie, który był nowością dla pracowników Zamku. Pani Piasecka była motorem działań. Przeglądaliśmy katalogi, wybieraliśmy obrazy. Ona dzwoniła do Princeton, aby wybrane obiekty trafiły do konserwatora, żeby je przygotował do drogi.

W Nowym Jorku w pocie czoła pracuje profesor Jerzy Pappadopulos, emigrant, kierownik pracowni konserwacji w muzeum w Harlemie. Za przewóz dzieł odpowiedzialny jest brat Barbary Grzegorz. Wicekuratorką wystawy zostaje jej bratanica Beata.

Andrzej Rottermund:

– Odbywaliśmy spotkania, a podczas jednego z nich pani Barbara zaczęła wreszcie głośno myśleć o tym, że kolekcja powinna zostać na Zamku. Pojawiła się koncepcja, żeby od strony Wisły wybudować niezrealizowane w XVIII wieku skrzydło Zamku, identyczne jak biblioteczne. Zachowały się bowiem projekty stanisławowskie. Byłem uskrzydlony.

Kiedy obrazy zaczęły napływać, nie przeszkadzało mi, że pani Barbara zupełnie nie przejmowała się przepisami obowiązującymi w muzealnictwie. Dzwoniła o jedenastej wieczorem: „Panie profesorze, może byśmy wpadli do Zamku? Jestem po kolacji i chciałabym coś zobaczyć".

„Wie pani, to jest niemożliwe, bo wystawa jest zaplombowana, musiałbym zebrać komisję".

„Pan bierze klucz, otwiera pan zamek, wchodzimy i oglądamy!"

Irytowała się, kiedy za każdym razem, gdy przychodził eksponat, w pierwszej kolejności wołałem konserwatora, żeby go opisał i sfotografował. Dopiero potem przenosiliśmy eksponaty do sal. Ona mówiła: „Pan weźmie ścierkę i przetrze". Niestety nie mogłem.

Do Warszawy przyjechało dwanaście ton ładunków, krzątała się międzynarodowa ekipa. Szykowaliśmy się na wielkie otwarcie.

Zaproszenie. Perth Amboy – Warszawa, luty 1990

Eleganckie zaproszenie na uroczyste otwarcie wielkiej wystawy *Opus sacrum* przychodzi do Danuty Wyszyńskiej w Perth Amboy.

Danuta Wyszyńska:

– Basia zaprosiła dziesiątki VIP-ów, między innymi z Włoch. Mówię po włosku, więc chciała, żebym dotrzymała im towarzystwa, przede wszystkim pani Corsini i panu Zeffirellemu. Przyjechałam trzy dni wcześniej, zanim zaczęli się zjeżdżać goście, zatrzymałam się w Victorii. Następnego dnia pojechałam po panią Corsini na lotnisko. W podziękowaniu dała mi różaniec i kilka butelek wody z Lourdes.

Zupełnie zgłupiałam, bo przed wyjazdem nie mogłam znaleźć mojego własnego – dziesiątki. A nagle dostałam pełen różaniec, wspaniały. Przemyślałam to wydarzenie i zrozumiałam, że Matka Boska chce, bym odmawiała cały różaniec, a nie skróconą wersję. To było dla mnie wielkie przeżycie. Wystawa i różaniec.

Dwa dni przed otwarciem Barbara dostała przemówienie, które na tę wielką okazję napisali dla niej historycy sztuki. Przeczytałam je i powiedziałam: „Nie możesz tak wystąpić. To nie jest od ciebie. Musisz mówić od serca". Chroniłam ją, bo była bardzo stremowana.

Tryumf wiary. Warszawa, 12 kwietnia 1990

Sensację wzbudzają elektroniczne bramki bezpieczeństwa, które pojawiają się w Zamku, i ochroniarze, którzy pilnują wejścia i patrolują piętra. Bilet kosztuje pięć tysięcy złotych i zdarza się, że zwiedzający odchodzą od okienka, zwłaszcza jeśli przyszli z całą rodziną. Nie wolno zwiedzać grupowo. Kolejki wiją się przez cały plac Zamkowy. Na uroczyste otwarcie jest tylu chętnych, że trzeba je zorganizować dwa razy. Przez pierwsze trzy miesiące wystawę obejrzały pięćdziesiąt dwa tysiące zwiedzających.

U wejścia dwa dzieła Rubensa, *Święty Piotr* i *Święty Paweł*, symbolizujące tryumf wiary. Następnie *Ofiarowanie Izaaka* Caravaggia i długo uznawany za zaginiony obraz Fra Angelica *Madonna z Dzieciątkiem*.

Najstarszym dziełem w kolekcji jest trzynastowieczne dzieło Corsa di Buono, najpóźniejszym *Macierzyństwo II* Paula Gauguina.

Poza tym jest El Greco, Castiglione i rysunki Leonarda da Vinci.

Ozdobą kolekcji jest rysunek Rafaela do malowidła ołtarzowego *Przemienienie Pańskie*, ostatniego obrazu artysty. Można zobaczyć studium głowy oraz ręki apostoła, a są to jedne z najbardziej ekspresyjnych rysunków, jakie kiedykolwiek wykonał Rafael.

Emocje u zwiedzających są takie, że ochrona musi rekwirować przemycane gazowe pistolety u osób, które chcą się przedrzeć bez biletu; niektórzy próbują przejść przez bramki z nożami kuchennymi. Przekrój pisze: „Ta wspaniała wystawa znalazła się w Warszawie, jakże szarej i zmęczonej. Jest prawdziwym promykiem nadziei z dalekiego wciąż świata. Niesie za sobą ukojenie i uniesienia, jakie daje obcowanie z wielką sztuką".

Z Krakowa przyjeżdża z mamą przyszły pisarz.

Jacek Dehnel:

– Najpierw poszliśmy do Porczyńskich, wówczas wielkiej sensacji i „bezcennego daru", skąd wyszliśmy z poczuciem, że to pierwszorzędne dzieła artystów trzeciorzędnych i trzeciorzędne (lub kopie) pierwszorzędnych. A potem poszliśmy do Zamku i tam było szaleństwo. Począwszy od, co pamiętam dobrze, pięknie zrobionych gabinecików, wyłożonych welurem, w których prezentowano na przykład Gauguina, niesamowicie świecącego w tym małym wnętrzu, po draperie rysowane przez Leonarda. Czuło się, że to kolekcja na niezwykłym poziomie. Miałem dziesięć lat i z dużych światowych muzeów widziałem tylko Kunsthistorisches w Wiedniu.

Zachwyciłem się włoskim średniowieczem, obrazami zupełnie innymi od północnych, które znałem. Wyszliśmy stamtąd zupełnie oszołomieni, nie tylko samymi dziełami, ale i sposobem ich prezentowania, wówczas robiącym ogromne wrażenie.

„To tylko jedna czwarta mojej kolekcji" – zachwalała właścicielka.

Wystawę przedłużono do września. „Za dwa lata pokażę w Polsce dzieła świeckie. I będzie to wystawa być może dziesięciokrotnie większa od prezentowanej w Zamku".

Opus sacrum zauważono na świecie. Jeden z angielskich dziennikarzy napisał, że ta wystawa w Warszawie to perły rzucone przed wieprze.

Gasnący entuzjazm. Warszawa, styczeń 1991

Andrzej Rottermund:

– Zaraz po pierwszej wystawie mieliśmy przystąpić do organizacji *Opus profanum*. Niestety pani Piasecka zaczęła przekładać spotkania. Zorientowałem się, że psuły się powoli jej stosunki z polskimi władzami. Porywała się na kolejne przedsięwzięcia i rosło jej rozczarowanie. W końcu wyjechała i zostawiła w Zamku dużo drobnych eksponatów. Ofiarowała Zamkowi portugalską tkaninę, która jest w tej chwili w kaplicy. W depozycie mieliśmy piękne barokowe fotele.

Spędzałem kiedyś krótki urlop w Nieborowie, gdy nagle odebrałem od niej telefon, że przyjeżdża jutro i wszystko zabiera.

A dzień później miałem telefon z prokuratury, żebym jej tego nie wydawał, ponieważ Skarb Państwa ma do jej majątku pewne roszczenia. Ale pani Piasecka wyprzedziła prokuraturę. Wtedy zorientowałem się, że pojawiły się poważne kłopoty.

W lutym 1991 roku wystawa *Opus sacrum* zostaje pokazana w Muzeum Sztuki Liechtenstein w Vaduz. Mimo wcześniejszych planów nie jedzie ani do Paryża, ani do Tokio, ani do Londynu. Sporą część Barbara wystawiła i zostawiła w Monako, kiedy się tam przeniosła.

Andrzej Rottermund:

– Dostaliśmy zaproszenie na wernisaż w Vaduz. Pani Barbara wynajęła dla gości cały hotel. Uśmiechała się światowo. Ale powiedziała nam, że prawdopodobnie sprzeda swój kolejny słynny mebel, tak zwany Badminton Cabinet. Obawiałem się, że to początek większych zmian w kolekcji. Ale nie wiedziałem, że to droga do całkowitego jej rozproszenia.

Bardzo dobra, ale wróżka. Gdańsk, 1989

Do Gdańska zaprasza Barbarę ksiądz prałat Henryk Jankowski, proboszcz parafii Świętej Brygidy, duszpasterz stoczniowców, społecznik oraz miłośnik pięknych przedmiotów. Dzięki hojności Barbary po odwiedzinach w Jasnej Polanie przesiada się do mercedesa i zaczyna marzyć o nowej posadzce w kościele Świętej Brygidy. Ma być wykonana z marmuru, w jakim rzeźbił Michał Anioł.

W 1989 roku Barbara chce bliżej poznać laureata Pokojowej Nagrody Nobla Lecha Wałęsę, więźnia politycznego, przywódcę związkowego, który wyrasta na najważniejszego człowieka w centralnej Europie.

Przez lata wspiera działaczy opozycji i czuje się częścią procesu przemian.

Józef Grabski:

– Pracowaliśmy nad *Opus sacrum*, kiedy zadzwonił prałat z zaproszeniem na procesję Bożego Ciała.

Piasecka i Grabski zatrzymują się w hotelu Heweliusz.

Jest 1 czerwca 1989 roku, słoneczny czwartek. Za trzy dni mają się odbyć pierwsze częściowo wolne wybory.

Trwa intensywna kampania wyborcza, wychodząca z podziemia opozycja musi stawić czoło kontrolującej telewizję i prasę władzy partyjnej. Pierwsza niepartyjna „Gazeta Wyborcza" ukazuje się dopiero od trzech tygodni. Mobilizacja przypomina atmosferę Sierpnia '80. Jest nadzieja: ludzie użyczają samochodów, powielacze wypluwają tysiące ulotek, które roznoszą wolontariusze. Służby bezpieczeństwa obserwują poruszenie i składają kierownictwu PZPR sprawozdania i oceny sytuacji. Opozycja boi się prowokacji. Jeszcze nie ma pewności, czy wybory nie skończą się rozlewem krwi.

Józef Grabski:

– Najpierw poszliśmy na mszę. Kościół Świętej Brygidy pękał w szwach. Stoczniowcy z rodzinami, najważniejsi działacze gdańskiej Solidarności i oczywiście przewodniczący.

Bogdan Lis, jeden z działaczy Komitetu Obywatelskiego, widzi, że kobieta towarzysząca prałatowi daje na tacę sto tysięcy złotych. Ludzie wstrzymują oddech.

Potem wszyscy idą w procesji. Barbara jako gość specjalny.

Alojzy Szablewski, inżynier, szef stoczniowej Solidarności, który wciąż jest wzruszony wysokością ofiary, mówi szeptem: „Jak pani taka bogata, to może kupi pani naszą stocznię?".

To zdanie przypisywane jest również Lechowi Wałęsie. Według innej teorii inspiracją dla Barbary jest audiencja u papieża Jana Pawła II w Watykanie.

W każdym razie Stocznia Gdańska, kolebka Solidarności, symbol oporu i przemian, bardzo potrzebuje cudu. W 1988 roku rząd Rakowskiego postawił ją w stan likwidacji. Robotników czekają zwolnienia, produkcję zaczynają przejmować nomenklaturowe spółki.

Podczas procesji nie zostaje doprecyzowane, czy chodzi o sto milionów złotych czy dolarów, więc po południu kilkunastoosobowa grupa działaczy idzie na plebanię, żeby domówić szczegóły. 1 czerwca Barbara podpisuje list intencyjny, według którego do końca roku ma powstać spółka akcyjna z pięćdziesięciopięcioprocentowym udziałem Piaseckiej Johnson.

Lech Wałęsa jest szczęśliwy: „Nie będę spał w nocy. Jestem uratowany, uratowany! Spotykałem się z królami, królowymi, mężami stanu, ale nigdy z kimś tak wspaniałym jak pani Basia".

„Mam nadzieję, że cała Polska będzie szczęśliwa" – komentuje skromnie Barbara.

Jeszcze tego samego dnia amerykańska agencja UPI podaje informację, że Barbara Piasecka Johnson zapowiedziała założenie spółki, która przejmie Stocznię Gdańską i zainwestuje w nią sto milionów dolarów.

Wyborcza niedziela 4 czerwca 1989 roku zaczyna się znów od uroczystej mszy w kościele Świętej Brygidy. Barbara zjawia się na niej razem z Lechem Wałęsą. Witają ich brawa,

NIA GDAŃSK
im LENINA
wybieram
SOLIDARNOŚĆ

podniesione w geście zwycięstwa palce i wspólne *Boże, coś Polskę*. Barbara siada po lewej stronie Wałęsy, po prawej przycupnęła jego żona Danuta.

Po mszy zaczynają się przemówienia przed plebanią. „Jestem wzruszona serdecznym przyjęciem" – mówi stremowana Barbara. Potem do mikrofonu zaczynają podchodzić przedstawiciele Polonii w Stanach Zjednoczonych, we Francji i emigracji solidarnościowej. Tłum skanduje: „So-li-dar-ność! So-li-dar-ność!".

Potem zaproszeni jadą na imprezę imieninową do domu Lecha Wałęsy, na której razem z Barbarą tłoczą się reporterzy światowych stacji. Dom przy ulicy Polanki jest tego wieczora centrum wszechświata, a sprawa kupna stoczni robi się całkiem publiczna i prawie pewna. „Robię to z miłości do wszystkich polskich robotników" – mówi Barbara.

Najważniejszemu z nich wręcza prezent: kilogram złota. Wałęsa mówi, że nie ma go gdzie trzymać i przekazuje (razem z innymi podarunkami) ojcom paulinom na Jasną Górę. To miejsce jest bliskie sercu obojga.

Józef Grabski:

– Podobno byliśmy śledzeni przez tajną milicję, więc gdy przyjeżdżaliśmy na spotkania na plebanię Świętej Brygidy, towarzyszyli nam ministranci księdza prałata jako nasza ochrona. Raz jeden z ministrantów uchylił klapę marynarki, był uzbrojony.

W wyborach parlamentarnych opozycja zrzeszona w Komitetach Obywatelskich zdobywa sto sześćdziesiąt miejsc w Sejmie i dziewięćdziesiąt dziewięć w Senacie. W Polsce zmienia się układ sił, zaczyna się przebudowa państwa, ale jeszcze nie wiadomo, według jakiego planu.

Z Lechem Wałęsą przed Stocznią Gdańską.
Lato 1989 roku

Miesiące miodowe. Gdańsk, lato 1989

W czerwcu do Gdańska przyjeżdżają amerykańscy prawnicy. Barbara prosi firmę Arthur Andersen o audyt przedsiębiorstwa. Zaczynają się rozmowy z dyrekcją stoczni, z robotnikami, z Solidarnością. Na plebanii u Świętej Brygidy oraz w stoczniowej Sali BHP. Na archiwalnych taśmach Video Studio Gdańsk widać zagranicznych towarzyszy Barbary i nie można oprzeć się wrażeniu, że to, co widzą, odbiega od ich dotychczasowych doświadczeń i zahacza o egzotykę. Obwieszeni aparatami, fotografują wszystko, co pojawia się w zasięgu wzroku: robotników, meble, posiłki.

Ale wtedy jeszcze wszystko układa się jak najlepiej.

Na plebanii w parafii Świętej Brygidy Lech Wałęsa przekazuje Barbarze list do Ronalda Reagana, prezydenta USA. W liście dziękuje za pomoc udzieloną Solidarności. Barbara obiecuje, że osobiście go dostarczy.

„Chcę przełamać nieufność zachodnich biznesmenów i przez swój sukces zachęcić ich do inwestowania w Polsce" – powtarza jak mantrę Barbara.

„Gratuluję ekonomicznego zacięcia, ponieważ brakuje nam w Polsce rozwiązań ekonomicznych, bez których nasze polityczne zwycięstwa nie będą skończone. Jestem z panią Basią, która właśnie rozpoczyna z brawurą temat ekonomiczny" – dodaje przewodniczący Solidarności Lech Wałęsa.

„Pani Basiu, możemy zbudować dużo pięknych żaglowców" – zapewniają stoczniowcy, kiedy Barbara zwiedza stocznię.

„Pani Basiu, kiedy nas pani kupi?" – dopytują z nadzieją robotnicy w błysku fleszy amerykańskich prawników.

„Z satysfakcją przyjmujemy propozycję ze strony amerykańskiego kontrahenta, szczególnie że jest z Polski" – mówi dowcipnie Czesław Tołwiński, dyrektor stoczni.

Żona nie rozumie. Gdańsk, czerwiec 1989

W czerwcu 1989 roku do Gdańska przyjeżdża również David Margolick, który pracuje nad swoją książką o słynnym procesie Johnsonów. Pisze artykuł o Wałęsie i Barbarze, dzięki któremu oboje znaleźli się na okładce „The New York Times Magazine".

„Nim jeszcze wydała złotówkę, pławiła się w sławie i komplementach" – zauważał Margolick.

„W magazynie »Parade« została nazwana Aniołem Gdańska i polską Joanną d'Arc, we francuskim dzienniku – Notre Dame de Gdańsk. Polska prasa pisała o niej z religijnym uniesieniem. Gdańszczanie rzucali kwiaty na limuzynę, straganiarze sprzedawali zdjęcia portretowe po pięćset i czterysta złotych. Kiedy wychodziła z samochodu – rozdawała autografy. Na stoczni zawisło jej zdjęcie z Janem Pawłem II".

Piotr Siemion, pisarz i prawnik, w 1989 roku doktorant na Columbii, czytelnik „The New York Timesa", nie ma wątpliwości, że artykuł oraz zdjęcie okładkowe mają prześmiewczy charakter. Bohater ludowy i cudotwórczyni wyglądają jak para z surrealistycznej bajki, a nie z placu budowy kapitalizmu.

Temperaturę podnosi informacja, że Barbara ma przy sobie butelki z preparatem torfowym profesora Tołpy z Wrocławia. Telewizja informuje, że zainwestowała w badania nad lekiem o prawdopodobnym działaniu przeciwrakowym. We Wrocławiu koczowano pod kliniką, w Gdańsku pod Heweliuszem.

Kiedy Lech Wałęsa oprowadza Barbarę po stoczni, rozemocjonowany flirtuje z nią po swojemu w obecności zagranicznych reporterów. „Co taka delikatna kobieta robi w stoczni? Lubię ją całować i cieszę się, że mi pozwala".

Tłumacz zwraca uwagę, że jego słowa mogą znaleźć się w gazecie o wielomilionowym nakładzie. Przewodniczący macha ręką: „Żona nie zrozumie po angielsku".

Manna. Warszawa, marzec 2016

O pomyśle kupienia stoczni Jacek Merkel, inżynier, działacz opozycyjny, dowiaduje się podczas jednej z rutynowych wizyt na plebanii u Świętej Brygidy. W pierwszych miesiącach 1989 roku dobiega końca walka o zalegalizowanie Solidarności.

Jacek Merkel:

– Pan przewodniczący Wałęsa powitał mnie z miną człowieka, który wygrał w totolotka. Pokazał mi zapisaną na maszynie kartkę. „Ja, Barbara Piasecka Johnson, zdrowa na ciele i umyśle...". I tak dalej. Poczułem, że ja, prosty stoik, który koncentruje się na tym, na co ma wpływ, znalazłem się w sytuacji bajkowej, która od razu mnie uwierała.

Pan przewodniczący był katolikiem, człowiekiem zawierzenia. Matce Boskiej Częstochowskiej, a potem pani Barbarze. Dla niego manna, która właśnie miała spłynąć z nieba, była oczywista.

Zadzwoniłem do mojego kolegi Jana Krzysztofa Bieleckiego. Był ekonomistą, najlepszym w Spółdzielni Doradca, którą założyliśmy, kiedy zdolnych wykładowców komuniści pozwalniali z Uniwersytetu Gdańskiego. Powiedziałem, że musi urealnić rozmowy z panią Barbarą. Ale to nie było możliwe.

Matka chrzestna. Warszawa, marzec 2016

Podczas jednej z wizyt w stoczni prałat Jankowski przedstawia Barbarze Jerzego Borowczaka, zwolnionego w stanie wojennym stoczniowca, który właśnie wrócił do kolebki, żeby udzielać się w reaktywowanej Solidarności.

Żona spodziewa się drugiego syna, więc prałat pyta, czy to już i czy mają chrzestnych. Borowczak odpowiada, że jeszcze nie.

„No to będę ja i pani Basia, chrzcimy u mnie, najlepiej 4 grudnia" – decyduje szybko prałat.

Prałatowi się nie odmawia, więc w grudniu Barbara stawia się razem z rodziną Borowczaków w kościele Świętej Brygidy. Prałat pełni funkcję kapłana i ojca chrzestnego małego Marcina. Po uroczystości i krótkim obiedzie na plebanii Borowczakowie wracają do domu, a Barbara do Heweliusza, ale do małego Marcina zaczynają przychodzić paczki z kosmetykami Johnson & Johnson.

– Czuliśmy się z żoną niezręcznie. Zwłaszcza kiedy pani Barbara wyjechała z Polski – mówi Jerzy Borowczak.

Borowczakowie nigdy nie przejdą na „ty" z matką chrzestną syna. Za bardzo przypomina wróżkę.

Pamiętała. Gdańsk, 1989–2013

Jerzy Borowczak został politykiem i posłem na Sejm. Podkreśla, że nigdy nie zerwał całkowicie kontaktu z Barbarą. Najpierw o łączność dbał prałat. Przesyłał do Ameryki zdjęcia z pierwszych urodzin Marcina, potem z Pierwszej Komunii. Z Ameryki przez prałata przyjeżdżał rowerek dziecięcy, potem młodzieżowy. Często były przekazywane pozdrowienia.

Jerzy Borowczak:

– Pisaliśmy za pośrednictwem księdza, że mały poszedł do przedszkola, do szkoły. Odpisywała, że nauka jest najważniejsza. Zapraszała do swoich kolejnych mieszkań.

W 2005 roku przyjechała na otwarcie domu dla dzieci dotkniętych autyzmem. Poszliśmy z Marcinem, chociaż on był nieśmiały i się wstydził. Ale pani Basia cały czas go blisko trzymała, a jak jej kwiaty dał, to wszystkie inne oddała swoim, a z kwiatami Marcina wsiadła do samolotu.

Kto jest patriotą? Gdańsk, lipiec 1989

W lipcu 1989 roku, jeszcze w czasie miesięcy miodowych, Andrzej Celiński, członek Komitetu Obywatelskiego przy Lechu Wałęsie, organizuje przewodniczącemu jego pierwszą wizytę w Stanach Zjednoczonych.

Andrzej Celiński:

– Wałęsa poprosił, żebym spotkał się z panią Barbarą Piasecką Johnson w sprawie planu tej wizyty. Chciał jej opinii. Spotkaliśmy się we troje w obecności księdza Jankowskiego w gabinecie u Świętej Brygidy. Kiedy wszedłem, pani Johnson zaczęła do mnie przemawiać, jakbym był uczniakiem. Nie miałem do niej uprzedzeń, nie znałem kobiety, ale ona się strasznie sadziła, jaka to jest ważna, a ja na pewno nic o Ameryce nie wiem. Proponowała rzeczy absolutnie nie do zaakceptowania, taki jarmark polonijny, prywatne jasełka zamiast wielkiego wydarzenia, o którym mówić będzie świat. Kiedy próbowałem jej przerwać i powiedzieć, że oczekuję konsultacji, a nie poleceń, ona zaczęła krzyczeć, że jest polską patriotką, zupełnie przeciwnie niż ja, niedouczony, głupi, skażony latami komuny Polak. Poczułem się jak w surrealistycznym filmie. Przerwałem jej monolog, powiedziałem, że nie mam ochoty tych bzdur słuchać, i wyszedłem. Wałęsa zawsze czuł miętę wobec bogatych, a ona dawała do zrozumienia, że mogłaby zainwestować w Polsce wielkie pieniądze.

Wizyta w Ameryce jest wielkim wydarzeniem. Słowa „*We the People*" w ustach Wałęsy zwiastują nadchodzącą wolność w całej Europie Wschodniej. Wystąpienie raz po raz przerywane jest oklaskami. Trzyminutową owację na stojąco oglądają na żywo dziesiątki milionów Amerykanów. Następnego dnia Wałęsa jest na czołówkach wszystkich liczących się gazet i staje się symbolem przemian w Europie Środkowej.

Andrzej Celiński:

– Rozstałem się z Wałęsą przedostatniego dnia wizyty, w Fort Washington pod Filadelfią. Za ostatni dzień nie ponosiłem odpowiedzialności, co wcześniej było uzgodnione. Wałęsa pojechał do Jasnej Polany, a ja do Polski.

Gdzie jest stocznia? Gdańsk, jesień 1989–lato 1990

Jesienią rusza dalsza część rozmów w sprawie stoczniowej inwestycji. Z Londynu przylatują specjaliści z firmy Arthur Andersen, którą Barbara wyszukała w tamtejszej książce telefonicznej. Na pierwszy ogień idzie Duleep Aluwihare, trzydziestodwuletni prawnik ze Sri Lanki, zachwycony, że może obejrzeć z bliska żywy symbol, czyli Lecha Wałęsę, galopującą inflację oraz terapię szokową, o których uczył się na studiach.

Jeszcze w Londynie Aluwihare zostaje ostrzeżony, że w Polsce żyją ludzie z ograniczonymi horyzontami myślowymi, konserwatywni i rasiści, ale ciekawość jest silniejsza. Na powitalnym spotkaniu w hotelu Heweliusz prócz Wałęsy obecni są Barbara i Jan Krzysztof Bielecki.

Od razu zaczynają się rozmowy i negocjacje.

Prawnicy i ekonomiści skrupulatnie zbierają informacje o polskiej gospodarce, systemie prawnym i sposobie zarządzania ludźmi. Stocznia od dawna nie produkuje dużych statków, niedawno urosła jej konkurencja w Korei i Japonii. Rozpada się za to radziecki rynek zbytu.

Prawnikom i ekonomistom z Londynu otwierają się oczy.

Jacek Merkel:

– Zaczęli zadawać pytania. Kto jest właścicielem gruntu? Czy jest hipoteka? Co to są za spółki, którymi działacze komunistyczni kierują na terenie stoczni, korzystając z jej zasobów?

Kto ma podpisywać umowę z panią Barbarą? Czy jest ustawa reprywatyzacyjna? I kim jest ten rumiany ksiądz, który na wszystkim trzyma rękę?

Tymczasem w prasie zaczynają pojawiać się wielkie, pełne złych wróżb artykuły o międzynarodowych konsultantach, którzy prywatyzują świętą kolebkę Solidarności. Gazety prześcigają się w proroctwach. Piszą, że stocznia warta jest co najmniej dwieście pięćdziesiąt milionów dolarów. Że władze nowej spółki mają zamiar zakazać strajków na pięć lat. Że pensje robotników ustalono na czterdzieści centów za godzinę.

Stoczniowcy powoli tracą entuzjazm. Dyrekcja stoczni zaczyna sugerować, że jeśli negocjacje się przedłużą, stocznia zostanie sprzedana innemu kontrahentowi.

Zimą prawnicy i ekonomiści z Zachodu zaczynają rozumieć, że transakcja może być niemożliwa.

Duleep Aluwihare: „Wyjaśniliśmy pani Johnson, że jeśli kupi stocznię, to bardzo szybko straci cały majątek, te swoje pół miliarda dolarów. W końcowej fazie negocjacji powiedzieliśmy, że jeśli się upiera, aby wejść w ten biznes, to niech chociaż kupi stocznię za symboliczną złotówkę”[44].

Niestety dyrekcja przedsiębiorstwa odmawia dalszych negocjacji. Nie chce przedłużać ważności listu intencyjnego.

Barbara źle znosi negatywne artykuły o sobie, ale wciąż jeszcze chce być tą kobietą, która uratowała stocznię.

Na początku 1990 roku Barbara pokazuje wynik audytu Lechowi Wałęsie, przynosi do Sali BHP gruby plik, prawdziwą opowieść o trudnościach stoczni.

Przewodniczący dostaje szału. Rozrzuca kartki, grozi Piaseckiej wywiezieniem na taczkach. Barbara wychodzi z płaczem. Przestaje być królową stoczni, teraz w oczach stoczniowców staje się krwiożerczą kapitalistką.

Ale wiosną 1990 roku ma jeszcze nadzieję: „Nie zważając na to, w jaki sposób przedstawiano przebieg naszych negocjacji, i mimo wydatkowania na próżno wielu milionów dolarów wciąż jestem zainteresowana stocznią" – mówi Jerzemu Baczyńskiemu z tygodnika „Polityka". I dodaje gorzko: „Mam takie wrażenie, że zbyt wielu ludzi oczekuje, że wszystko się samo zrobi, zamiast zacząć zmiany od siebie. Natomiast z lubością – i to jest rodzaj narodowego sportu – krytykuje się i recenzuje tych, którzy usiłują coś zrobić. A przecież tylko razem można osuszyć ten grunt, na którym ma być zbudowana nowa Polska".

Lech Wałęsa:

– To była miła pani, ale ja nie mogłem trzymać jej za rękę. Znalazłem jej temat, rzuciłem go, potem musiała sobie dawać radę sama. Mnie interesowało tylko i wyłącznie ratowanie stoczni.

Duleep Aluwihare zostaje szefem polskiego oddziału firmy Arthur Andersen i przez trzy kolejne dekady mieszka w Polsce.

„To, co później stało się ze stocznią, tylko potwierdziło nasze prognozy, pani Johnson straciłaby pieniądze. A tak dała kilka milionów dolarów na swoją fundację dobroczynną. Przyniosło to o niebo więcej pożytku".

Pocieszenie. Wiedeń, 1991

Józef Grabski:

– Do skutecznych negocjacji już nie doszło. Barbara była w złym stanie psychicznym i potrzebowała wsparcia. Czuła się osaczona i odrzucona. Zaczęła przyjeżdżać do nas, do Wiednia. Lubiła atmosferę tego miasta. Lubiła też nasz dom z parkiem i któregoś dnia zapytała, czy go sprzedamy. Nie mieliśmy zamiaru sprzedawać, ale poleciliśmy jej dobrego agenta nieruchomości, który pokazał jej cztery wille.

Nie mogła się zdecydować na jedną z nich, kupiła wszystkie. Potem chciała, żebyśmy zajęli się administracją tych nieruchomości. Poleciliśmy naszego znajomego, który za opłatą podjął się zadania. Nie była to łatwa ani miła praca, gdyż często Barbara awanturowała się o byle co. Nasz znajomy miał do nas pretensje.

Uzdrowicielka. Wrocław, 1989

Na początku 1989 roku Barbara spotyka się z profesorem Stanisławem Tołpą, którego nazwisko co najmniej od dwóch lat elektryzuje Polskę. Tołpa – absolwent uniwersytetu lwowskiego – od 1945 roku organizuje życie naukowe w powojennym Wrocławiu, jest pierwszym rektorem tutejszej Wyższej Szkoły Rolniczej.

Jeszcze przed wojną promotor zaraził Tołpę pasją badania bagien torfowych i uczony poświęcił swoje zawodowe życie próbom udowodnienia, że aktywne substancje zawarte w torfie mają silne właściwości uodparniające, a może nawet antyrakowe.

W latach siedemdziesiątych powstaje Pracownia Biologii i Biochemii Torfu, w której profesor wraz ze współpracownikami uzyskują brunatną ciecz torfową. Wokół jej niezwykłych właściwości szybko rośnie legenda. Ludzie z ust do ust przekazują sobie opowieści o cudownych uzdrowieniach. Wrocław wyrasta na mekkę chorych. Janina Jaworska, kierowniczka laboratorium Tołpy:

„W 1975 roku przyjechała rodzina z chłopcem chorym na ziarnicę. Chłopiec zaczął przyjmować preparat. Żyje do dziś. Mieliśmy wiele podobnych relacji".

Pacjenci koczują pod laboratorium w kolejce po preparat profesora, a gazety z drugiej połowy lat osiemdziesiątych odmieniają słowo „nadzieja" na różne sposoby: „Gram nadziei", „Nadzieja rośnie", „Dawki nadziei", „Nadzieja bliska spełnienia".

Do Wrocławia co miesiąc przychodzi pięćset listów z prośbą o preparat dla ciężko chorych. Rekomendacje dla pacjentów śle Lech Wałęsa, generał zakonu paulinów, episkopat i wojewoda, który ma w swoim biurku urzędowy wzór druku: „uprzejmie proszę o przyjęcie na obserwację obywatela...", z własną pieczątką i podpisem.

Profesor ma przeciwko sobie większość środowiska lekarskiego. Onkolodzy biją na alarm przed „średniowieczem i ciemnogrodem".

Ale kiedy w 1987 roku profesor mówi w „Teleexpressie", że nie może już rozdawać preparatu, bo nie jest w stanie sprostać zamówieniom, pod jego gabinetem ustawiają się tłumy zdesperowanych pacjentów, a Janina Jaworska musi do pracy wejść przez okno. Na kolejkową listę wpisuje się kolejne dwadzieścia tysięcy osób.

Żeby ruszyć z masową produkcją, trzeba lek profesjonalnie zbadać i opatentować. Mimo protestów onkologów profesor dostaje w końcu poparcie ministerstwa. Badania nad preparatem trwają dwa i pół roku. Trzystu naukowców: immunologów, toksykologów, farmakologów, w różnych ośrodkach Polski sprawdza jego działanie.

Na przykład profesor Wojciech Witkiewicz, współpracownik Tołpy, testuje preparat na stu osobach z żylakowymi owrzodzeniami podudzi. Piją go i przykładają okłady bezpośrednio na rany. Rany oczyszczają się i goją znacznie szybciej niż przy użyciu innych dostępnych leków.

Preparat udaje się zarejestrować tymczasowo, ale tylko jako lek wzmacniający odporność. Dla nieugiętego Stanisława Tołpy to tylko początek drogi.

Więcej torfu. Wrocław, 1989

Już po pierwszym spotkaniu z profesorem Barbara jest zauroczona. W liceum uczyła się przyrody z napisanych przez niego podręczników. Odkrycie leku na raka to kolejne przedsięwzięcie na miarę jej ambicji. Może uczynić ją nieśmiertelną.

Zagraniczni eksperci, którzy zdyskredytowali pomysł Piaseckiej Johnson na inwestowanie w stocznię, teraz są bardzo dobrego zdania o torfowym biznesie.

Jeden ze współpracowników:

– Wpłaciła na zagraniczne konto Funduszu Obsługi Zadłużenia Zagranicznego (FOZZ) dwieście siedemdziesiąt dziewięć tysięcy dolarów, które miały być przeznaczone na wykup polskiego długu zagranicznego. Kupiła złotówki po bardzo korzystnym kursie. Według umowy z szefem FOZZ Grzegorzem Żemkiem otrzymała sześć miliardów czterysta tysięcy ówczesnych złotych (równowartość miliona dolarów)[*]. Miała mnóstwo gotówki i zastanawiała się głośno, co z nią zrobić. Wybrała między innymi Tołpę.

„Wiem, że ośmieszano jego lek jako preparat szamana, a mimo to wspaniały profesor nie poddał się – mówi Barbara

* W 1988 roku FOZZ został powołany, żeby skupować polskie długi zagraniczne (czterdzieści miliardów dolarów). Miał robić to w sposób niejawny, przez podstawione firmy i osoby. Szef Funduszu Grzegorz Żemek pracował wcześniej dla służb specjalnych. Miał nieograniczone kompetencje i mógł dysponować państwowymi pieniędzmi. Szybko okazało się, że zamiast skupować długi, FOZZ angażował się w hodowlę ryb, produkcje filmów rysunkowych, prezerwatyw czy sprzętu wojskowego. Przedsięwzięcia miały przynosić zyski, z których instytucja spłacałaby dług, ale w większości nie przyniosły. W 1990 roku postawiono FOZZ w stan likwidacji. Proces ten trwał prawie dwadzieścia lat.

gazetom. – Wierzę w profesora, zwłaszcza że jego lek pochodzi z apteki matki natury"[45].

Janina Jaworska: „Roztaczała wizje sukcesu, mówiła, że cały świat zalejemy preparatem. W profesora wstąpił nowy duch".

Barbara daje naukowcom pieniądze na dalsze badania nad preparatem. Powołuje spółkę Torf Corporation, w której dzieli się udziałami ze swoim bratem Rochem. Za sprzedaż licencji na produkcję preparatu obiecuje Wyższej Szkole Rolniczej osiem procent wartości jego sprzedaży. Spółka Torf Corporation zobowiązuje się także prowadzić dalsze badania. Profesor zasiada w jej radzie programowej.

W marcu, w uroczystej asyście kamer, rusza produkcja preparatu torfowego. Na zdjęciach Telewizji Wrocław Barbara i Roch wyglądają na bardzo zadowolonych. Roch Piasecki żartuje: „Rok temu wydawało się, że kupujemy kota w worku". Barbara karcąco: „Brat bardzo wierzy w preparat".

Porcja tabletek kosztuje jedną piątą ówczesnej pensji.

Idylla nie trwa długo. Kolejne badania potwierdzające skuteczność preparatu należy dostarczyć do 1992 roku. Urząd Rejestracji Produktów Leczniczych nie spieszy się z wydaniem opinii. Tymczasem o preparacie i Tołpie znów wypowiada się telewizja. Tym razem źle.

Doktor Bogdan Szelepin, przyjaciel Barbary, wrocławski chirurg, prezes Torf Corporation: „Profesor Nowacki z Centrum Onkologii powiedział, że nasz preparat nie będzie leczył, a może nawet spowodować rozwój nowotworu. Po tym wystąpieniu sprzedaż preparatu spadła do zera. Torf Corporation zostało uratowane dzięki zamówieniom z Norwegii, która kupowała całą produkcję tabletek".

Preparat przestaje być badany jako lek przeciw nowotworowi.

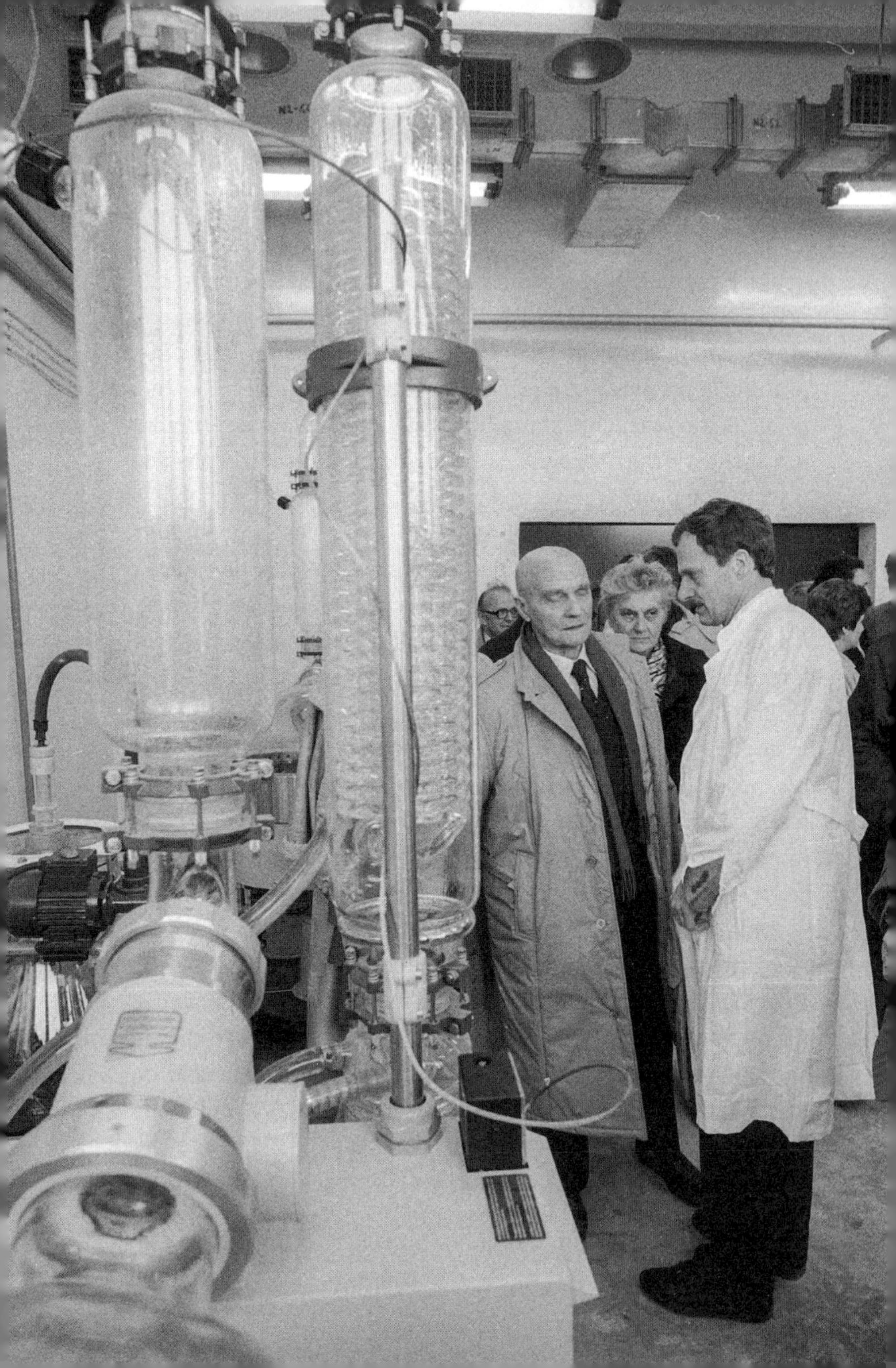

Profesor Wojciech Witkiewicz: „Możliwości preparatu nie zostały wykorzystane przez medycynę".

Gazety piszą, że to wina Barbary, która przecież obiecywała pomoc. Współczują profesorowi: „Wyszedł jak Tołpa na torfie", „Chodziło jej tylko o biznes". Barbara czuje się zdruzgotana. Profesor umiera, nie doczekawszy się ostatecznej oceny swojej pracy.

Ale to jeszcze nie są wszystkie rozczarowania Barbary.

Zamek na piasku. Pilica, 1989

Sławomir Pietras, dyrektor wielu polskich teatrów operowych (w 1989 roku teatru w Łodzi), odbiera telefon w środku nocy. Z Jasnej Polany dzwoni przyjaciel Krystian Zimerman. Jest w odwiedzinach u znajomej i prosi o radę.

Sławomir Pietras:

– Krystian powiedział, że rozmawia z Barbarą o kupnie zamku, ponieważ Barbara ma pomysł, aby ratować polskie zabytki. Do wyboru ma dwie ruiny. Jedną w Karkonoszach, drugą pod Częstochową. Nie wiedziałem, o co chodzi. Ponieważ wychowałem się blisko Częstochowy, powiedziałem, że może kupić tamtejszy zamek, i poszedłem spać.

Niedługo potem Sławomir Pietras dowiaduje się z gazety, że w ramach wspierania polskiego dziedzictwa narodowego obywatelka amerykańska Barbara Piasecka Johnson wystąpiła do Konsulatu Generalnego PRL z ofertą kupna siedemnastowiecznego, otoczonego parkiem pałacu w Pilicy. Zupełnie zrujnowanego. Wcześniej wojewoda katowicki bezskutecznie próbował znaleźć na niego nabywcę.

Barbara spotyka się z wicewojewodą, wojewódzkim konserwatorem zabytków oraz ministrem spraw wewnętrznych

---

Otwarcie fabryki preparatu torfowego profesora Stanisława Tołpy (po lewej) we Wrocławiu

Czesławem Kiszczakiem, który osobiście wydaje zgodę na kupno zabytku przez obcokrajowca.

Do kasy gminy spływają pieniądze, a Barbara oświadcza publicznie, że za trzy lata chce mieć w pałacu swoją rezydencję wraz z udostępnioną do zwiedzania galerią malarstwa.

Zaczyna się kosztowny remont. Do Pilicy przyjeżdżają polscy konserwatorzy z Jasnej Polany, żeby odtworzyć wspaniałe kasetonowe sklepienie, oraz specjaliści od leczenia starych drzew. Zaangażowanych jest dwieście osób. Koszty remontu przekraczają właśnie trzeci milion dolarów, kiedy Barbara otrzymuje pozew sądowy.

Oto dzień przed podpisaniem aktu notarialnego wojewoda katowicki otrzymuje telegram od mężczyzny podającego się za spadkobiercę pałacu. Jan Przyłuski informuje, iż nie zgadza się na sprzedaż pałacu. Ponieważ wojewoda nie reaguje, grupa spadkobierców zaczyna dochodzić swych praw w sądzie.

Spadkobiercy są przekonani, że czterdzieści pięć lat wcześniej państwo bezprawnie przejęło majątek, ponieważ pałacu nie powinna obejmować reforma rolna. Oprócz tego zgodę na sprzedaż zabytkowego obiektu wydał nie minister kultury, tylko minister spraw wewnętrznych. Spadkobiercy stoją więc na stanowisku, że sprzedaż jest nielegalna. W oczekiwaniu na zakończenie sporu Barbara wstrzymuje remont. Już nigdy go nie podejmie.

Nienależne miliony. Warszawa, 1991

W Wigilię 1990 roku rząd Tadeusza Mazowieckiego decyduje, że Fundusz Obsługi Zadłużenia Zagranicznego zostanie zlikwidowany. Odkryto nieprawidłowości, sprawa FOZZ urasta do rangi największej afery nowej Rzeczypospolitej. Okazuje się, że przez konta Funduszu przepłynęło sto trzydzieści dwa miliardy złotych i sto dwadzieścia milionów dolarów. Teraz likwidatorzy Funduszu szukają na gwałt pieniędzy, które by trafiły z powrotem do Skarbu Państwa.

Likwidatorzy oznajmiają, że umowa, jaką jedna z firm kontrolowanych przez Barbarę zawarła z Grzegorzem Żemkiem, jest nieprawna. Barbara, będąc jej właścicielką, nie należała do jej władz. Formalnie nie miała prawa zawierać transakcji.

Likwidator występuje na drogę sądową i chce zabezpieczenia majątku Barbary w Polsce. Barbara prosi o pomoc mecenasa Wiesława Johanna, który w rozmowach z dziennikarzami wyraża oburzenie, że władze Polski traktują Barbarę jak małego kanciarza, podczas gdy wydała ona tutaj wielokrotnie więcej niż gotówka, która była wynikiem transakcji z FOZZ.

Prawnicy Barbary rozdają dziennikarzom listę dotacji, stypendiów i wpłat, które zrealizowała jej fundacja. Dokument liczy czterdzieści sześć stron.

– Być może chciała pomóc, ale prawdą jest, że otrzymała ogromne pieniądze. Mówiło się, że zainwestuje je w Polsce, ale w umowie nie było takiej klauzuli – mówi jeden z urzędników Funduszu w likwidacji.

Po kolejnej interwencji likwidatora FOZZ Sąd Wojewódzki w Warszawie wydaje postanowienie o zabezpieczeniu powództwa na hipotece pałacu w Pilicy.

Barbara postanawia wymóc od Skarbu Państwa zwrot nakładów poniesionych na remont. Gazety natychmiast komentują, że lubi bawić się w dobroczynność, pod warunkiem że za cudze pieniądze.

Kończą się rozmowy o wystawie *Opus profanum* w Polsce. Sprawa transakcji z FOZZ pozostanie niezakończona przez kolejne dwadzieścia lat.

Jaką żabę zjadł Kopciuszek? Warszawa, 1992

Reżyser Witold Orzechowski zna Barbarę od wiosny 1983 roku. Przebywał wtedy na stypendium Departamentu Stanu i mógł się spotykać z wybranymi osobistościami świata kultury. Wybrał Leopolda Tyrmanda, Bronisława Kapera i Piasecką Johnson, którą chciał zainteresować filmem o Kazimierzu Pułaskim, mającym w radykalny sposób przypomnieć Ameryce o polskim wkładzie w budowę mocarstwa. Barbara miała być sponsorem.

Z Barbarą trudno się było umówić. Dyrektor Fundacji Kościuszkowskiej tłumaczył, że Basia, choć deklaruje patriotyzm, raczej odcina się od Polonii, zwłaszcza tej z ostatnich lat, ponieważ boi się zarówno nękających ją o pieniądze rodaków, jak i rosyjskiej agentury.

Spotkanie udaje się zaaranżować i podczas lunchu na Manhattanie Barbara z entuzjazmem odnosi się do pomysłu na film. Umawia się na obiad za dwa tygodnie. Na spotkanie nie przychodzi, ponieważ dzień wcześniej umiera jej mąż. Nie rozmawiają już więcej.

Na początku lat dziewięćdziesiątych, kiedy złaknieni literatury bardzo popularnej czytelnicy rzucają się na amerykańskie sensacyjne nowości w krzykliwych okładkach, Witold Orzechowski zakłada wydawnictwo. Nazywa je Carpathia i kupuje licencje na trzy bestsellery, które pamięta z pobytu w Ameryce. Jednym z nich jest książka Barbary Goldsmith *Johnson v. Johnson*. Książkę ze skrótami tłumaczy błyskawicznie Danuta Talma i już w 1992 roku ukazuje się ona w księgarniach pod tytułem *Fortuna Johnsonów*.

Trafia w swój czas. Gazety piszą właśnie o kolejnych niefortunnych ruchach Barbary, teraz bardziej dociekliwi czytelnicy mogą z satysfakcją zajrzeć za kulisy zepsutej pieniędzmi rodziny i brudnej walki o majątek.

Orzechowski poprzedza książkę własną przedmową. Jest nią opowiastka o Barbarze-Kopciuszku.

„Dla kogoś, kto tylko słyszał o Barbarze Johnson jako wielkiej kolekcjonerce dzieł sztuki, której wystawa arcydzieł malarstwa była pokazywana w Zamku Królewskim w Warszawie, będzie ciekawe i pouczające przeczytać tę książkę i dowiedzieć się, jak to się stało, że skromna kobieta z prowincji weszła w posiadanie wspaniałych cennych dzieł sztuki, zbudowała najkosztowniejszą rezydencję prywatną w USA o nazwie Jasna Polana i kupiła najdroższy mebel świata, biurko należące niegdyś do króla Ludwika XIV. A potem pomyśl, Drogi Czytelniku, o żabie, którą Kopciuszek musiał zjeść, żeby to wszystko posiadać".

Wers o żabie i Kopciuszku – to dla Barbary zbyt wiele. Oskarża wydawnictwo o naruszenie dóbr osobistych i domaga się wycofania książki ze sprzedaży. Sprawa kończy się ugodą, wydawca zobowiązuje się w kolejnych wydaniach książki zmienić jej wstęp.

Witold Orzechowski:

– Sprzedaliśmy siedemdziesiąt tysięcy egzemplarzy, dodruk wynosił dwadzieścia tysięcy. Uważam, że Barbara Piasecka Johnson w Polsce zachowywała się niewłaściwie, więc nie odniosła sukcesu.

Książka o Barbarze jest ukoronowaniem kariery wydawniczej Orzechowskiego. Teraz zaczyna produkować *talk-show Na każdy temat*. Barbara jest nadal wstrząśnięta, ale ciągle jeszcze nie rezygnuje z udziału w życiu Starego Kraju.

Co to Zabrze? Zabrze, 1992

W 1991 roku profesor Zbigniew Religa, kardiolog i szef podejmującego nowatorskie zadania Śląskiego Centrum Chorób Serca w Zabrzu, zwierza się dziennikarzom, że szpitalowi brakuje nawet nici chirurgicznych i centrum może przestać działać.

Ale to nie brak nici chirurgicznych jest prawdziwą bolączką kardiologa rewolucjonisty, tylko brak funduszy na badania i prace nad sztucznym sercem. Do tego potrzebna jest fundacja – poza strukturą Akademii Medycznej, poza kliniką, precyzyjnie skierowana na cel.

Na początku grudnia 1991 roku siedemnastu współpracowników profesora, w tym lekarze: Marian Zembala, Romuald Cichoń, Marek Krzyśków, i Ingeborg Kutscha, dyrektorka zabrzańskiego oddziału banku PBK, zakładają Fundację Rozwoju Kardiochirurgii. Jej celem są badania naukowe nad sztucznym sercem i biologiczną zastawką serca, stypendia i staże naukowe dla młodych osób związanych z kardiochirurgią, wreszcie produkcja biologicznych zastawek, a w przyszłości także sztucznego serca. Promowanie tych produktów w kraju i za granicą. Darowizny na rzecz fundacji można sobie odliczać od podatku. Prezes Rady Fundacji: Zbigniew Religa. Szef zarządu: Jan Sarna.

Na kolejnym spotkaniu założycieli Religa wpada na pomysł, żeby co roku najważniejszym darczyńcom wręczać Oscary Serca i organizować dobroczynne koncerty na rzecz fundacji. Chce, by na początek zaśpiewał Pavarotti, czym wywołuje panikę w zespole, bo nikt nie ma pojęcia, jak zwabić mistrza do Zabrza.

Wtedy odzywa się współpracownik Religi, młody chirurg Romuald Cichoń. Przypomina sobie wizytę w Jasnej Polanie. Było to pięć lat wcześniej, kiedy dzięki Relidze pojechał na staż do szpitala w Browns Mills w New Jersey. Barbara Piasecka sponsorowała szpital i młodych polskich naukowców. Z uwagą słuchała o szalonych chirurgach z Zabrza, niektórych zapraszała do rezydencji, w tym i Cichonia, który z wrażenia nie wyhamował na podjeździe i wjechał autem do fontanny przed pałacem. Gospodyni była ciepła i wesoła, a na kominku stały jej zdjęcia w objęciach słynnych ludzi.

Tak więc Cichoń prosi o połączenie z Princeton, przedziera się przez sekretariat i prosi Barbarę.

– Czy zna pani Pavarottiego?

Barbara nie zna, ale przyjaźni się z rodziną Domingów. Natychmiast zgadza się pomóc. Idea przeszczepu serca to też jest projekt na miarę jej ambicji.

Telefonuje do Wiednia do słynnego śpiewaka, żeby opowiedzieć o najwybitniejszym chirurgu, jakiego mógłby sobie wyobrazić. Następnie aranżuje w Wiedniu spotkanie Religi z Domingo.

Po wieczornym spektaklu śpiewak przyjmuje profesora w swojej garderobie. Zaprasza na bankiet i przedstawia jako gwiazdę. Rano, przy zupie żółwiowej, w trójkę ustalają szczegóły: koncert odbędzie się w grudniu, honorarium Dominga wyniesie sto zamiast dwustu pięćdziesięciu tysięcy dolarów i pokryje je Barbara.

Domingo chce śpiewać w Warszawie, ponieważ nie wie, gdzie jest Zabrze. Barbara tłumaczy, że Zabrze jest obecnie ważniejsze niż Warszawa.

O koncercie mówi cała Polska.

Zostaje sprzedanych dwa tysiące biletów, ci, którzy odchodzą z kwitkiem, oraz ci z wątlejszymi portfelami mogą oglądać koncert na telebimie pod Domem Muzyki i Tańca w Zabrzu.

Sławomir Pietras:

– Profesor Religa zapytał, jak z szacunkiem zająć się maestro. Powiedziałem, że przede wszystkim nie można wysyłać do Wiednia wojskowego samolotu, bez kanap, ogrzewania i przytulności, bo maestro się poobija. Posłuchali i wymienili na elegancki. Domingo przyleciał i od razu podbił Polaków, mówiąc, że jego marzeniem jest zaśpiewanie arii Jontka.

Kiedy Domingo kończy występ, Religa prosi na scenę Barbarę i wręcza jej nagrodę – Oscara Serc – w podzięce za dobroczynność. W tym dniu Barbara zyskuje ogólnopolską rozpoznawalność i sympatię milionów. Ma nadzieję na ocieplenie relacji z Polską.

Ale kiedy zapraszają ją do popularnego telewizyjnego programu *100 pytań do...*, w którym dziennikarze zadają pytania ważnym osobom życia publicznego, okazuje się, że Polsce nie o to chodzi. Jeden z dziennikarzy pyta z wyrzutem, dlaczego tylko Domingo, a nie także Carreras i Pavarotti. Dlaczego nie udało się ściągnąć wszystkich trzech tenorów?

Barbara nie godzi się na emitowanie odcinka.

Wytworna. Zabrze, 1993

Rok później profesor Religa zaprasza tenora José Carrerasa i sopranistkę Montserrat Caballé, która święciła tryumfy w związku z utworem *Barcelona* wykonywanym z Freddiem Mercurym. Barbara jest zaproszona na koncert, obecna jest także Grażyna Kulczyk, przedsiębiorczyni i kolekcjonerka z Poznania. To jest ich pierwsze spotkanie, w którym pośredniczy Sławomir Pietras. Grażyna Kulczyk widzi kobietę wytworną w stylu bajkowym, do której goście zwracają się z estymą i którą wskazują sobie palcem.

Ten koncert przechodzi do historii, ponieważ zaczyna się od skandalu. Opisują go Judyta Watoła i Dariusz Kortko w książce *Religa*.

„Carreras (...) przylatuje do Katowic. Orkiestra Symfoniczna Polskiego Radia i Telewizji pod batutą Antoniego Wita ma

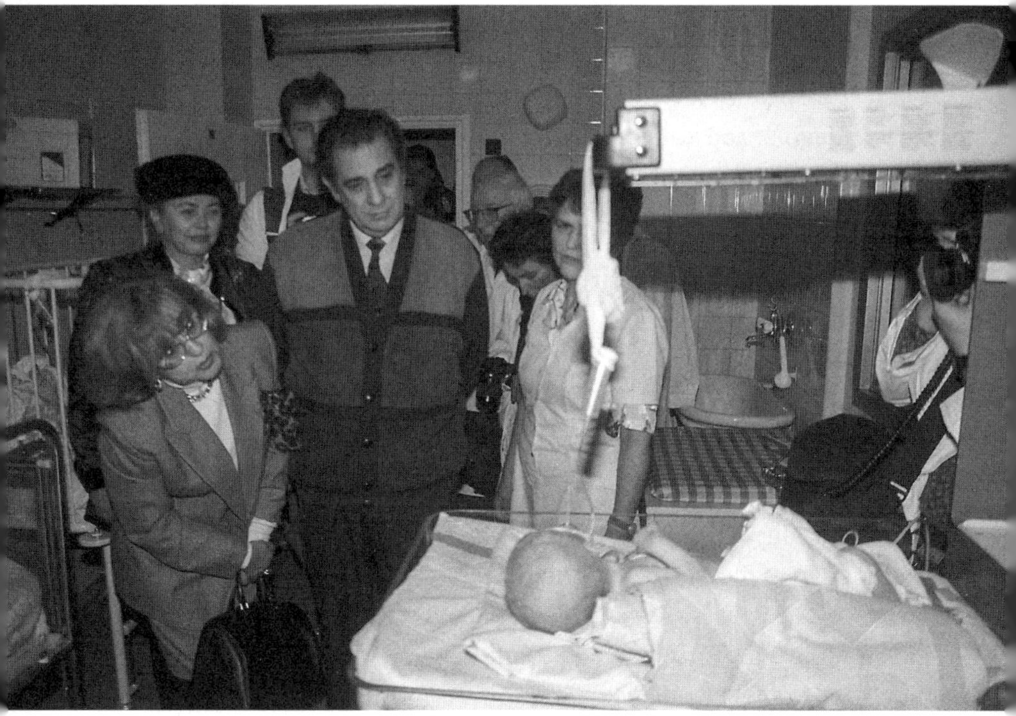

Plácido Domingo z żoną Martą i Barbarą odwiedzają Śląskie Centrum Chorób Serca w Zabrzu dzień po koncercie w tym mieście

ostatnią próbę przed koncertem. Nic nie zapowiada kłopotów. Wtedy w mieszkaniu Religi dzwoni telefon. To Sarna [lekarz, współpracownik – przyp. aut.]: – Carreras pokłócił się z Witem. Okazuje się, że Carreras przyjechał ze swoim dyrygentem i nie chce Wita, wobec czego Wit nie chce dać orkiestry. Już są spakowani, wychodzą. Religa dzwoni do Carrerasa, prosi, żeby się dogadał z Witem. Tenor obiecuje, że jeżeli Wit przyjdzie do niego przed koncertem, to na pewno coś ustalą.

Religa do Wita: – Proszę, niech się pan spotka. Dom Muzyki i Tańca, dwie godziny przed koncertem. Jest orkiestra, są Carreras i Wit.

Religa przekonuje Wita: – Podejdźmy do José, porozmawiajmy.

Wit odmawia. Nie pójdzie, niech tamten podejdzie.

Religa biegnie do tenora: – Błagam pana, niech się pan ugnie i pójdzie do Wita, bo on nie chce. Carreras z oporem, ale spełnia prośbę. Zaczynają negocjować. Wit podnosi głos, Carreras purpurowy, zaczyna krzyczeć, Wit jeszcze głośniej. (...) Montserrat Caballé ugodowa. Żartuje: – Jak trzeba będzie zaśpiewać nago, zaśpiewam nago, jak głową w dół, też nie problem.

Ale Carreras wściekły. Pokazuje orkiestrze fucka i wychodzi. Muzycy Wita zaczynają się pakować.

Koniec negocjacji.

Religa spanikowany. Za godzinę ma się rozpocząć koncert. Na sali są już pierwsi goście, oficjele, melomani. Telewizja instaluje kamery, co robić!?

Dziennikarze widzą, jak orkiestra Wita wsiada do autokaru i odjeżdża.

Grupka dziennikarzy przepytuje Wita, który ogłasza: »Koncert w Zabrzu się nie odbędzie«. Przy drugiej grupie Religa dementuje: – Koncert się odbędzie.

A potem do Sarny: – Ja tego Wita, kurwa, zamorduję.

(...)

José Carreras i Montserrat Caballé występują bez orkiestry. Śpiewają przy akompaniamencie fortepianu, na którym gra dyrygent Enrique Ricci".

Grażyna Kulczyk pamięta, że Barbara jako osoba światowa chętnie bierze udział w mających zażegnać kryzys negocjacjach w teatrze. Barbara mówi potem, że to dzięki jej interwencji tenor nie pakuje walizek.

Ale plany, żeby bliżej związać się z Polską, zaczynają się rozmywać.

Sławomir Pietras:

– Czasem jeszcze miewała momenty fascynacji. Odwiedziła mnie w Poznaniu na Winogradach. Naprzeciwko park, niedaleko dom Janka i Grażyny Kulczyków, z którymi chciała się zaprzyjaźnić. Powiedziała, że jej pies świetnie się u mnie czuje, więc natychmiast odkupi mój dom. Mam tylko podać cenę. Ale ja nie miałem zamiaru się wyprowadzać! Barbara nie obraziła się na szczęście, ale powiedziała, że w moim mikroskopijnym ogródku brakuje angielskiej odmiany róży. Obiecała, że mi dokupi. Puściłem to mimo uszu, ale za kilka miesięcy przy furtce pojawił się kurier z krzakami. Pamiętała! Jej domem wypadowym od początku lat dziewięćdziesiątych było Monako. Odpowiadał jej klimat, zerowa stawka podatkowa i towarzystwo.

Przyjaciółka dworu Monako. Monte Carlo, 1995

Żartem mawia, że pierwszy raz wyszła za mąż z miłości, jeśli wyjdzie drugi raz, to dla pieniędzy. Plotkuje się, że pragnie się zbliżyć do rodziny Garimaldich, a dokładniej – do księcia Monako Rainiera, wdowca po Grace Kelly.

Łącznikiem z księciem Monako jest jego syn Albert.

Józef Grabski:

– Zaczęła pojawiać się na książęcych przyjęciach charytatywnych, na które kupowało się bardzo drogie bilety. Była hołubiona jak wszyscy, którzy dają pieniądze. Ale potrafiła być miła i radosna i była atrakcyjnym towarzystwem.

Sąsiadem Barbary w Monte Carlo jest Wojciech Fibak, któremu po wygranym turnieju tenisowym sam książę Rainier proponuje meldunek i kupno domu w księstwie. Przez dekadę tenisista pełni funkcję konsula honorowego.

Wojciech Fibak:

– Dziesiątki sportowców wyprowadzało się do Monako, żeby trenować w słońcu, płacić mniejsze podatki i czuć się bezpiecznie ze swoimi rodzinami. Zastanawiałem się, dlaczego Barbara przeniosła się do Monte Carlo. Nie miała ulg podatkowych, ponieważ była obywatelką amerykańską. Nie musiała martwić się o bezpieczeństwo dzieci, bo ich nie miała. Doszedłem do wniosku, że ze względu na przyjaźń z Garimaldimi i ich restrykcyjną religijność. Barbara coraz bardziej zwracała się ku religii i szukała towarzystwa, które deklarowało katolicyzm.

Przekazała część obrazów wybranych do wystawy *Opus sacrum* do kościoła Zwiastowania w Monte Carlo.

Kupiła niewielki dom na skale z widokiem na stary port, blisko pałacu. Rodzina książęca uczyniła wyjątek, pozwalając jej osiedlić się w tym miejscu. Mieszkała obok księżnej Karoliny, ministrów i miejscowej arystokracji.

Chwaliła się, że ma drugi co do wielkości ogródek w Monte Carlo.

Wojciech Fibak:

– Kiedy ją odwiedzałem, rozmawialiśmy o sztuce, ale w jej otoczeniu zawsze byli prawnik, sekretarka i ksiądz. Barbara zaczynała zdanie, ale kończył któryś z jej doradców. Zacząłem mieć wrażenie, że mam audiencję na dworze królewskim. Albo że Barbara przestaje być samodzielna.

Małgorzata Zajączkowska:

– Spędzałam wakacje na południu Francji, więc zadzwoniłam do niej, że jestem, bardzo się ucieszyła. Powiedziałam, że chętnie ją odwiedzę, ale odpoczywam z grupą przyjaciół artystów. Prosiła, żeby wymienić nazwiska. „Przyjedź tylko z panem Bajorem". Oczywiście reszta grupy się obraziła.

Do jej domu schodziło się z głównej ulicy. W porównaniu z Jasną Polaną to była dziupla z ogródkiem, bo budynki na skale są ściśnięte.

Upiekła nam placki z jabłkami i cukrem pudrem. Pytała, czy smaczne. Ucieszyła się, że nam smakują, i powiedziała, że jak Albert wpadnie po południu, to też sobie zje.

Józef Grabski:

– Zaprzyjaźnili się. Albert popierał jej działania charytatywne, zgodził się przyjechać do Gdańska, kiedy otwierała tam swój instytut dla dzieci autystycznych. Łączyło ich myślenie o interesie społecznym. Kiedy w 2005 roku po śmierci ojca Albert został suwerenem, ich relacje stały się nieco bardziej formalne. Zaczęła szukać nowego domu we Włoszech, zamieszkała w Asyżu.

Osiemnaście luksusowych dołków. Jasna Polana, 1996

Barbara wybiera Europę, a wokół przyszłości pałacu w Princeton gęstnieje od plotek. Odkąd zaangażowała się w naprawianie Polski, rzadko wpada do Ameryki. Na terenie posiadłości mieszka jej brat Grzegorz, jego córka Beata z dziećmi i mężem, a także bratanek Christopher, który tłumaczy zaciekawionym lokalnym dziennikarzom: „Czy po śmierci męża i po przejściu takiej gehenny [proces z dziećmi męża – przyp. aut.] zostałbyś w tym domu? W charakterze mojej cioci nie leży rozpamiętywanie, ciocia poszła dalej".

Wątpliwości zostają rozwiane, kiedy w 1996 roku rada planowania przestrzennego w Princeton przychyla się do złożonego przez Barbarę wniosku o przebudowę posiadłości i zmianę jej w ekskluzywny klub golfowy, zarządzany przez sieć Tournament Players Club.

Tym samym w opuszczoną Polanę zostaje tchnięte nowe życie. Ojcem chrzestnym przedsięwzięcia jest Albert z Monako, który przybywa na uroczystość nadania Polanie nazwy TPC Jasna Polana Golf Club. Z tej okazji Barbara po raz pierwszy w życiu bierze do ręki kij golfowy i posyła piłkę w płot. Następnie na teren parku wjeżdżają koparki, aby wydłubać dołki według projektu Gary'ego Playera, legendarnego gracza z RPA. Pałac ma zostać nienaruszony, zwłaszcza apartament Barbary na pierwszym piętrze. Parter, w którym będą relaksować się gracze, zostaje udekorowany siedemnastowiecznymi arrasami oraz pomniejszymi obrazami z jej kolekcji, rzeźbionymi meblami i kołatkami. Otoczenie ma umilać golfistom pomeczowego hamburgera.

„Powstał najbardziej dziwaczny klub golfowy na świecie. Sport w przezłoconym pałacu z łazienkami w różowawych marmurach. Wracasz z pola i czujesz, że musisz natychmiast wziąć prysznic i założyć krawat" – pisze „The New York Times".

Indywidualnie trzeba zapłacić sześćdziesiąt pięć tysięcy dolarów wpisowego, a korporacja – siedemdziesiąt pięć tysięcy. Każdy co roku jest zobowiązany przelać na konto klubu dziesięć tysięcy dolarów.

Rok przed otwarciem klub liczy dwustu członków.

Lwy po trzysta. Jasna Polana, 2013

Christopher Piasecki odmawia reporterowi wstępu do Jasnej Polany. Żeby obejrzeć pałac i pozostałe w rezydencji zbiory, trzeba znaleźć osobę, która ma kosztowny klubowy abonament i mogłaby wprowadzić gościa.

Cud się zdarza i przewodnikiem zgadza się być Piotr, prawnik z Wall Street, a dokładniej – jego sąsiad Jerzy, menedżer w koncernie farmaceutycznym w New Jersey. Kilka lat temu jego firma wykupiła abonament dla VIP-ów. Jerzy jeszcze nie korzystał z karty wstępu, ponieważ nie ma czasu ani nie gra w golfa. Pisze, że chętnie z żoną zwiedzą pałac.

W czerwcu 2013 roku samochód parkuje za kutą przez rodzinę Dudów bramą, tuż pod oświetlonym pałacem, niedaleko fontanny. Od drzwi wejściowych towarzyszy gościom starszy konsjerż w mundurze, ukłonach i z hiszpańskim akcentem. Toalety dla wchodzących są w lewym skrzydle. W każdej obok mydła na zdobionych talerzykach leżą czekoladki Hershey's. Konsjerż prowadzi przez ogromny hall. Żeby przejść do jadalni, trzeba minąć rozwidlone schody.

Gość może się czuć dokładnie tak jak w przytłaczających wnętrzach nowojorskiego sądu spadkowego. Trudno sobie wyobrazić, że pałac był czyimś domem. W pawilonie, który teraz jest jadalnią, całą w bieli, z okrągłymi stołami, jest zupełnie pusto, nie licząc sześciu kelnerów.

Po kolacji konsjerż proponuje szybkie zwiedzanie. Mówi: „Siedemnastowieczne arrasy, stare mapy Europy Środkowej, dużo książek". Prowadzi do pokoju wypoczynkowego z kominkiem i fortepianem. Ożywia się przy drzwiach gościnnego pokoju z napisem „Albert, książę Monako" i przy łazienkach z wannami z marmuru. Mówi: „Barbara była z nich bardzo dumna". Te dwa punkty programu zwykle robią na gościach największe wrażenie.

Na odchodnym prosi, by zwrócić uwagę na parę rzeźbionych lwów, które stoją w hallu przy wejściu. Strzegą drzwi jak sfinksy.

– Każdy z nich jest wart trzysta tysięcy – rzuca z satysfakcją.

Osiedle pałaców. Jasna Polana, marzec 2016

W 2015 roku zmieniają się zasady użytkowania Polany i klub można wynająć na rodzinne uroczystości. Cena zaproszenia stu osób na trzygodzinną imprezę zaczyna się od trzydziestu dwóch tysięcy dolarów.

Wjeżdżam od strony Province Line Road. W latach dziewięćdziesiątych Barbara wykupiła tereny po przeciwnej stronie ulicy. Teraz obok Polany rośnie osiedle pomniejszych pałaców na sprzedaż. Przekraczam boczną bramę, obok której stał domek Danusi. Jest to ceglana spora stróżówka z dużymi oknami.

Ogrody Barbary są wielkości warszawskiego Pola Mokotowskiego. Przed pałacem mijam drogowskaz na dom Beaty (Beata's House), chociaż bratanica dawno tam nie mieszka.

Za pałacem wciąż nie dokończony kaplico-schron. Droga wysadzana kamerami. Podejrzane samochody wyłapywane są przez prywatną pałacową policję. Goście parkują przed wejściem na pole golfowe. Wspaniałe, wkomponowane w naturę, otoczone starodrzewem – pozostałością po ogrodach Barbary.

Drzwi do pałacu są otwarte. Tuż przy jednym z lwów stoi stół recepcjonisty, który sprawdza, czy gość był umówiony i czy nie ma go czasami na liście osób niechcianych. Wyjaśnia, że wynajęcie jest możliwe, ale należy znaleźć dwóch wiarygodnych członków klubu, którzy za człowieka poręczą. Tymczasem prosi o szybkie opuszczenie posesji. W łazienkach zamiast czekoladek cukrowe miętówki we wzorki.

David Margolick, któremu opowiadam o wizycie w Jasnej Polanie, dzieli się swoją historią.

W 2013 roku ekskluzywny magazyn „Town & Country" poprosił Margolicka, aby napisał duży artykuł o tym, co Barbara Johnson robiła po zakończeniu słynnego procesu. Na początek reporter pojechał znów do Jasnej Polany.

– Poprosiłem miłego faceta, Amerykanina zatrudnionego w klubie golfowym w Jasnej Polanie, żeby mnie oprowadził. Zrobiła się afera, bo dowiedział się o tym bratanek Barbary, który jest zarządcą. Ktoś go poinformował lub zobaczył mnie w jednej z kamer przemysłowych, które są wszędzie. Mój człowiek omal nie wyleciał z pracy. Poczułem się jak w *Roku 1984* Orwella i zrozumiałem, że ci ludzie nigdy nie wyzbyli się komunistycznej mentalności. Ten bratanek, który nigdy niczego nie dokonał, i Barbara – oboje. Pod koniec życia wróciła do swoich chłopskich przyzwyczajeń, jej życie to epicka porażka. Nie chcę nikogo obrażać, wiem, że Chopin był Polakiem, ale jest coś ponurego w tej kulturze. Cholernie destrukcyjnego.

Życie towarzyskie operowe. Poznań, 2015

Sławomir Pietras zaprasza do domu w poznańskiej dzielnicy Winogrady. Ulica cicha, ogródek dziki, dom ciepły, ozdobiony gęsto pamiątkami z życia zawodowego właściciela. Drobny drżący pies o imieniu Nadir próbuje wyjeść ciasteczka ze srebrnej patery. Pachnie obiadem, nad którym pochyla się gosposia. To ten niewielki dom chciała odkupić Barbara. W 2004 roku Sławomir Pietras – wtedy dyrektor Teatru Wielkiego w Poznaniu – powiedział dziennikarzom, że z Barbarą często żartują, iż jeśliby się pobrali, to „skończyłyby się problemy z pieniędzmi dla opery". Dyrektor znany jest ze swego poczucia humoru i skłonności do opowiadania anegdot, w których występują powszechnie znani ludzie, a także on sam. Jest jedną z nielicznych osób, które nie planowały z Barbarą żadnych interesów, nie szukały u niej finansowego wsparcia. Połączyła ich muzyka.

Sławomir Pietras:

– Zobaczyłem ją w roku 1976. Krystian Zimerman, kolega, po wygranym Konkursie Chopinowskim wyruszył w trasę koncertową. Agentka załatwiła mu Paryż i Krystian poprosił, żebym z nim na tydzień pojechał. Wiedział, że jestem frankofilem, pracuję w Polskim Teatrze Tańca – Balecie Poznańskim i w Paryżu mam kontakty. Bardzo się ucieszyłem. Miał się tam spotkać z Barbarą i Sewardem Johnsonami, którzy rok wcześniej, na konkursie, przyznali mu nagrodę, ale nie zdążyli jej wypłacić.

Znałem córkę dyrektora teatru Champs-Élysées Annę Stephan i Krystian chciał, żeby ubłagała ojca, aby pozwolił mu nocami ćwiczyć w pustej sali teatru. Załatwiłem mu to. Płaciliśmy konsjerżowi, by włączył punktowe światło na scenie i wsunął na nią fortepian. Krystian grał, a ja spałem na widowni.

Jeszcze przed koncertem odwiedziliśmy Artura Rubinsteina. Wspaniałe przyjęcie. Pani Nela, niezwykła i dowcipna, karmiła nas i nalewała koniaczku. Artur kazał grać Krystianowi wszystko, co potrafi. Siedział w fotelu, słuchał i patrzył jakby na siebie z młodości. Nad ranem łeb mi już spadał, więc poszedłem do hotelu. Krystian wrócił w południe.

Potem dał udany koncert, po którym spotkałem państwa Johnsonów. Przylecieli swoim samolotem i przywieźli kopertę z pieniędzmi, o które Krystian się niepokoił. Doradziłem mu, żeby poprosił o gotówkę i zawiózł ją do Polski, a nie wpłacał na konto, z którym władze, umówmy się, mogły zrobić, co chciały.

Po koncercie poszliśmy do restauracji. Moje pierwsze wrażenie? Żadne. Byli po prostu nudni. Z Krystianem Barbarę połączyła na lata miłość do tego samego artysty, Witolda Małcużyńskiego.

Tak zaczęła się nasza znajomość.

Byłem dyrektorem Teatru Wielkiego w Warszawie, gdy zadzwoniła: „Jestem w Bristolu z wicekrólem Brazylii, będziemy u ciebie na przedstawieniu". Z wicekrólem? Okazało się, że faktycznie odwiedzał Polskę. Strasznie się zestresowałem. Zawołałem mojego kierownika artystycznego i powiedziałem: „Przyjmujemy dzisiaj wicekróla Brazylii". O mało się nie przewrócił. Daliśmy całą lożę rządową, tak się przejąłem. Przyszedł wicekról Brazylii, jego narzeczona i świta.

W antrakcie spotkaliśmy się w loży i Baśka z portfela wyciągnęła tabletki z torfem. Rozdawała po jednej: nam, wicekrólowi i całej świcie, mówiąc: „Plácido bez tych tabletek nie wychodzi na scenę".

Po spektaklu poszliśmy na kolację do Bristolu. Kiedy zostaliśmy sami, opowiadała mi o kłopotach z Pilicą, o tym, jak Wałęsa ją potraktował, kiedy okazało się, że nie może zainwestować w Stocznię Gdańską. Skarżyła się na torfowy biznes. Uważała, że wszyscy i wszystko się sprzysięgło przeciwko niej. Powiedziała, że wypromuje torfowe tabletki nawet z pominięciem Polski. Była rozczarowana.

Kiedy pojechałem do Paryża na uroczyste rozdanie Nagród Niżyńskiego, Baśka mieszkała w Ritzu. Umówiliśmy się na prywatkę. Ja z zespołem i ona. Podjechaliśmy taksówką pod Ritza. Ona schodzi. Mówię: „Wiesz, w domu naprzeciwko mieszkał Chopin". A Baśka odpaliła: „Przecież ten dom należy do mnie, nie wiedziałeś?". Dom wynajęła bankowi, ale ufundowała odpowiednią tablicę.

Przez lata przyjeżdżała do mnie regularnie i opowiadała wzruszona o tym, co ją ostatnio spotkało. Na przykład o swojej wizycie u Franka Zeffirellego: „Wiesz, wróciłam z Rzymu, pojechałam tam, bo Franco chory. Weszłam do jego pokoju, a na szafce moje zdjęcie!". Trochę się z niej nabijałem, że Zeffirelli ma szafę pełną zdjęć osób, z którymi dobrze finansowo współpracuje. Ale Baśka była przekonana, że jestem złośliwy, a Franco się w niej kocha. To się dobrze sprzedawało w towarzystwie, że najsłynniejszy gej świata zakochał się w Piaseckiej. Miało świadczyć o jej kobiecości, że jest zdolna pokonać wszystko.

Jeszcze w latach dziewięćdziesiątych poznałem ją z Jankiem i Grażynką Kulczykami, ale nie było między nimi chemii. To dwa różne modele biznesowe. Nie mieli o czym rozmawiać.

W 2004 roku, kiedy byłem dyrektorem Teatru Wielkiego w Poznaniu, Domingo był wicedyrektorem opery w Waszyngtonie i poprosiłem, żeby nam wypożyczył spektakl. Jeszcze w tym samym roku przyjechał na próbę generalną, żeby sprawdzić, czy wszystko działa i dekoracje dobrze stoją. Janek Kulczyk na moją prośbę wysłał samolot po niego. Jak się Basia dowiedziała, przyjechała z Monako przez Berlin do Poznania, żeby się sfotografować z Plácido. Za wszelką cenę chciała, żeby Polacy ją pokochali.

W 2005 roku wróciłem na chwilę do Teatru Wielkiego do Warszawy. Chciałem, żeby Domingo zaśpiewał w operze *Tosca*. Zapytałem Baśkę, ile powinienem zaproponować mu za ten koncert. Powiem szczerze, miałem nadzieję, że Baśka nas wesprze. A ona powiedziała: „Daj mu jak najwięcej, bo Domingowie zbierają na samolot".

Opus prawie w Poznaniu. Poznań, 2000–2003

Profesor Konstanty Kalinowski, dyrektor Muzeum Narodowego w Poznaniu, jeden z rzeczoznawców wystawy *Opus sacrum*, jest kolejną osobą, która będzie namawiać Barbarę, żeby oddała w depozyt część swojej kolekcji. Proponuje dwudziestoletnią umowę z możliwością przedłużenia.

Barbara nie oponuje, ponieważ lubi profesora. Na zachętę przywozi do Poznania wspaniały obraz Tintoretta *Bitwa pod Asolą* i dwanaście zabytkowych gobelinów. Chce tylko, żeby obrazy wisiały w odpowiedniej oprawie. Na zdjęciach z 2000 roku Barbara w błękitnej prostej sukience i ze szklaneczką soku w plastikowym kubeczku przyjmuje wyrazy wdzięczności i wygląda na szczęśliwą.

„Wracam do korzeni" – mówi znów dziennikarzom. Podkreśla, że dołącza do tradycji wielkich rodzin, szczególnie rodziny Czartoryskich, która w 1876 w osobie księcia Władysława Czartoryskiego zdeponowała w Krakowie zbiory dzieł sztuki gromadzone przez przodków od drugiej połowy XVIII wieku w Puławach i Paryżu. Władze miasta udostępniły na ten cel odpowiedni budynek i w ten sposób powstało słynne prywatne Muzeum Książąt Czartoryskich.

To znów jest wizja na miarę ambicji Barbary.

Zaczynają się rozmowy. „Głos Wielkopolski" relacjonuje: „Wielkie zainteresowanie kolekcją okazały władze miasta, proponując nawet utworzenie nowego muzeum. Najpierw dzieła miały być wystawione w starym gmachu Muzeum Narodowego, ale wtedy musiałaby zostać zlikwidowana część stałej ekspozycji"[46]. Dziennikarze piszą, że mówi się o wybudowaniu nowego skrzydła Biblioteki Raczyńskich, wyremontowaniu kamieniczek na Starym Rynku, należących do muzeum. Podczas wizyty w 2000 roku Barbara Piasecka Johnson ogląda sale reprezentacyjne na piętrze Zamku Cesarskiego. Początkowo jest nimi zachwycona. Zwiedzając, opowiada, jakie dzieła mogłaby przywieźć do Poznania i zaprezentować. Władze miasta zacierają ręce, bo Barbara może rozsławić stolicę Wielkopolski na cały świat.

I nagle okazuje się, że konserwator zabytków nie zgadza się na wyburzenie ścianki (zabytkowa i nośna – to oficjalny komunikat). Miasta nie stać też na sprowadzenie i zamontowanie najnowszych systemów bezpieczeństwa. Poza tym Barbara dowiaduje się, że w zamku gościł Hitler.

Zwraca się jeszcze do Grażyny Kulczyk, która przebudowuje stary browar, żeby przeznaczyć go na cele artystyczne i handlowe, ale ona nie czuje się na siłach, by spełnić warunki Barbary.

I to jest koniec rozmów.

Waldemar Dąbrowski:

– W pewnym momencie wszystko szło w dobrym kierunku, a potem nagle runęło. To nie ściana nośna była przyczyną zerwania rozmów. Z wypowiedzi pani Piaseckiej wynikało, iż czuje się urażona tym, jak mało jest w Polsce doceniana. A w pewnym momencie po prostu zamilkła, urwał się kontakt. Tak jakby przestało jej nagle zależeć na doprowadzeniu tego projektu do końca.

Autyzm. Wrocław – Jasna Polana, 1990

Dowiaduje się, czym jest autyzm, kiedy bratankowi rodzi się syn, u którego cztery lata później lekarze diagnozują poważną postać tej niepełnosprawności. Barbara staje na głowie, by chłopiec miał najlepszą opiekę medyczną.

W Princeton od 1970 roku działa Princeton Child Development Institute (PCDI), na początku lat dziewięćdziesiątych jest to jedna z najlepszych na świecie placówek zajmujących się autyzmem i ma wyniki. Barbara hojnie dofinansowuje ten ośrodek, a dziecko robi postępy w nauce, w końcu zdobywa licencjat, znajduje zatrudnienie i osiąga samodzielność.

W Polsce na przełomie lat osiemdziesiątych i dziewięćdziesiątych człowiek z taką niepełnosprawnością ma zupełnie inne perspektywy. Rodzic dziecka autystycznego, biedny czy zamożny, może liczyć na kilka godzin nauczania indywidualnego, które nie jest jednak dostosowane do potrzeb, może podawać dziecku leki uspokajające, może umieścić dziecko w szpitalu psychiatrycznym. Jeśli nie jest w stanie się nim zajmować, może je wysłać do Domu Pomocy Społecznej, często ukrywa je w domu, żeby nie narażać na kpiny równolatków.

Nie ma mowy o specjalistycznej terapii, dzięki której dziecko mogłoby rozwinąć cały swój potencjał: nauczyłoby się ubierać, zapakować tornister, zareagować właściwie na „dzień dobry", skupić na umyciu rąk, przeczekać atak agresji oraz paniki albo zintegrować się z pełnosprawnymi rówieśnikami i zdać na studia. Rodzice zakładają więc lokalne stowarzyszenia. W Gdańsku na przykład Stowarzyszenie Pomocy Osobom Autystycznym tworzy pedagog Małgorzata Rybicka, mama autystycznego Antka, żona Arama, gdańskiego polityka i działacza społecznego. Rybicka inicjuje Specjalny Ośrodek Rewalidacyjno-Wychowawczy dla Dzieci i Młodzieży z Autyzmem, który w ciągu kilku lat staje się jedną z najważniejszych placówek w kraju. Poszukiwania najlepszej metody terapii trwają cztery lata. W ramach programu wymiany profesjonalnej norweskiego Ministerstwa Spraw Zagranicznych norwescy terapeuci behawioralni osób z autyzmem przez wiele lat prowadzą w Gdańsku wykłady, warsztaty i superwizje, przekazując swoją wiedzę i doświadczenie. Z kolei terapeuci z Gdańska wyjeżdżają na staże do podobnych ośrodków w Norwegii, gdzie dowiadują się o istnieniu PCDI.

W 1999 roku Aram (jest wtedy wiceministrem kultury) poznaje Barbarę podczas festiwalu w Cannes. Kiedy zaczynają rozmowę, okazuje się, że mają wspólny temat. Wymieniają uwagi o problemach chorych i Barbara czuje się zainspirowana. W sprawie wytycznych wysyła do Rybickich Beatę i Wojtka Piaseckich.

Tymczasem dwie terapeutki z ośrodka prowadzonego przez Małgorzatę Rybicką zwracają się do instytutu w Princeton z prośbą o możliwość odbycia stażu i dostają dofinansowanie. Amerykanie są zaskoczeni stanem wiedzy Polek. Telefonują do Barbary, że to są specjalistki, których szukała do swojej fundacji. Ambitne, zdolne i chętne do dalszej nauki.

W 2000 roku szefowa fundacji Barbary Beata Piasecka dzwoni do Jerzego Dudy.

– Plan był szeroki. Ośrodki terapeutyczne miały powstać w całej Polsce. Beata prosiła, żebym w Małopolsce poszukał osób, które mogłyby prowadzić ośrodki. Beata szukała w Malborku, Częstochowie, Rudzie Śląskiej, Bydgoszczy, Poznaniu.

Powstaje plan budowy sieci instytucji, które wspierałyby autystyków. Centrum działań ma być ośrodek naukowy i terapeutyczny w Gdańsku. Poprowadzi go Anna Budzińska, jedna z princetońskich stażystek.

Beata Piasecka zapowiada w prasie, że do 2004 roku w Jasnej Polanie będą odbywać się dobroczynne aukcje Art for Autism. Fundacja planuje zebrać dwa miliony dolarów. Żeby zbudować wielki instytut na wzór amerykański, pod młotek pójdzie cała kolekcja polskich mistrzów: Matejko, Chełmoński, Michałowski, Gierymski. Pierwsza aukcja odbywa się we wrześniu 2000 roku. Przynosi prawie pół miliona dolarów. Ośrodek w Gdańsku dostaje czterdzieści dziewięć tysięcy dolarów, krakowski trzydzieści tysięcy, a poznański dziewiętnaście tysięcy dolarów. Do Princeton jadą na staż specjaliści z kolejnych miast. Zapowiadają się wielkie zmiany w terapii autyzmu w Polsce.

Przede wszystkim Beata Piasecka zakłada warszawskie biuro fundacji. Dyrektorką zostaje Joanna Grey, którą poleca Aram Rybicki. Współpracował z nią w Ministerstwie Kultury, Joanna ma doświadczenie w kierowaniu zespołem i pozyskiwaniu funduszy. Oprócz tego ma wizję.

Joanna Grey:

– Chciałam, żeby pani Piasecka przestała kojarzyć się wyłącznie z nieudaną inwestycją w stocznię. Żeby ludzie spojrzeli na nią jak na filantropkę i kolekcjonerkę. Wszyscy mówili wtedy o fundacjach, które prowadziły prezydentowa Jolanta Kwaśniewska lub Janina Ochojska. Chciałam, żeby Piasecka Johnson też została marką. Z tej organizacji można było zrobić perełkę, gdyby ktoś naprawdę chciał. Rozpoczęłam więc rozmowy z Instytutem Marki Polskiej i prezesem Mirosławem Borucem działającym przy Krajowej Izbie Gospodarczej. Były plany. Gdyby Barbara Piasecka Johnson i jej unikatowa kolekcja sztuki pojawiły się na stałe w Polsce, mogłyby stać się symbolem, tak jak Jan Paweł II, Lech Wałęsa, Solidarność, Chopin. Ludzie ze świata przyjeżdżaliby, żeby zobaczyć prezentowane tu dzieła.

W 2002 roku – dwanaście lat po nieudanej inwestycji w Stocznię Gdańską, fabrykę torfu, pałac w Pilicy i dług zagraniczny ojczyzny – nazwisko Barbary wraca na pierwsze strony polskich gazet. Co najmniej z trzech powodów.

Po pierwsze, amerykański tygodnik „Forbes" publikuje listę najbogatszych mieszkańców kuli ziemskiej, na której Barbara znajduje się na sto sześćdziesiątym ósmym miejscu z majątkiem dwa miliardy siedemset tysięcy dolarów. Informacja wzbudza poruszenie w mediach.

Po drugie, w Poznaniu finalizuje się umowa na przekazanie miastu części kolekcji obrazów.

Po trzecie, w zbiorach Barbary odnajduje się nagle szczególny eksponat, który chciałaby ona sprzedać na aukcji. Wokół eksponatu wybucha medialna afera.

I to nie jest rozgłos, o którym marzy Joanna.

Wielka księga. Warszawa, 2001

W listopadzie 2001 roku Joanna rozmawia z Beatą. „Ciocia – mówi Beata – przekaże na rzecz dzieci autystycznych zdeponowane w sejfie we Wrocławiu przedmioty. Jeszcze nie wiadomo, jakie i ile są warte".

Joanna Grey:

– Jestem człowiekiem czynu, więc pojechałam do Wrocławia, do siedziby Torf Corporation, gdzie znajdowały się te przedmioty. Oniemiałam. To był obraz *Białe róże w wazonie* Olgi Boznańskiej, dwa talerze z „serwisu łabędziego" hrabiego Henryka Brühla, wykonane według modelu Kaendlera, z największego i najwspanialszego serwisu XVIII wieku, który w czasie drugiej wojny światowej został zniszczony i pozostały tylko nieliczne jego części rozproszone po świecie, oraz niezwykłej urody inkunabuł. Był piątek, wzięłam wszystkie dzieła i zawiozłam je do rzeczoznawców z Muzeum Narodowego i Biblioteki Narodowej w Warszawie.

Profesor Dorota Folga-Januszewska natychmiast potwierdziła autentyczność obrazu Olgi Boznańskiej, o zawartości księgi dowiedzieliśmy się już w sobotę rano z prasy.

Dalsze losy szczególnej księgi opisuje reporter Włodzimierz Kalicki:

„Tak więc trójka pracowników muzeum przez pół godziny sprawdza autentyczność rękopisu. Wydaje się w porządku. Jeszcze tego samego dnia mediewista Jacek Soszyński ustala, że dokument może mieć wartość większą niż wywoławcze sześćset tysięcy złotych.

W styczniu księga jest badana raz jeszcze. W marcu eksperci ogłaszają, że jest to *Księga praw miejskich Głubczyc*, autentyczny dokument z 1421 roku, bezcenne źródło historii Europy Środkowej, dzieło sztuki. »Bitwa pod Grunwaldem« średniowiecznej literatury. W księdze spisane jest ręcznie między innymi prawo magdeburskie, na mocy którego w średniowieczu zakładano miasta. Wyrysowane są ozdobne mapy, niedźwiadki i ptaki leśne. Pismo ozdobione jest floraturą.

Do 1946 roku spoczywała nieprzerwanie w muzeum miasta Głubczyce na Opolszczyźnie. Potem zniknęła"[47].

Joanna Grey ma żal, że bez jednego telefonu do fundacji historycy alarmują dziennikarzy, a chwilę później telewizja publiczna w specjalnie poświęconym, kilkugodzinnym czasie antenowym w 2 Programie TVP oczekuje deklaracji i decyzji. Wywołano ogromną sensację. 9 marca „Gazeta Wyborcza" publikuje list otwarty do Barbary z prośbą o niewystawianie dzieła na aukcję i przekazanie go do zbiorów narodowych. „Tym szlachetnym gestem, podkreślającym Pani dotychczasowe zasługi, stanie Pani w szeregu najgłośniejszych dobrodziejów kultury polskiej". Jednocześnie gazeta obiecuje, że pomoże Barbarze zebrać odpowiednią sumę na potrzeby autystycznych dzieci. I publikuje numer konta jej fundacji z prośbą, by czytelnicy wsparli ośrodek.

Joanna Grey:

– Panią Piasecką Johnson poddano szantażowi emocjonalnemu, gwałcąc święte prawo własności.

Po czterech miesiącach trudnych negocjacji z Ministerstwem Kultury Barbara uroczyście przekazuje dzieło na ręce premiera Leszka Millera. Księga trafia do zbiorów historycznych miasta

Przekazanie na ręce premiera Leszka Millera
Księgi praw miejskich Głubczyc

Głubczyce. Minister kultury odznacza ofiarodawczynię za zasługi dla kultury kraju. Pochwałom nie ma końca.

„Nie znam drugiego Polaka, który miałby ustabilizowane kontakty na tak wysokim poziomie. Jej osobistymi przyjaciółmi są książę Albert, Plácido Domingo, Franco Zeffirelli i Krzysztof Penderecki" – zachwyca się w „Polityce" Waldemar Dąbrowski, minister kultury.

Rozczarowanie. Warszawa, lipiec 2015 – Sopot, listopad 2016

Waldemar Dąbrowski jest dyrektorem Teatru Wielkiego – Opery Narodowej, ale wciąż pamięta moment przekazania księgi.

Waldemar Dąbrowski:

– To była piękna uroczystość w Bibliotece Narodowej, ale w tle toczyła się sprawa nieporównywalnie większego kalibru. W Poznaniu trwały rozmowy o przekazaniu w depozyt części wielkiej kolekcji. Przystępowałem do tych rozmów, naprawdę unosząc się nad ziemią, i byłem gotów spełnić oczekiwania pani Barbary, uznając niezwykłą rangę jej gestu i kulturową wartość tego daru. Niestety, mimo najlepszej woli i pełnej determinacji z naszej strony, nie udało się sprawy sfinalizować.

W uroczystości uczestniczy również Joanna Grey.

Joanna Grey:

– Barbara, Beata i Wojciech mogli swobodnie rozmawiać z najważniejszymi osobami w państwie. Marszałek Sejmu, premier i minister kultury byli ujmujący i obiecywali wsparcie dla działań fundacji. Piaseccy nie poszli za ciosem, żaden z panów nie odezwał się więcej.

W 2002 roku Piasecka Johnson tłumaczy tygodnikowi „Polityka": „Marzę o tym, żeby przenieść się do Polski i zainwestować

Spotkanie z przedstawicielami władz Poznania w sprawie przekazania kolekcji dzieł sztuki

swoje pieniądze. Ale jak na razie jest tu zbyt wielka przestępczość i bałagan prawny”.

Zamiast w Polsce szykuje sobie dom w Asyżu.

Opowieść Liliany. Princeton, wrzesień 2016

We wrześniu 2002 roku w Jasnej Polanie odbywa się druga wielka aukcja dzieł sztuki. Obserwują ją fotograf Czesław Czapliński i dziennikarka Liliana Śnieg-Czaplewska. Beata Piasecka obiecała im chwilę rozmowy z fundatorką z zastrzeżeniem, że ciocia może w każdej chwili zmienić zdanie. Może przyjść, ale nie znaleźć czasu ani chęci na wywiad, może przyjechać w ostatniej chwili wprost na bankiet, może się spóźnić. Liliana mówi, że czekając, przeżywała chwile grozy.

Liliana Śnieg-Czaplewska:

– Po ogrodach kręcili się pracownicy fundacji i członkowie rodziny. Przedstawiono nam Grzegorza, który zapowiedział, że kiedy siostra nadejdzie, to chętnie opowie o każdym zabytkowym meblu. Czekając na Barbarę, obejrzeliśmy ogród, rzucając okiem na niezwykle rozległe i zadbane pola golfowe, ale z daleka, bo bez wózka elektrycznego ani rusz. Zajrzeliśmy też do sklepu z akcesoriami do gry w golfa i zdębiałam, czytając ceny.

Powiedziano nam, że na polu golfowym relaksuje się książę Albert z Monako, przyjaciel Barbary. Wywiad miał się odbyć przed lunchem. Na wieczór zaplanowano aukcję i kolację dla stu osób, które zapłaciły za udział w aukcji, i loterię. Kulminacyjnym jej punktem miało być losowanie srebrnego mercedesa, który stał już przed pałacem.

Pani Barbara zjawiła się punktualnie, w skromnej dżinsowej sukience. Nienaganna figura, rozjaśnione włosy. Powiedziała, że całe życie waży nie więcej niż sześćdziesiąt dwa kilogramy.

Nie stosuje diety, po prostu się ogranicza. Miała uśmiech z tych, które rozświetlają człowieka i nawet przeciętną twarz czynią piękną. Okazała się pierwszorzędną przewodniczką. Zrozumiałam, że w Jasnej Polanie tylko mury były nowe, reszta zabytkowa, cenna i szacowna.

Usiadłyśmy z panią Barbarą w pawilonie. Sprawiała wrażenie pewnej siebie, ale raczej sztywnej niż swobodnej. Zdystansowanej, nieskłonnej do spoufalania się. O przejściu na „ty" nie było mowy. W ustalonym czasie skończyła wywiad, aby przygotować dla Alberta risotto i sałatę na lunch.

Po południu zaczęli zjeżdżać się goście. Przede wszystkim Polonusi, prawie wszyscy limuzynami. Wypożyczonymi, żeby pokazać status. Poznałam Andrzeja Prechitko, kapitana żeglugi wielkiej, emerytowanych przedsiębiorców, kolekcjonerów i pośredników. W gigantycznym hallu czekaliśmy na rozpoczęcie imprezy, kapitan opowiadał mi smutne dzieje Polskich Linii Oceanicznych, firmy, z którą był związany całe życie, ale i tak musiał emigrować. Nie mogłam oderwać wzroku od trzystuletnich podłóg, przeniesionych z angielskiego pałacu do Jasnej Polany, ułożonych w piękne wzory z wielu gatunków drewna. Pomyślałam, że ja bym je porządnie umyła i wypastowała, bo wyglądały na totalnie zaniedbane. W końcu posadzono nas przy okrągłych szesnastoosobowych stołach ze wspaniałą zastawą w odcieniu *écru* (wyniosłam na pamiątkę mały dzbanuszek do śmietanki, bo nie mogłam się powstrzymać, ale los mnie za ten podły czyn ukarał i do Starego Kraju go nie dowiozłam). Pani Barbara swobodnie pełniła honory domu, potem zaczęła się licytacja, a po niej losowanie fantów. Książę Albert przywiózł dwa zaproszenia na przyszłoroczny Bal Czerwonego Krzyża w Monako i na finał Formuły 1. Poszły odpowiednio za piętnaście i dziesięć tysięcy dolarów.

Barbara z księciem Monako Albertem i włoską dziennikarką Silvaną Giacobini podczas balu charytatywnego w Monako

ferre

Kiedy zbliżał się moment losowania mercedesa, Barbara poprosiła jednego z gości, aby podszedł i zamieszał losy, które o wiele wcześniej wrzucano do szklanej kuli na podium. Następnie mężczyzna wsadził rękę do środka i niemal od razu wyciągnął los. Przeczytano numer i po kluczyki zgłosił się licytujący, którego poznałam przed południem, ponieważ kręcił się po ogrodzie. Poszło nadspodziewanie szybko, zupełnie nie jak na najważniejsze wydarzenie wieczoru przystało.

Po kolacji nowo poznani amerykańscy uczestnicy aukcji chętnie zaoferowali, że mnie podrzucą swoją gigantyczną limuzyną na Manhattan. Kilkanaście osób nie mówiło o niczym innym, tylko o przekręcie. Że losowanie było ustawione, oszukane, szkło z losami ustawione daleko od ludzkich oczu, że losujący włożył rękę i od razu wyjął los. Oczywiście o dowodach mowy nie było, bo być nie mogło. Pomyślałam: mój Boże, jestem kilkanaście tysięcy kilometrów od domu, a my Polacy zawsze i wszędzie tacy sami.

Barbara opowiada Lilianie. Princeton, wrzesień 2002

W tej rozmowie Barbara po raz ostatni tak szeroko wyraża refleksję o otaczającym ją świecie i jej w tym świecie uczestnictwie. Wbrew intencjom Barbary rozmowa jest osobista. I przejmująco smutna.

Barbara mówi:

O miejscu zamieszkania.

„Za Ameryką nie tęsknię. Jeśli chodzi o piękno przyrody, moje serce jest na Galapagos, choć tylko raz tam byłam. Natomiast jeśli chodzi o sztukę i cywilizację – pierwsze miejsce u mnie zawsze ma Italia.

Mieszkam w wielu miejscach na świecie, ale na stałe tylko w moich snach, marzeniach, wyobraźni".

O ludziach i zwierzętach.

„W Polsce mam rodzinę i wielu wielkich przyjaciół. Gdy przyjeżdżam do Wrocławia, spotykamy się, wspominamy dawne dzieje.

Ale najbliższe są mi zwierzęta i rośliny. Moim pierwszym psem był Prince – który przyjechał z Polski. Najwięcej naraz miałam trzynaście psów: jamniki, buldogi, bassety. Na zwierzętach można polegać. Ja do nich mówię, one do mnie też. Bo rośliny też mówią w swoim języku, i to jak! Jak się o nie dba, odpowiadają, rozkwitając nawet poza sezonem.

Dlatego nie przeszkadza mi, że święta spędzam sama. Lubię to i mi odpowiada".

O sukcesie.

„Za największy swój sukces uważam spełnienie swoich największych marzeń. Marzyłam, aby mieć kolekcję dzieł sztuki i spotkać człowieka swojego życia. I takiego właśnie poślubiłam. Mój mąż był urodzonym kolekcjonerem. Bez studiów, ale miał bardzo dobry gust i kochał sztukę tak jak ja. Uwielbiał żeglować. Napracował się bardzo jako biznesmen, budując ze swoim bratem wielki koncern Johnson & Johnson. Umiał żyć jak Europejczyk, i to bardzo, w czym się różnił od brata.

Był pięknym, interesującym mężczyzną. Umiał rozmawiać o wszystkim i słuchać. Był wyjątkowo inteligentny. Mówił bardzo pięknym literackim językiem, nie takim żabim, skrzeczącym, jak wielu tutaj mówi. Pięknie artykułował zdania".

O rodzinie.

„Jestem bardzo rodzinna, o czym świadczy fakt, że fundację mego imienia prowadzi moja bratanica Beata Piasecka z pomocą swego brata Wojciecha Piaseckiego.

Jestem przeciwna pochopnym rozwodom, z powodu czyjegoś widzimisię, jak to się często dzieje w Ameryce. To wielki egoizm. Uważam, że rozwód dwojga małżonków powinien nastąpić, dopiero gdy dzieci dorosną. Na tym polega odpowiedzialność".

O bogactwie.

„Umiem być oszczędna. Nie lubię wyrzucać rzeczy, które mogą się jeszcze przydać albo można je komuś dać. Gaszę światło, jak wychodzę z łazienki. Nie lubię marnować prądu. Nigdy nie wyrzucam chleba. Chleb jest dla mnie święty. Okruszki zawsze zbieram, żeby dać ptakom. Dla mnie wielkim grzechem jest wyrzucanie chleba do śmieci.

Nie jestem taka jak inni. Jest wielu bogaczy, którzy tylko kolekcjonują pieniądze. Są ich celem, nie środkiem, bogactwo wewnętrzne nic dla nich nie znaczy. Szczególnie w Ameryce pieniądz jest bogiem. To samo ostatnio zauważyłam w Polsce, która bierze i przenosi z Ameryki nie to, co najlepsze, tylko tandetę. Te wszystkie McDonaldy. Potęga Ameryki wzięła się z czegoś innego".

O dzieleniu się.

„Stany Zjednoczone mają wspaniałe uniwersytety, szpitale, instytuty naukowe, muzea. Dlaczego? Bo ludzie bogaci tworzyli charytatywne fundacje, a to, co dali, mogli odliczyć w całości od podatków. Kontrolowali realizację celu, na który szły ich pieniądze, i budowali państwo. Oni, a nie politycy, byli i są budowniczymi potęgi Ameryki. Polska powinna brać z tego przykład. I rozwijać.

Moja fundacja do niedawna operowała wyłącznie moimi pieniędzmi, dopiero ostatnio inne instytucje dorzucają coś od siebie na autystyczne dzieci. Również obrazy przeznaczone na aukcję były wyłącznie moją własnością. Być może zniknie kolekcja malarstwa polskiego Barbary Piaseckiej Johnson, ale będę miała satysfakcję, że uzyskane pieniądze pójdą na dobry cel, nie rozproszą się jak te, które fundacja rozdawała na lewo i prawo.

Wiele stypendiów przyznałam nieodpowiednim osobom, które zmarnowały moją pomoc, nie doceniły jej. Przepadło dziewięćdziesiąt procent stypendiów, a wielu stypendystów nie widziałam na oczy. Smutne to i przykre. Nie oczekuję niczyjej wdzięczności, ale uważam, że człowiekowi, który tyle robi dla drugiego, należy się chociaż szacunek ze strony obdarowanego. A tu? Nadzieje pokładane w młodych talentach też przeważnie się nie spełniały. Powinnam bardziej się zastanowić, komu daję pieniądze. Inwestycje mojego dobrego serca zostały zmarnowane, nie przeze mnie, ja chciałam dobrze.

Dlatego obraliśmy jeden cel: leczenie autyzmu. To najlepszy wybór".

Wielkie ambicje. Warszawa – Gdańsk, 2002–2003

Joanna Grey, dyrektorka fundacji, ma ambicje, aby wspaniała kolekcja Barbary stała się wizytówką Polski na świecie.

Następnie, żeby fundacja inwestowała w kulturę, a zyski przeznaczała na rzecz ośrodka terapeutycznego dla dzieci autystycznych.

Chce, by każda złotówka wypływająca z fundacji była rzetelnie rozliczana na podstawie ustandaryzowanych wniosków o dotację.

Joanna Grey:

– W biurze fundacji znajduje się dokument potwierdzający, ile środków pieniężnych Barbara Piasecka Johnson przeznaczyła od lat siedemdziesiątych na Polaków, polskie instytucje publiczne, kościelne, dobroczynne, ludzi kultury, twórców. Tak wiele osób może jej zawdzięczać pomoc. Przykre jest to, że dziś tak niewielu z nich o tym pamięta lub chce pamiętać.

Joanna zgadza się na pensję zaproponowaną przez Beatę i przenosi się z Sopotu do Warszawy. Ma poczucie misji.

Ma pomysł, by co miesiąc fundacja organizowała dobroczynną aukcję, a raz w roku spektakularny koncert. Na przykład wokalisty Stinga. Gdyby namówić go na niskie honorarium, właściciela sali na obniżenie kosztów, to nadwyżka ze sprzedaży biletów zasiliłaby budowę ośrodka.

Joanna jako dyrektor zleca agencjom piarowym opracowanie odpowiedniej strategii.

Pojawia się temat wystawienia na aukcji w Polsce, najlepiej w Teatrze Wielkim, rolls-royce'a. Dyrektor teatru z radością zgadza się na współorganizowanie aukcji samochodu.

Już wiadomo, że poznańskie negocjacje w sprawie umieszczenia tam kolekcji utknęły w martwym punkcie. Znajduje więc możliwe lokalizacje w Warszawie. Jest do kupienia pałac Pod Karczochem w Alejach Ujazdowskich (dziś siedziba ambasady Litwy) lub pałac Cukrowników przy Mokotowskiej 25 (dziś siedziba Instytutu Adama Mickiewicza).

Żaden z pomysłów nie zostaje jednak zrealizowany. Fundacja nie decyduje się, by zapłacić agencji piarowej za projekt, i kolejne rozmowy organizacyjne kończą się fiaskiem. Joanna widzi, że przestaje być dla kontrahentów wiarygodna. Nie jest pewna, czy Barbara wie o kolejnych pomysłach, ponieważ rodzina pilnuje dostępu do cioci.

Joanna Grey:

– Barbara powoli wycofywała się z aktywnego uczestnictwa w fundacji, a jej rodzina nie miała ochoty na spektakularne działania. Zabrakło wizji, odwagi lub przeważyło przekonanie, że nie należy uszczuplać majątku ciotki.

O tym, że bratankowie Barbary widzą wszystko z innej perspektywy, Joanna przekonuje się, gdy razem z Beatą odwiedza jej matkę we Wrocławiu. „Mama – mówi Beata – nie chciała przeprowadzić się do Stanów Zjednoczonych". Starsza pani mieszka w bloku i przeprasza, że mieszkanie jest przed remontem.

Joanna Grey odchodzi z pracy, ponieważ ze względu na stan zdrowia jedno z jej dzieci wymaga szczególnej opieki. Na kolejną aukcję, tym razem w Bristolu, z udziałem księcia Alberta, którą organizuje Anna Budzińska, już nie zostaje zaproszona.

W latach 2002–2009 prócz doposażenia ośrodków w kilku miastach udaje się między innymi zorganizować w Gdańsku międzynarodową konferencję poświęconą terapii behawioralnej osób z autyzmem, wydać album poświęcony Księdze Głubczyckiej, kilka lat z rzędu ufundować nagrodę główną dla laureatów Ogólnopolskiego Festiwalu Utworów Dziecięcych i Młodzieżowych imienia Janiny Garści, zorganizować aukcje charytatywne (wystawiane są obrazy, ale też starodruki), sfinansować przekład na język ukraiński oraz wydanie drukiem książki doktora Wiktora Poliszczuka pod tytułem *Gorzka prawda*. Przede wszystkim przygotować się do powołania Instytutu Wspomagania Rozwoju Dziecka i na stałe osiąść w Gdańsku.

Do Świętego Franciszka. Monako – Asyż, 2003–2012

Kiedy w połowie lat osiemdziesiątych Zofia Romaszewska rozmawia z Barbarą w Jasnej Polanie, nie widzi u milionerki oznak szczególnej religijności. Romaszewska nie jest pewna, czy słynna kaplica została kiedykolwiek wykończona i konsekrowana. Ale piętnaście lat później Barbara odkrywa dla siebie świętego Franciszka i jego miłość do zwierząt. Rozczarowana ludźmi, podziela ją w stu procentach.

Pielgrzymuje do świętych miejsc, najczęściej do Asyżu.

Surowe miasto w Umbrii to przeciwieństwo ociekającego bogactwem Monte Carlo. Pobyt tam to rodzaj pokuty. W Asyżu kupuje swój nowy dom, w którym chce znaleźć spokój.

„Jadę tam, gdzie święty Franciszek otoczy mnie swoją opieką" – tłumaczy swój wybór.

Ale szybko rozczarowuje się także Asyżem.

David Margolick:

– Od razu weszła w konflikt z lokalnymi władzami, niezgadzającymi się na przebudowę domu, który stał w najbliższym sąsiedztwie bazyliki Świętego Franciszka.

Kłóciła się z sąsiadami. „Niech ją piekło pochłonie" – to jedyny komentarz wiekowej sąsiadki z naprzeciwka. Włoszka zobaczyła Barbarę podczas ataku furii, kiedy wrzeszcząc, rozbijała szyby i wazony. Interweniowała policja.

Kapłan z bazyliki uważa Barbarę za dziwną pustelniczkę. Utrzymuje kontakt z miejscowym sklepikarzem i handlarzem sztuki z pobliskiego Spello.

Zaczyna wypełniać dom nowymi obrazami – wyłącznie o tematyce religijnej. „Wpadła w ręce oszustów, dała sobie wcisnąć mnóstwo śmieci" – komentuje Patrick Matthiesen, właściciel galerii w Londynie, jej wieloletni marszand"[48].

Ale chętnie przyjmuje gości z Polski.

Przyjeżdżają bratankowie, którzy prowadzą fundacje w Polsce i Ameryce.

Przyjeżdżają ojcowie paulini z Jasnej Góry, aby omawiać plan budowy kaplicy – Golgoty Wschodu w Częstochowie – i wkład finansowy Barbary.

Odwiedza ją Wojciech Fibak, żeby rozmawiać o rynku sztuki. Widzi Barbarę wycofaną, w zaskakująco skromnych wnętrzach. Już nie wymieniają się obrazami.

Trzy razy do Barbary jedzie Sławomir Pietras. Raz zabiera ze sobą przyjaciółkę Grażynę Kulczyk.

Sławomir Pietras:

– Wylądowaliśmy w Perugii, gdzie czekał na nas samochód Grażyny z kierowcą. Pojechaliśmy do Asyżu. Dom Barbary stał w wąskiej uliczce, był otoczony murami, stukało się kołatką. Barbara sama wyszła nam otworzyć i pokazała w ogrodzie trzy oliwkowe drzewka. Żeby zrobić wrażenie na Grażynie, powiedziała, że wszystkie trzy pamiętają czasy Pana Jezusa i że przywiozła je z Hiszpanii. Brakło nam słów, żeby odpowiedzieć.

W swoim domu miała tylko majordomusa i kucharkę. Ale ugościła nas wspaniale, Grażyna spała pod baldachimem.

Barbara chciała, żebym namówił Grażynę na kupno tego domu. Ale Grażyna się nie zdecydowała.

Grażyna Kulczyk:

– Zauważyłam, że mimo uśmiechów jest bardzo samotna i że ma za złe, iż nie doświadcza wystarczająco dobrego słowa od ludzi, którym pomogła. Tym się różniłyśmy. Ja wyniosłam z domu, że nie należy liczyć na wdzięczność dłużników. A jeśli ktoś podziękuje, jestem bardzo zadowolona.

Odwilż. Asyż, 2004

Profesor Andrzej Rottermund odnawia znajomość z Barbarą Piasecką w 2004 roku.

Jest znów serdeczna i zaprasza Rottermundów do Asyżu. Ponieważ profesor spędza we Włoszech co najmniej dwa tygodnie w roku, przyjmuje zaproszenie. Później składa wizytę jeszcze cztery razy.

Andrzej Rottermund:

– W Asyżu spotkaliśmy Beatę Piasecką, kuratorkę zbiorów i szefową fundacji Barbary. Ponowiłem więc starania, żeby pani Barbara pokazała na Zamku świecką część swojej kolekcji. Niestety stwierdziła, że już nie bardzo jest co wystawić. Interesował mnie też jej słynny mebel Badminton Cabinet, florencka szafka, którą kupiła w 1990 roku za piętnaście milionów dolarów i która wciąż była w jej rękach. To była sensacja, jeszcze nikt nie zapłacił tyle za pojedynczy mebel. Wiedziałem, że muszę się spieszyć. Kiedy byliśmy z wizytą, przyjeżdżali do niej pośrednicy z Christie's z Londynu, ustalając warunki sprzedaży. Oglądając katalogi, wywnioskowałem, że powoli wyprzedaje kolekcję. Zaczęła od sprzedaży zdobniczej sztuki francuskiej, a miała wspaniałe eksponaty z drugiej połowy XVIII wieku.

Kiedy jeździliśmy do niej do Włoch, była już skupiona wyłącznie na idei zbudowania w Gdańsku szpitala dla dzieci z autyzmem. Ostatnim naprawdę wartościowym dziełem, które posiadała, był portret namalowany przez Rembrandta. Sprzedała go za trzydzieści dwa miliony dolarów.

Kiedy rozmawialiśmy w 2008 roku, pozostała jej jeszcze kolekcja rysunków. Wspaniałe, sto rysunków, między innymi Botticellego, Leonarda. Chcieliśmy pokazać w Zamku przynajmniej te małe dzieła. Usilnie prosiłem o to panią Barbarę.

Po tym jak sfinansowała oprawę *Opus sacrum*, nie chciała już za nic płacić. Ale wystawa rysunków, jak wiadomo, jest dużo tańsza. I transport, i ubezpieczenie, więc było nas stać. W pewnym momencie zorientowaliśmy się, że jej rysunki nie są opracowane naukowo. Musiałem więc poprosić o zrobienie tego panią Justynę Guze, historyczkę sztuki, specjalistkę od rysunków w Muzeum Narodowym w Warszawie. Udało się. Zaczęliśmy przygotowania do wystawy na Zamku w Warszawie.

Choroba. Asyż, 2009

Andrzej Rottermund z żoną jadą do Asyżu jeszcze w 2009 roku, w październiku.

Zostają na noc. Wtedy Barbara mówi, że nie najlepiej się czuje, że wykryto u niej raka. Przez kilka miesięcy leczyła się w klinice onkologicznej w Perugii.

Andrzej Rottermund:

– Zupełnie dobrze funkcjonowała, była przekonana, że wyzdrowieje.

Chciała rozmawiać o polskiej polityce. Była przeciwna coraz ściślejszym związkom Polski z Unią Europejską. Uważała, że Unia szkodzi, polskość się rozmywa, a rząd wyprzedaje majątek narodowy. Przysyłała mi potem wycinki z polskich gazet, które potwierdzały jej przekonania. Zrobiła się bardzo, wręcz niezwykle pobożna. Nasze spotkanie przebiegło w narodowo-martyrologicznym nastroju.

Wystawa rysunków zostaje otwarta w 2010 roku. Stan Barbary się pogarsza, ale przyjeżdża na otwarcie. Z trudem chodzi. Mówi, że jej chwilowa niedyspozycja wynika z przedawkowania jakiegoś leku i stąd jej problemy z poruszaniem kończynami. Jak zwykle w towarzystwie potrafi być urocza.

Aresztowanie Rafaela. Warszawa, 2010

Trzeci dzień po wernisażu na biurko profesora Rottermunda spływa pismo z prokuratury z poleceniem, aby natychmiast zamknąć wystawę, ponieważ prokurator musi zabezpieczyć rysunki. Rottermund oddzwania, że nie będzie zamykał, bo wybuchnie skandal. Prokuratorzy podejmują decyzję: zaaresztować dwa najlepsze rysunki – Leonarda i Botticellego. Plombują je od tyłu w sposób niewidoczny dla publiczności.

Andrzej Rottermund:

– Dowiaduję się, że Barbara nie zapłaciła jakichś zobowiązań w stosunku do polskich władz skarbowych. Po kontakcie z prokuraturą uregulowała dług i pod koniec wystawy zdjęto plomby. Na szczęście nieświadoma niczego publiczność mogła podziwiać rysunki.

Miałem do pani Barbary Piaseckiej uzasadniony żal, ponieważ podpisała dokument, że prace z jej kolekcji nie są obciążone żadnymi roszczeniami! Powinna była mnie ostrzec.

Byłem dość poruszony, kiedy okazało się, że to ona ma do mnie żal za to, że prowadziłem negocjacje z prokuraturą. Tłumaczyła wzburzona, że Beata, bratanica, nic jej nie powiedziała, że są kłopoty. Potem poinformowała mnie, że pani Beata już z nią nie współpracuje.

Sytuację załagodziła pani Magda, bratanica z Wrocławia, córka Grzegorza. Od tej pory to ona kontaktowała się z Zamkiem w sprawie wystawy rysunków. Magda bardzo dobrze zarządzała zakupionym przez rodzinę i przerobionym na hotel i SPA zamkiem w Kliczkowie. Barbarze bardzo się to podobało.

Wydaje mi się też, że Barbara ślepo wierzyła swoim amerykańskim doradcom. Ceniła ich ponad miarę. Dowiedziałem się również, że jeden z nich grał jej przyjaciela, pracował dla niej, a okazał się później wtyczką amerykańskiego fiskusa.

Wyprzedaż. Londyn, 2004–2007

Józef Grabski:

– Nic mi nie powiedziała, że zamierza wyprzedawać kolekcję tworzoną z myślą o darze dla Polski. Zapewne wstydziła się powiedzieć, ale i tak przecież widziałem, co się pojawia na aukcjach. Często zgłaszali się do mnie kolekcjonerzy, żeby potwierdzić autentyczność obrazu zakupionego z kolekcji Barbary. Więc się zorientowałem, że pozbywa się dzieł Mantegni czy Gauguina. Obraz Gauguina *Macierzyństwo II*, który kosztował przy zakupie nieco ponad trzy miliony dolarów, sprzedała za ponad trzydzieści. Obraz *Zstąpienie do grobu* Mantegni kosztował trochę więcej niż cztery miliony, a został sprzedany za dwadzieścia osiem i pół. Próbowałem przypomnieć o obietnicy darowania kolekcji Polsce, ale już nie dała się do tego przekonać.

W grudniu 2004 roku Charles Cator, przewodniczący działu mebli w domu aukcyjnym Christie's w Londynie, zapowiada poruszony: „Ponowne pojawienie się Badminton Cabinet na rynku jest ekscytujące. Jestem dumny, że znów powierzono nam opiekę nad sprzedażą tego mebla".

Zamówiona we Florencji w 1726 roku przez osiemnastoletniego wówczas Henry'ego Somerseta, trzeciego księcia Beaufort, szafa jest dziełem łączącym sztukę meblarską, zdobniczą, architekturę i malarstwo. Mierzy niemal cztery metry wysokości i dwa i pół metra szerokości. Ponad dwieście pięćdziesiąt lat cieszyła oko w posiadłości Badminton, a potem trafiła do Barbary, która w lipcu 1990 roku kupiła ją za rekordową kwotę piętnastu milionów dolarów. To dla Charlesa Catora był moment porównywalny ze sprzedażą *Słoneczników* van Gogha trzy lata wcześniej. Teraz szykuje się na kolejne wzruszenia. I się nie myli. Mebel trafia do księcia Liechtensteinu Hansa-Adama II, który płaci za mebel trzydzieści pięć milionów dolarów, ustanawiając kolejny rekord świata.

Powody do radości ma trzy lata później dom aukcyjny Sotheby's, który w lipcu 2007 roku wystawia część kolekcji malarskiej i rzeźbiarskiej obejmującej dwieście lat od późnego gotyku po barok. Ozdobą jest monumentalny *Prometeusz* autorstwa Jusepe de Ribery z XVII wieku. Obraz należał kiedyś do hiszpańskiej rodziny królewskiej. Zostaje sprzedany za prawie cztery miliony funtów.

Kolekcję wyceniono na siedem milionów funtów, a sprzedano za ponad dziesięć. „W czasach recesji i niepewności drogie dzieło sztuki z uznanego źródła jest najlepszą lokatą kapitału" – komentowano. Źródło zaczyna wysychać.

Dwa lata później Barbara sprzedaje *Portret mężczyzny w pozycji akimbo* Rembrandta. Obraz za trzydzieści trzy miliony dolarów kupuje Steve Wynn, właściciel kasyn z Las Vegas.

Józef Grabski:

– Serce mi pęka, kiedy myślę o wyprzedaży tej kolekcji, z takim trudem i przez tyle lat tworzonej z myślą, iż znajdzie się kiedyś w Polsce. To mógłby być prawdziwie wspaniały pomnik Barbary Piaseckiej Johnson! Zapisałaby się godnie w pamięci Polaków na zawsze. Odbieram to jako zmarnowaną wspaniałą okazję.

Tymczasem Barbara zaczyna budować kosztowną kaplicę na Jasnej Górze, ponieważ chce być tam pochowana. Według Józefa Grabskiego inwestuje w nią około pięciu milionów dolarów.

RODZINA RAZ JESZCZE

Tymczasem w Ameryce. Nowy Jork, 2003–2013

W 2003 roku, niedługo przed swoimi dwudziestymi pierwszymi urodzinami Jamie Johnson, syn Jamesa Loringa, wnuk Sewarda, wkrótce aktywny użytkownik rodzinnego trustu, sięga po kamerę filmową, kieruje ją na siebie i zaczyna mówić, dzięki czemu dowiadujemy się, jakie problemy nurtują młodocianych bogaczy w Stanach Zjednoczonych na początku XXI wieku[49].

Jamie Johnson: „Nie zawsze wiedziałem, że jestem bogaty, ponieważ żyłem na wsi. Miałem dziesięć lat, byłem w czwartej klasie, podczas lunchu siedziałem w szkolnej bibliotece, kiedy dzieciak z klasy znalazł nazwisko mojego ojca w gazecie »Forbes« na liście czterystu najbogatszych w Ameryce. Przeczytał artykuł na głos przed całą klasą i wszyscy, włącznie z nauczycielką, podbiegli zobaczyć. To było dziwne. Wszyscy moi znajomi oraz ja dowiadujący się w tym samym czasie o tym, jak bogata jest moja rodzina. Czułem się, jakbym poznał tajemnicę, o której miałem nie wiedzieć. Tajemnicę, którą ukrywał przede mną ojciec. Teraz jest on bardzo zestresowany faktem, że robię o tym film.

O północy odziedziczę więcej pieniędzy niż większość ludzi mogłaby zarobić lub wydać w całym swoim życiu. (...) Czekałem na ten moment całe życie. Rzecz w tym, że teraz, gdy nadszedł czas, nie bardzo wiem, co o tym myśleć. Mieszkam w państwie, które ludzie chcą uważać za merytokrację, w której wszyscy zarabiają na to, co mają. Jeżeli dzięki temu czują się lepiej, niech sobie dalej wmawiają. Ja nie mogę.

Wiem, że moja rodzina co roku przeznacza miliony dolarów na cele charytatywne, ale czy to naprawdę wpływa na wyrównanie szans?

Co zrobiłem, aby zasłużyć na pieniądze, które dostanę o północy? Nic. Jedyne, co zrobiłem, to odziedziczyłem".

Jamie Johnson pyta o sens bycia bogatym swoich kolegów z ekskluzywnych klubów na Manhattanie i Long Island. Swoje przemyślenia prezentują więc i inni spadkobiercy wielkich fortun, między innymi Ivanka Trump, córka przyszłego prezydenta Stanów Zjednoczonych. O to, co zrobić ze swoim życiem, Jamie pyta też swojego ojca Jamesa, który kiedyś myślał, że dostanie pracę w Johnson & Johnson, ale Seward nie chciał w firmie najmłodszego syna. Teraz James jest malarzem amatorem i skonfundowany zza sztalugi radzi synowi, żeby rozpoczął kolekcjonowanie starych map lub dokumentów. Jamie nie jest przekonany i zgłasza postulat.

„Słabe jest to, że nie ma żadnych kierunków, na których uczysz się, jak być produktywnym, pracującym bogaczem. To już musisz sam wykombinować".

O tym, że przez lata był to szerszy problem, opowiada wydana w 2013 roku książka Jerry'ego Oppenheimera, specjalisty od nieautoryzowanych biografii, zatytułowana *Crazy Rich. Power, Scandal, and Tragedy Inside the Johnson & Johnson Dynasty* (Szaleńczo bogaci. Potęga, skandal i tragedia wewnątrz rodziny Johnsonów). W pierwszych słowach autor tłumaczy, że nad tą rodziną ciąży fatum podobne do tego, które dręczy Kennedych, a następnie nazywa Johnsonów najbardziej dysfunkcyjną rodziną w rankingu najbogatszych „Forbesa". Od czterech pokoleń (autor nie wlicza ciężko pracujących założycieli aptek w New Jersey) Johnsonowie zmagają się z dziedziczoną fortuną i jej konsekwencjami. Bogactwo, według autora, prowadzi do bratobójczych wojen sądowych z powodu trustów, testamentów, rozwodów, udowadniania i zaprzeczania ojcostwa. Bogacze tracą rozeznanie, czy inni interesują się nimi z powodów innych niż pieniądze, więc ci, którzy wżeniają się w rodzinę, są automatycznie podejrzewani o cyniczną próbę wzbogacenia się. Prócz tego od czasu do czasu rodziną wstrząsają: narkomania, alkoholizm, depresja i śmierć z nienaturalnych powodów.

Na przykład, gdy umiera Casey Johnson, trzydziestoletnia prawnuczka Generała, córka Woody'ego Johnsona IV, który znany jest z tego, że kupił drużynę futbolową New York Jets. Casey z zawodu była celebrytką i miłośniczką mediów społecznościowych. Dzięki temu Ameryka wiedziała, że zmaga się z cukrzycą, narkotykami, alkoholem i że ma złożone życie osobiste. W 2009 roku razem ze swoją dziewczyną, również celebrytką, adoptowała dziewczynkę z Kazachstanu, której matką chrzestną została Paris Hilton. Zmartwieni ekscesami Casey rodzice zabierają jej rolls-royce'a. W 2010 roku służąca znajduje ją martwą w sypialni. Barbara Goldsmith, opisując sprawę nieszczęśliwej Casey i jej rodziny, dedykuje im wiersz Philipa Larkina.

Jebią ci życie mamcia z tatkiem,
Może i nie chcą, ale jebią,
Oprócz win własnych na dokładkę
Jeszcze ci kilka ekstra wrzepią.

(...)

Człowiek drugiemu przekazuje
Rozpacz, wciąż głębszą, jak dno rzeki.
Zwiewaj stąd, póki możesz uciec –
I nigdy nie miej własnych dzieci[50].

Oppenheimer przypomina rodzinne kłopoty Mary Lea i Marty'ego Richardsa. Dwa lata przed śmiercią Mary Lea jej pięcioro dorosłych dzieci podało ją do sądu o bezprawne naruszanie rodzinnych zasobów. Dzieci bały się, że nie wystarczy dla nich pieniędzy. Kiedy zmarła, zaczęły sądzić się z jej mężem Martym Richardsem, tłumacząc sądowi, że Marty nie należy do rodziny i szasta nie swoimi pieniędzmi. Marty wygrał sprawę, ale zaczął leczyć się z uzależnienia od narkotyków i prywatek. Do pewnego stopnia się udało. Richards połączył siły z Harveyem Weinsteinem, aby wyprodukować film *Chicago*, który w 2002 roku zdobył Oscara dla najlepszego filmu.

Jedną z nielicznych pozytywnych postaci książki Oppenheimera (autor opisuje Johnsonów skandalizujących, nie wymieniając pozostałych) jest Seward junior, który po burzliwej przeszłości znalazł swoje miejsce na ziemi i pasję: rzeźbiarstwo hiperrealistyczne. Założył przestronne atelier w Hamilton w New Jersey, w którym wytwarza swoje hiperrealistyczne rzeźby.

Z Sewardem od lat pracuje Andrzej Pityński, mieszkający w Stanach Zjednoczonych polski rzeźbiarz, sanoczanin, autor kilkudziesięciu pomników, które stoją w polskiej i amerykańskiej przestrzeni publicznej.

– Pan Seward jest sławny na całą Amerykę. Ma osiemdziesiąt siedem lat i wciąż pracuje. Rzeźbi najczęściej postaci

---

Jedna z dwunastu rzeźb Sewarda Johnsona juniora z cyklu *Zwyczajni ludzie*, ustawionych w mieście Crown Point w stanie Indiana

w naturalnych pozycjach. Człowiek na ławce w parku czyta gazetę. Mężczyzna z teczką stoi na przystanku. Kobiety rozmawiają, dzieci się bawią. Pan Seward ma obok atelier ogromny park, w którym te rzeźby umieszcza. Widzowie czasem się nie orientują, który to człowiek, a która rzeźba. Złośliwi mówią, że pan Junior otacza się sztucznymi ludźmi, bo ma pustkę w sercu. Ludzie zawsze byli zawistni.

Główne media nie piszą o nim dobrze. Dlaczego? Bo jest niepoprawny politycznie.

Sztuka, chcesz czy nie, zawsze jest polityczna. Kierunki się zwalczają jak w polityce. *From right to left*, od lewa do prawa. Popatrz wstecz, na rok 1906, tam tę walkę zobaczysz. Chagall, Kandinsky, wszyscy byli Żydami, przyjechali z Polski i Rosji. Chcieli zaistnieć w Paryżu, ale galerie ich nie chciały. Więc stworzyli własną sztukę, która wywodziła się z kultury, w której nie wolno przedstawiać Boga jako człowieka. A na tym opiera się sztuka chrześcijańska. Kandinsky, Naum Gabo – wszyscy oni kłaniali się Trockiemu, który zwalczał religię.

Ci żydowscy malarze są autorami biblii abstrakcji, sztuki opartej na rebusie, zagadce, która dominuje obecnie w świecie, a na pewno w Ameryce. Jeśli pytasz, czemu o nim nie napiszą dobrze w „The New York Timesie", to ja odpowiem, że to jest gazeta założona przez lewicowego Żyda. Krytycy w tej gazecie hołdują sztuce abstrakcyjnej, a pan Seward junior uważa ją za antysztukę. Jestem pewien, że ma w nosie, czy go lubią, czy też nie. Ma popularność i zaplecze finansowe. Wszyscy mogą mu zazdrościć.

Jedna z rzeźb umieszczonych w parku, mężczyzna w kapeluszu czytający gazetę na ławce, świadczy o tym, że przeszłość wciąż boli Sewarda. Gdy przyjrzeć się bliżej, gazetą jest „The

New York Times" z 18 czerwca 1985 roku, otwarty na nieszczęśliwym dla rodziny artykule Margolicka.

W 2015 roku ukazuje się kolejna książka Dirka Wittenborna. Tym razem pisze ją z siostrzenicą, trzydziestosiedmioletnią Jazz Johnson, córką Jamesa, siostrą Jamie'ego. Książka nosi tytuł *The Social Climber's Bible* i jest słodko-gorzkim poradnikiem dla osoby, która chciałaby wspiąć się po szczeblach drabiny towarzyskiej, aby uczestniczyć w życiu elit.

Jazz Johnson – można przeczytać w przedmowie – od dawna interesuje się wspinaczką towarzyską. Kiedy miała siedem lat, zapytała swojego ojca: „Dlaczego dziadek Seward nie mieszka już z naszą wytworną bostońską babcią?".

Odpowiedź mogła być tylko jedna: ponieważ dziadek Seward spotkał na swej drodze wybitną *social climber*, która prócz tego, że była biedną jak mysz polską emigrantką, sprzątała górne piętra w jego domu.

Autorzy ostrzegają jednak, żeby być dyskretnym i nieostentacyjnym w przypadku odniesienia sukcesu, ponieważ społeczeństwo na wszystkich szczeblach drabiny nie jest w stanie darować ostentacji. Autorzy podają przykład *Wielkiego Gatsby'ego*, literackiego nuworysza wszech czasów, który ginie w swoim basenie, ukarany za przestępstwo, którego nie popełnił.

Jerry Oppenheimer, który czterysta siedemdziesiąt osiem stron swojej książki poświęca udowodnieniu tezy o klątwie ciążącej na rodzinie, na koniec ukazuje światło w tunelu.

Oto po znaczących wpadkach koncernu Johnson & Johnson (ukrycie działań ubocznych produkowanego leku, brak reakcji na usterki sprzętu ortopedycznego) posiadający wciąż ogromną część akcji członkowie rodziny na zebraniu akcjonariuszy wyrazili życzenie, by firma wróciła do złotych zasad etycznych wprowadzonych przez Generała.

Oppenheimer oddaje głos Ericowi, synowi Mary Lea, który jest prawnikiem. „Widzę po moich kuzynach, że już mniej im zależy na jachtach i własnych samolotach. Chcemy zostawić po sobie pozytywny ślad. Znowu będziemy częścią świata, taką mamy nadzieję".

GOLGOTA

Jasne Góry. Doylestown – Częstochowa, 1953–2007

Doylestown to wielkie polskie sanktuarium w Ameryce.

Zaczyna powstawać w 1953 roku, kiedy zgodę na zamorskie miejsce kultu wydaje Stolica Apostolska. Najpierw ogłasza się zbiórkę wśród Polonii, potem działkę w Pensylwanii kupuje paulin Michał M. Zembrzuski, powojenny emigrant, który marzy o kaplicy poświęconej Matce Boskiej Częstochowskiej. I jeszcze o tym, żeby Polacy w Ameryce nie odchodzili od swoich katolickich korzeni.

Nie odchodzą. Opłacają powstawanie kolejnych obiektów, a na poświęcenie sanktuarium w 1966 roku przybywa sto czterdzieści tysięcy Polaków i prezydent Lyndon Johnson. To jest pierwszy przypadek w historii Stanów Zjednoczonych, kiedy prezydent uczestniczy w poświęceniu katolickiego kościoła. Obok prezydenta stoi puste krzesło przeznaczone dla kardynała Stefana Wyszyńskiego, któremu komunistyczne władze polskie nie wydały paszportu.

Amerykańską Częstochowę odwiedza kilkakrotnie kardynał Karol Wojtyła.

Kiedy Barbara przenosi się do Ameryki, rozbudowywany jest kościół (na wzór Częstochowy), klasztor, cmentarz i dom pielgrzyma. W 1986 roku na cmentarzu w Doylestown spoczywa serce Ignacego Paderewskiego. Powstają plany, by w kościele wstawić monumentalną replikę Drzwi Gnieźnieńskich. Do Pensylwanii zaczynają zmierzać coroczne pielgrzymki Polaków ze wszystkich stanów.

Barbara odwiedza i sponsoruje polską Częstochowę. Intencja i rozmach Doylestown są jej bardzo bliskie.

Gdy dwie dekady później generał paulinów z Jasnej Góry w polskiej Częstochowie prosi ją o pieniądze na remont klasztoru i budowę nowej kaplicy – Golgoty Wschodu – nie odmawia.

Golgota Wschodu ma uczcić pamięć tysięcy Polaków zamordowanych w Katyniu, Miednoje, Ostaszkowie oraz w innych nie odkrytych miejscach. Barbara uważa, że jej wkład finansowy może upamiętnić i uwznioślić losy jej rodziny. Obok doktora Jana Kulczyka i Ryszarda Krauzego jest jednym z głównych sponsorów. Zgłasza życzenie, by w przyszłości jej prochy spoczęły w nowej kaplicy. Nie ma sprzeciwu.

Ostatnie dziecko Barbary. Gdańsk, 2006

Paweł Adamowicz, prezydent Gdańska i znajomy Rybickich, poznaje Annę Budzińską w 2006 roku. Finansowana przez Barbarę Fundacja – Instytut Wspomagania Rozwoju Dziecka wynajmuje salki katechetyczne u ojców zmartwychwstańców w dzielnicy Gdańsk-Strzyża.

Paweł Adamowicz:

– Byłem pod wrażeniem pracy terapeutek. Umówiliśmy się, że jeżeli pani Barbara jest przekonana do sfinansowania wielkiej, wielofunkcyjnej placówki, to miasto Gdańsk bezpłatnie przekaże grunt pod budowę. Pani Barbara wyraziła zgodę, więc w 2007 roku zwróciłem się do Rady Miasta Gdańska z prośbą o przekazanie na inwestycję działki przy ulicy Malczewskiego.

Barbara podczas uroczystego otwarcia przedszkola dla dzieci autystycznych. Gdańsk, październik 2010 roku

Zaczęło się polskie piekło, ponieważ część radnych rzuciła mi się do gardła. Z prawej i lewej strony. Że daję miliarderce, która mogłaby kupić całe miasto, że miliarderka jest aferzystką zamieszaną w FOZZ, w nielegalny handel dziełami sztuki. Że miasto zarobiłoby na działce kilkadziesiąt milionów złotych. Mieszkaniec ulicy Malczewskiego zgłosił sprawę do CBA i ABW, ale szybko ją umorzono. W czerwcu 2007 roku udało się przekazać grunt fundacji.

W 2009 roku poświęcono kamień węgielny pod budowę. Na uroczystość przyjechał sam generał paulinów z Jasnej Góry Izydor Matuszewski.

Rok później instytut może przeprowadzić się do nowego budynku[*]. W październiku zostaje uroczyście otwarte przedszkole. Szefowe dyskretnie rozkładają krzesła, żeby fundatorka przysiadła, jeśli poczuje się słabo.

Joanna Solska, dziennikarka: „Lubiła przyjeżdżać do Gdańska. Dobrze się czuła w towarzystwie chorych, zamkniętych w swoim świecie maluchów. Akurat w tej relacji nie było złudzeń i rozczarowań: ona pomagała, a one nie odwzajemniały sympatii, ale wiadomo było, że nie mogły".

---

* Placówka w Gdańsku jest pierwszą w Europie repliką amerykańskiego Princeton Child Development Institute (druga działa w Istambule). W USA funkcjonują już trzy ośrodki.

W przedszkolu na ulicy Malczewskiego może uczyć się jednocześnie dwadzieścioro dzieci. Każde ma swojego terapeutę. Instytut szkoli nauczycieli i studentów, wydaje publikacje naukowe, rokrocznie organizuje międzynarodowe sympozja naukowe, stale konsultuje czterysta zamiejskich rodzin. Stałym elementem działalności jest prowadzenie badań naukowych dotyczących najlepszych metod terapii autyzmu.

Wymiana bratanków. Gdańsk, 2011

Grzegorz Piasecki umiera w 2008 roku. W wypadku samochodowym w wieku trzydziestu czterech lat ginie Seward Wojciech. Nie żyje Roch Piasecki.

W 2011 roku w zarządzie polskiej fundacji Barbary Piaseckiej Johnson następują zmiany, które odzwierciedlają nowe sympatie założycielki. Fundację opuszczają Beata Piasecka i Wojciech Piasecki, dzieci Rocha. Nowym prezesem zarządu zostaje Christopher Piasecki, wiceprezesami Magdalena Piasecka-Ludwin i Waldemar Piasecki. Christopher i Waldemar to synowie brata Barbary Piotra. Magdalena jest córką Grzegorza.

W tym samym roku Barbara podpisuje pełnomocnictwo dla trojga swoich bratanków. Odtąd Magda, Waldemar i Christopher mogą w jej imieniu podejmować wszelkie decyzje finansowe.

– Mogę powiedzieć tylko, że majątek pani Barbary nie przysporzył spokoju w rodzinie jej braci – mówi Jerzy Duda, który przyjaźni się z Beatą i z Wojciechem.

Bratankowie odmawiają rozmowy o cioci Barbarze.

Darczyńca Roku. Gdańsk – Sobótka, 2012

Radni Gdańska przyznają Barbarze tytuł Darczyńcy Roku 2012. Na uroczystość przyjeżdża Magdalena Piasecka-Ludwin. O tym, że Barbara mieszka teraz w Sobótce pod Wrocławiem, wiedzą nieliczni. Między innymi profesor Rottermund:

– Dzwoniła do mnie raz, czy nie będę gdzieś w pobliżu, żeby ją odwiedzić, ale nie zdążyłem dojechać do Sobótki.

Nie jest to tajemnicą również dla posła Jerzego Borowczaka, który w 1989 roku poznaje Barbarę i zostaje ona chrzestną jego syna. Przyjeżdża do Sobótki w 2012 roku.

Jerzy Borowczak:

– Pani Barbara nie wstawała z łóżka. Była pod opieką Magdaleny, która przeprowadziła się z Wrocławia. Kiedy potrzebowała lekarza we Wrocławiu, mieszkała w należącym do rodziny Hotelu Tumskim, w centrum miasta.

Leczy ją profesor, któremu zaufała jeszcze w czasach inwestycji w preparat torfowy.

Jerzy Borowczak:

– Była niepogodzona. Mogła mieć poczucie, że kraj jej nie docenił.

Podobne wrażenie odnosi Sławomir Pietras, który od momentu przeprowadzki Barbary rozmawia z nią już tylko przez telefon. Podczas rozmów Barbara nie mówi o chorobie, więc Sławomir Pietras nie wie, że mogą się już nie zobaczyć.

Sławomir Pietras:

– Należało jej się od losu coś, co jej nie spotkało. Powinna była trafić na amanta, przy którym poczułaby się damą. A tak została w pamięci jako pokojówka, wdowa po milionerze. Miała mentalność kury domowej, a musiała grać gwiazdę.

Milcząca pani. Sobótka, styczeń 2013

Proboszcz idzie tam tylko raz. Ktoś zadzwonił, że osoba mieszkająca przy ulicy Armii Krajowej chce przyjąć go po kolędzie.

– Pamiętam ten telefon, ponieważ w Sobótce niewiele się dzieje. Chodzimy spać o dwudziestej – wyjaśnia proboszcz.

Wkłada płaszcz i rusza ulicą Świętej Anny na południe, gdzie zaczyna się szlak na Ślężę. Naciska dzwonek przy kutej bramie. Zgłasza się ochroniarz.

Jeszcze dekadę temu wykończona drewnem biała willa służyła za szpital leczenia zeza i niedowidzenia. Dzieci zjeżdżały tu z całego południa Polski na operacje. Szpital upadł i budynek popadł w ruinę. Wydawało się, że niczyją. Wreszcie zaczyna ją remontować firma, o której niektórzy mówią, że należy do rodziny znanej milionerki z Ameryki, najbogatszej Polki mieszkającej za granicą, wymienianej w rankingu „Forbesa" wśród czterystu najbogatszych ludzi na świecie. Plotkuje się, że planuje przeprowadzkę.

Podobne pogłoski krążą jeszcze w kilku dolnośląskich miejscowościach, ponieważ firma Integer, prowadzona przez Magdalenę Piasecką-Ludwin, specjalizuje się w remontach obiektów zabytkowych i wymagających specjalnej troski. Niektóre kupuje, w tym zamek w Kliczkowie czy Hotel Tumski.

Akurat plotki o Barbarze i Sobótce okazują się prawdziwe. Karetki pogotowia, które pod koniec 2011 roku zaczynają kursować między Wrocławiem a Sobótką, nie oznaczają otwarcia nowego ośrodka dla starszych ludzi, jak podejrzewali sąsiedzi. Pewnego dnia mieszkańcy sąsiedniej posesji widzą w dawnym przyszpitalnym ogrodzie drobną kobietę. Chodzi powoli, zgarbiona. Wkrótce ażurowy płot otaczający posiadłość zostaje zamieniony na solidne żeliwne ogrodzenie, zza którego nic nie widać, a przy bramie pojawia się ochroniarz.

Marzena Tomaszczak, prowadząca agencję nieruchomości oraz gazetę „Świat Sobótki", próbuje się skontaktować z właścicielką. Jak mówi, telefonując, ma na uwadze dobro miasta, które mimo posiadanego potencjału obumiera. Zmysł biznesowy i charytatywny mógłby je ożywić.

Niestety dostępu do filantropki chronią prawdopodobnie przedstawiciele zależnych od niej firm, a może rodzina.

Do proboszcza parafii Świętego Jakuba Apostoła dochodzą z kolei głosy, że rezydencję odwiedza generał paulinów z samej Częstochowy. Ale proboszcz nie daje im wiary. Dobry zwyczaj nakazuje, że duchowny przyjeżdżający spoza parafii odwiedza lokalnego księdza. No, chyba że chodzi o wyższe, jasnogórskie interesy.

Tego dnia proboszcz zostaje wprowadzony do pokoju, w którym w łóżku leży kobieta. Jego zdaniem nieprzytomna, wspomagana przez aparaturę. Odmawia modlitwę i nie zatrzymywany wychodzi. Wracając do siebie, zastanawia się, czy nie chodziło czasem o namaszczenie chorych. Odpowiedzi udzielają trzy miesiące później lokalne, a potem światowe agencje informacyjne.

Śmierć pokojówki. Sobótka, 1 kwietnia 2013

Jej śmierć 1 kwietnia 2013 roku odnotowują największe światowe media.

„Pokojówka, która wyszła za mąż za milionera" – zaczyna opowieść o niej „The New York Times".

„Polska pokojówka, która zasłynęła ślubem..." – pisze „Forbes".

„Sprzątaczka, która zgarnęła ponad trzysta milionów" – to brytyjski dziennik „Daily Mail".

„Córka polskiego chłopa, która wyemigrowała do Ameryki i pracowała jako sprzątaczka, (...) zaangażowana w brutalny proces o spadek" – podaje agencja Associated Press.

Nawet po śmierci anglojęzyczne media piszą o niej z protekcjonalną wyższością i lekką pogardą.

O tym, że pogrzeb miliarderki Barbary Piaseckiej Johnson odbędzie się we Wrocławiu, prezydent miasta dowiaduje się od dziennikarzy.

Dwa tygodnie później w pilnowanej przez ochroniarzy katedrze na Ostrowie Tumskim Barbarę Piasecką Johnson żegna niemal dwustu żałobników. Mszę prowadzi proboszcz katedry ksiądz Adam Drwięga, obecny jest też arcybiskup Marian Gołębiewski i kardynał Henryk Gulbinowicz. To przyjaciele Barbary.

Odczytany zostaje list prymasa Polski Józefa Kowalczyka, który dziękuje zmarłej za sfinansowanie budowy Domu Matki i Dziecka w Gnieźnie. Wielki wieniec przysyła Lech Wałęsa. Paulini dziękują za ufundowanie Golgoty na Jasnej Górze: „Pani Basiu, zapraszamy do siebie".

Nie ma znanych osób, o których lubiła mówić: przyjaciele. Jest Jerzy Borowczak.

Krótko po śmierci Basi Sławomir Pietras spotyka w Wiedniu Plácido Domingo. „Jak było na pogrzebie Barbary?" – zaciekawia się maestro. Niestety, Pietras nie może odpowiedzieć, ponieważ nie uczestniczył w uroczystości.

Radość w Sotheby's. Londyn, lipiec 2014

Pod koniec 2013 roku do Muzeum Narodowego w Poznaniu zgłasza się Magdalena Piasecka-Ludwin z prośbą o wydanie depozytu. Tintoretto i arrasy zostają załadowane do ciężarówek.

Aleksandra Sobocińska, rzeczniczka Muzeum Narodowego w Poznaniu:

– Nie było mowy o przedłużeniu depozytu. Miesiąc później dzieła wyjechały z Poznania. Nie mamy wiedzy, gdzie są teraz.

W maju 2014 roku ciężarówki wywożą obrazy z kaplicy Zmartwychwstania w Monako.

Ręce zacierają domy aukcyjne. „Trzy wyjątkowe rysunki z okresu włoskiego renesansu będzie można kupić w lipcu – zapowiadają w Sotheby's. – Przede wszystkim jedyny pozostający w prywatnych rękach szkic Botticellego *Święty Józef*. Dwa pozostałe, z pracowni Leonarda da Vinci, to białe kruki na rynku prywatnych kolekcjonerów".

Wrocławski antykwariat DAES zaczyna wyprzedawać drobne przedmioty codziennego użytku, które były w posiadaniu

Barbary. Na aukcjach we Wrocławiu i Warszawie można kupić krzesła, świeczniki, parawany, niewielkie szafki.

– Rodzina nie ma ich gdzie trzymać. Nie ma pomysłu, co z tym zrobić – mówi antykwariusz.

Spekuluje się, że nie sprzedane dzieła leżą w genewskich sejfach pod płytą lotniska. Tam Barbara przechowywała swoje dzieła lata temu, gdy w wyborach prezydenckich 1988 roku swą kandydaturę zgłosił gubernator Massachusetts Michael Dukakis, który chciał nałożyć bogaczom podatkowe cugle.

Milcząca Magdalena. Wrocław, 2014

Magdalena Piasecka-Ludwin zgadza się wypić kawę w Hotelu Tumskim. Przychodzi: wysoka, poważna, zamknięta w sobie.

Nie miała zamiaru osiedlać się w Ameryce, chociaż w Jasnej Polanie mieszkał z drugą żoną i przyrodnim bratem jej ojciec Grzegorz Piasecki. Długo też nie brała udziału w przedsięwzięciach ciotki. Swojego męża Jerzego poznała na studiach w latach siedemdziesiątych. Wspólnie uruchomili „prywatną inicjatywę". Produkowali ozdoby z kości, rogu i drewna, potem wyroby większego kalibru, w tym drewniane komplety łazienkowe. W 1988 roku założyli spółkę Integer, która była wydawnictwem, drukarnią, biurem konsultingowym, zanim zajęła się konserwacją zabytków. Integer starał się o zlecenia, niektóre obiekty kupował, zwłaszcza kiedy pomogła ciocia z Ameryki. Firma Magdaleny wyremontowała dziesiątki cennych dolnośląskich obiektów zabytkowych, między innymi Operę Wrocławską, Bibliotekę Ossolineum, ratusz w Środzie Śląskiej.

Ruiny trzynastowiecznego zamku w Kliczkowie razem z parkiem Magdalena z mężem kupili od gminy Osiecznica pod koniec lat dziewięćdziesiątych.

„Zakochaliśmy się w tym zamku od pierwszego wejrzenia. Nie mieliśmy gotowego pomysłu, co z nim zrobimy, najważniejsze było kupić i uratować od zniszczenia – mówi Magdalena.

Wymyślili centrum hotelowo-konferencyjne. W półtora roku przygotowali projekt odbudowy i biznesplan, żeby dostać kredyt w banku. Kilka lat czekali na decyzję. Przekonali bank solidnym, piątym z kolei biznesplanem i tym, że mieli firmę konserwatorską i znali się na zabytkach"[51].

W Kliczkowie oprócz hotelu są basen, stajnia i pole golfowe. Ludwinowie nadal inwestują. W 2007 roku uruchomili profesjonalne spa z ośmioma salami. Zainwestowali już ponad dwadzieścia pięć milionów złotych.

Firma Integer upadła, ale Kliczków jest dziś hotelem z dwustu dziewiętnastoma pokojami, ekskluzywnym spa, centrum hippicznym. Magazyn „National Geographic" nominował go do nagrody 7 Nowych Cudów Polski. Bywa w nim Jerzy Borowczak, który od czasu odwiedzin w Sobótce przyjaźni się z Jerzym i Magdaleną.

Jerzy Borowczak:

– Podziwiam pracę, którą włożyli w odnowę zabytku. Zapiera dech w piersiach gościom z zagranicy. Barbara, kiedy się zorientowała, była zachwycona siłą sprawczą Magdaleny.

Magdalena nie chce, by ktokolwiek wypowiadał się o cioci, więc nie będzie o niej rozmawiać. Pyta tylko, jakie moim zdaniem są palące problemy społeczne w Polsce. I jak ewentualnie można by je rozwiązać.

Dyskomfort Davida. Nowy Jork, październik 2015

David Margolick sprawdza: prócz kilku relatywnie niewielkich zapisów dla lojalnych bliskich spadkobierczynią Barbary jest amerykańska i polska fundacja jej imienia.

David Margolick wyraża zaniepokojenie:

– Chciałbym wiedzieć, co się stało z majątkiem, który ciężką pracą zdobyli amerykańscy obywatele. Czy te pieniądze przyniosą wreszcie coś dobrego?

Ale trudno o więcej informacji w tej sprawie, ponieważ polska fundacja nie odpowiada na maile i telefony. Nie udostępnia na swojej stronie internetowej sprawozdań merytorycznych. Anna Budzińska powtarza dziennikarzom, że nikt nie robi tyle dobrego dla dzieci z autyzmem co fundacja Piaseckiej Johnson. Ale bez zgody władz fundacji nie chce mówić o szczegółach. We władzach zasiadają bratankowie, zgody nie ma. O udostępnienie sprawozdań z działalności fundacji trzeba zatem wystąpić do Ministerstwa Kultury i Dziedzictwa Narodowego i czekać na decyzję urzędników.

Tak więc w 2015 roku fundacja dysponowała niemal dziesięcioma milionami złotych i wykazywała niewielkie straty. Majątkiem fundacji jest budynek na Malczewskiego, wynajmowany Instytutowi Wspomagania Rozwoju Dziecka, którym zarządza Anna Budzińska. Co roku wpływa dofinansowanie z zagranicy. W 2015 roku fundacja przekazała na pomoc statutową około ośmiuset tysięcy złotych.

Fundacja matka, The Barbara Piasecka Johnson Foundation, posiadała w 2014 roku dwadzieścia milionów dolarów. To ostatni dokument udostępniony na stronie amerykańskiego Economic Research Institute przez Christophera Piaseckiego, który jest jej prezesem.

W sprawozdaniu wyszczególnione są niektóre przedsięwzięcia dobroczynne.

Między innymi: kilka tysięcy dolarów dostaje czekający na operację chłopiec z Lublina, po dwadzieścia tysięcy dolarów rodzeństwo polskich muzyków z Filadelfii, dwa i pół tysiąca misja katolicka w Brazylii, kilka szkół i uniwersytet. Największe jednorazowe wsparcie w wysokości pięćdziesięciu tysięcy dolarów otrzymuje szkoła w Princeton.

David Margolick odwiedza Gdańsk po otwarciu ośrodka terapeutycznego na Malczewskiego.

– Miłe miejsce, ale to kropla jej majątku, warta połowę wartości dobrego obrazu z kolekcji – stwierdza.

Reporter zwraca uwagę, że fundacja Roberta Wooda Johnsona, brata Sewarda, jest czwartą największą fundacją w Ameryce. Seward i jego rodzina znów pozostali w cieniu.

Na Bujwida. Wrocław, wrzesień 2015

Na sprzedaż wystawiona jest willa w Sobótce, Wojciech Piasecki i jego wspólnik pragną sprzedać Torf Corporation Fabrykę Leków. Cichną rozmowy między Piasecką-Ludwin a zakonem paulinów, chociaż Golgota jest już gotowa i przeniesienie tam obiecanych przez Barbarę darów byłoby możliwe. Jeszcze niedawno mówiono o przekazaniu do Golgoty trzech zabytków kupionych przez Barbarę specjalnie do tego miejsca. To mensa ołtarzowa z przełomu XIV i XV wieku, krucyfiks i tabernakulum. Rodzina zgodziła się udostępnić zbiory do mierzenia, żeby potem dało się zamontować je w kaplicy. I na tym się skończyło. Aleksander Broda, były wojewódzki konserwator zabytków, który koordynował prace nad renowacją klasztoru, nie wie, gdzie te zabytki są teraz.

Do grobu Barbary Piaseckiej Johnson w czwartym kwartale wrocławskiego cmentarza prowadzi mnie pan Janek, złota rączka, opiekun toalety przy budynku administracji. Zna każdą piędź na Bujwida i w drodze narzeka na stada wron, które żerują na drzewach nad cmentarzem. Odchody, tłumaczy, gdy spadną z nieba, zżerają nawierzchnię płyt nagrobnych. Dlatego akurat tutaj właściciel nagrobka musi często sprzątać. W przeciwnym razie – tak jak u Barbary – litery z nagrobka odpadają i powierzchnia robi się nieładna, nawet jeśli nagrobek wykonano z marmuru.

Pani Hanna, która prowadzi pod cmentarzem sprzedaż płyt nagrobnych i pogrzebowych utensyliów, radzi, żeby litery porządnie przykręcić do grobu, wtedy nie będą odpadały. Jeśli są przyczepione na klej, tak jak u pani Barbary, nie ma siły na wrony.

Administrator cmentarza słyszy jeszcze przed pogrzebem, że lokalizacja grobu Barbary jest tymczasowa. Docelowo pani Barbara będzie leżeć w Częstochowie. Ale nikt się jeszcze po nią nie zgłosił.

PODZIĘKOWANIA

Anicie Karwowskiej za ciepło, serdeczność i dziennikarski profesjonalizm.

Uczynnym nowojorczykom: Magdzie Rittenhouse, Izie Barry, Sheili Skaff, Katushy Lamysere, Mietko Rudkowi i Alkowi Korabowi. Dzięki Wam łatwiej było mi okiełznać miasto. Alek swoim spokojem mógłby obdzielić legion.

Princetończykom: Kindze i Piotrowi Kamińskim oraz Joasi i Jurkowi Grunom. W 2013 roku dokonali niemożliwego.

Piotrowi Piwowarczykowi i Frankowi Carlowi, którzy w 2015 roku zabrali mnie do klubu golfowego Jasna Polana wysłużonym pick-upem, wywołując poruszenie wśród pracowników. Dzięki Piotrowi poznałam ważną dla tej historii osobę.

Joannie Kranc, Kynie Leski, Danielowi Lisowi, Grażynie Lubińskiej, Ninie i Natalie Zmelonek-Mulligan, Krzysztofowi Kasprzykowi, Piotrowi Niemczykowi, Piotrowi Siemionowi, Jackowi Krawczykowi, Richardowi Rodzińskiemu, Czesławowi Czaplińskiemu. Dzięki Waszej pomocy i uwagom w książce jest więcej faktów i mniej błędów, niż mogłoby być.

Kazimierzowi, Stanisławowi i Cezaremu Łazarewiczom. Wiedzą za co.

Moim Rodzicom. Za wszystko.

KALENDARIUM

1845 – Na świat przychodzi Robert Johnson, środkowe z jedenaściorga dzieci Sylvestra i Luisy Johnsonów, hodowców owiec w Pensylwanii. Zostanie aptekarzem.

1886 – Bracia Robert, James i Mead Johnsonowie zakładają w New Brunswick spółkę farmaceutyczną.

1893 – Na świat przychodzi Robert Wood Johnson, zwany później Generałem.

1895 – Na świat przychodzi Seward Johnson.

1924 – Seward żeni się z Ruth Dill. Państwu Johnsonom urodzi się czwórka dzieci: Mary Lea, Seward junior, Elaine i Diana. Rozwiodą się w 1937 roku.

1937 – Barbara Piasecka przychodzi na świat w Staniewiczach, obecnie Białoruś. Po zakończeniu wojny rodzina przeniesie się do Wrocławia.

1939 – Seward żeni się z Esther Underwood. Państwu Johnsonom rodzi się dwójka dzieci: James i Jennifer. Rozwiodą się w 1971 roku.

1944 – Generał przekształca firmę Johnson & Johnson w spółkę giełdową. Akcje szybują.

1966 – Barbara odbiera dyplom magisterski na Wydziale Historii Sztuki Uniwersytetu Wrocławskiego.

1967 – Barbara wyjeżdża z Polski. Zatrzymuje się w Rzymie. Rok później wyląduje w Stanach Zjednoczonych. Jesienią zostanie przedstawiona Esther i Sewardowi Johnsonom mieszkającym w Oldwick, NJ.

1968 – Umiera brat Sewarda Robert Wood Johnson, Generał.

1971 – Barbara i Seward pobierają się w Skillman, NJ.

1972 – Początek budowy rezydencji Jasna Polana pod Princeton, NJ.

1974 – The Barbara Piasecka Johnson Foundation zostaje zarejestrowana.

1983 – Seward Johnson umiera na Florydzie. Sześcioro dzieci Sewarda postanawia podważyć testament ojca.

1986 – Sąd spadkowy ogłasza ugodę między dziećmi Sewarda a wdową Barbarą Piasecką Johnson.

1989 – Początek negocjacji w sprawie wykupienia przez Barbarę stoczni w Gdańsku oraz jej inwestycji w produkcję preparatu torfowego profesora Stanisława Tołpy.

1990 – Otwarcie *Opus sacrum* – wystawy obrazów z kolekcji Barbary Piaseckiej Johnson – na Zamku Królewskim w Warszawie.

1996 – Przekształcenie rezydencji Jasna Polana w ekskluzywny klub golfowy. Barbara przenosi się do księstwa Monako, a potem do Asyżu.

1999 – Barbara poznaje Arama Rybickiego. Zaczyna systematycznie wspierać terapię osób z autyzmem w Polsce. W 2006 roku powstanie wspomagana przez Barbarę Fundacja – Instytut Wspierania Rozwoju Dziecka. W 2010 roku zostanie otwarte przedszkole dla dzieci autystycznych w Gdańsku. Następnie ośrodek szkoleniowy i badawczy.

2013 – Barbara Piasecka Johnson umiera w Sobótce pod Wrocławiem.

PRZYPISY

1 Barbara Goldsmith, *Fortuna Johnsonów*, tłum. Danuta Talma, Rzeszów 1992.

2 Tamże.

3 Tamże.

4 Za: Marcin Zaremba, *Wielka trwoga. Polska 1944–1947. Ludowa reakcja na kryzys*, Kraków 2012.

5 Tamże.

6 David Margolick, *Undue Influence. The Epic Battle for the Johnson & Johnson Fortune*, New York 1993.

7 List Sewarda juniora do Eveline, żony Roberta Wooda Johnsona.

8 Barbara Goldsmith, *Fortuna Johnsonów*, dz. cyt.

9 Za: Susan Moore, *The ideological modernist*, „Apollo Magazine Ltd.", 1.06.2011.

10 David Margolick, *Undue Influence*, dz. cyt.

11 List Sewarda juniora do ojca, luty 1978 roku.

12 Jerry Oppenheimer, *Crazy Rich. Power, Scandal, and Tragedy Inside the Johnson & Johnson Dynasty*, New York 2014.

13 Barbara Goldsmith, *Johnson v. Johnson*, New York 1989.

14 Kirk Douglas, *Syn śmieciarza. Autobiografia*, tłum. Maria Zborowska, Warszawa 1991.

15 Barbara Goldsmith, *Johnson v. Johnson*, dz. cyt.

16 Za: www.elsa.berkeley.edu.

17 Wypowiedzi dzieci Sewarda i Martina Richardsa za: Barbara Goldsmith, *Johnson v. Johnson*, dz. cyt.

18 Tamże.

19 Jerry Oppenheimer, *Crazy Rich*, dz. cyt.

20 Richard Conniff, *The Natural History of the Rich. A Field Guide*, London 2003.

21 Barbara Goldsmith, *Fortuna Johnsonów*, dz. cyt.

22 David Margolick, *Undue Influence*, dz. cyt.

23 Barbara Goldsmith, *Fortuna Johnsonów*, dz. cyt.

24 David Margolick, *Undue Influence*, dz. cyt.

25 Szczegółowy opis prac budowlanych w Jasnej Polanie podaje David Margolick.

26 David Margolick, *Undue Influence*, dz. cyt.

27 Tamże.

28 Barbara Goldsmith, *Johnson v. Johnson*, dz. cyt.

29 Więcej o losie sióstr Lilpop można przeczytać we wspomnieniach Haliny Rodzińskiej (*Nasze wspólne życie*, Warszawa 1980) i Felicji Krance (*Powroty*, Warszawa 2013). O Felicji znakomity tekst napisała Magdalena Grochowska *Dwie miłości panny Lilpop*, „Wysokie Obcasy", 13.12.2014.

30 Izabella Cywińska, w: Jan Stanisław Skorupski, *Polski czyściec*, Poznań 1992.

31 Barbara Goldsmith, *Fortuna Johnsonów*, dz. cyt.

32 Tamże.

33 Tamże.

34 Z akt sprawy.

35 Barbara Goldsmith, *Fortuna Johnsonów*, dz. cyt.

36 Tamże.

37 Z akt sprawy.

38 Tamże.

39 Na podstawie akt sprawy.

40 Zygmunt Hertz, *Listy do Czesława Miłosza 1952–1979*, wybór i oprac. Renata Gorczyńska, Paryż 1992.

41 David Margolick, *Undue Influence*, dz. cyt.

42 *Nie miałam pieniędzy, tylko katar*, Joanna Szczęsna rozmawia z Barbarą Toruńczyk, „Gazeta Wyborcza", 4.12.2002.

43 *www.lechmajewski.art.pl.*

44 Piotr Miączyński, Leszek Kostrzewski, *Odchodzi cesarz polskiego konsultingu*, „Gazeta Wyborcza", 18.11.2013.

45 Informacje o początkach kariery preparatu Tołpy zaczerpnęłam m.in. z następujących źródeł: Aneta Augustyn, *Jak to z torfem było*, „Gazeta Wyborcza", Wrocław, 13.10.2000; reportaż telewizyjny *Burza w szklance torfu*, TVP Wrocław, 20.10.2000; strona Wydziału Przyrodniczo-Technicznego Uniwersytetu Przyrodniczego we Wrocławiu http://www.wpt.up.wroc.pl.

46 Elżbieta Podolska, *Poznań straci obraz Tintoretta*, „Głos Wielkopolski", 6.04.2013.

47 O historii Księgi Głubczyckiej, jej znaczeniu i próbach odzyskania pisał Włodzimierz Kalicki w cyklu artykułów od marca do lipca 2002 roku. Najważniejszy z nich to *Księga nad księgami*, „Gazeta Wyborcza", 9.03.2002.

48 Za: David Margolick, *Maid in Heaven*, „Town & Country", February 2015.

49 *Born Rich*, reż. Jamie Johnson, 2003.

50 Tłum. Jacek Dehnel.

51 Longina Grzegórska-Szpyt, *Panie, kup pan zamek*, „Newsweek", 15.08.2010.

BIBLIOGRAFIA

Książki

Bernstein Peter W., *All the Money in the World*, New York 2007

Biuletyn Instytutu Józefa Piłsudskiego w Ameryce, marzec 1990

Conniff Richard, *The Natural History of the Rich. A Field Guide*, London 2003

Douglas Kirk, *Syn śmieciarza. Autobiografia*, tłum. Maria Zborowska, Warszawa 1991

Dudek Antoni, *Historia polityczna Polski*, Kraków 2007

Foster Lawrence G., *Robert Wood Johnson. Credo. A living Legacy*, Pennsylvania 2008

Goldsmith Barbara, *Fortuna Johnsonów*, tłum. Danuta Talma, Rzeszów 1992

Grabski Józef (red.), *Opus Sacrum. Wystawa ze zbiorów Barbary Piaseckiej Johnson*, Warszawa 1990

Guze Justyna (red.), *Mistrzowie rysunku. Dzieła z kolekcji Barbary Piaseckiej Johnson*, Warszawa 2010

Hertz Zygmunt, *Listy do Czesława Miłosza 1952–1979*, wybór i oprac. Renata Gorczyńska, Paryż 1992

Johnson Jazz, Wittenborn Dirk, *The Social Climber's Bible*, New York 2015

Judycka Agata, Judycki Zbigniew, *Polonia. Słownik biograficzny*, Warszawa 2000

Margolick David, *Undue Influence. The Epic Battle for the Johnson & Johnson Fortune*, New York 1993

Nielsen Waldemar A., *Inside American Philantrophy*, Oklahoma 1996

Oppenheimer Jerry, *Crazy Rich. Power, Scandal, and Tragedy Inside the Johnson & Johnson Dynasty*, New York 2013
Watoła Judyta, Kortko Dariusz, *Religa*, Warszawa 2015
Wittenborn Dirk, *Fierce People*, New York 2002
Wyszyński Hieronim T., *Historia jednego życia*, Warszawa 2006
Zabel William D., *The Rich Die Richer and You Can Too*, New York 1995
Zaremba Marcin, *Wielka trwoga. Polska 1944–1947. Ludowa reakcja na kryzys*, Kraków 2012
Zelizer Vivianna, *The Purchase of Intimacy*, Princeton 2005

Ważniejsze artykuły prasowe

David Margolick, *A Famous Fortune Entagles Family in a Bitter Fight Over Bequest*, „The New York Times", 18.06.1985
Frank J. Prial, *Jury Being Picked to Decide Who Owns Johnson Fortunes*, „The New York Times", 17.02.1986
Frank J. Prial, *Battle Court Starts Over Will of Johnson Heir*, „The New York Times", 28.02.1986
Frank J. Prial, *Johnson Called Alert at Will Signing*, „The New York Times", 1.03.1986
Johnson's Widow Loses Jersey Suit, „The New York Times", 8.03.1986
Frank J. Prial, *Battle over Johnson Estate Going into 2d Week in Court*, „The New York Times", 10.03.1986
Frank J. Prial, *Masseur Says Johnson Heir Was Alert in His Last Days*, „The New York Times", 13.03.1986
Paula Span, *Nina Zagat and a $500 Million Battle of Wills*, „The Washington Post", 13.03.1986
Frank J. Prial, *Nurse in Johnson – Will Case Testifies He Appeared Alert*, „The New York Times", 24.03.1986
Frank J. Prial, *Johnson's Wife Mistreated Him, A Former Maid Asserts in Court*, „The New York Times", 30.03.1986
Frank J. Prial, *Witness Offers a Grim Picture in Johnson Trial*, „The New York Times", 10.04.1986

Frank J. Prial, *Witness Tells How Mrs. Johnson Disposed of Prenuptial Agreement*, „The New York Times", 11.04.1986

Kirk Johnson, *Security Aide Tells Court Johnson Feared Wife Might Try to Kill Him*, „The New York Times", 12.04.1986

Frank J. Prial, *Estate Workers Break up Trial in Johnson Suit*, „The New York Times", 17.04.1986

Frank J. Prial, *Reporter's Notebook. At Johnson Trial, Glimpses of the Rich*, „The New York Times", 27.04.1986

Gene I. Maeroff, *Eldest Johnson Son Tells of Talk with His Father*, „The New York Times", 16.05.1986

Gene I. Maeroff, *Witnesses for Mrs. Johnson Say Couple Were Affectionate*, „The New York Times", 11.05.1986

Gene I. Maeroff, *Johnson Feared a Kidnapping Aide Tells Jury*, „The New York Times", 13.05.1986

Frank J. Prial, *Reporter's Notebook. Painted Grass and Lear at the Johnson Will Trial*, „The New York Times", 19.05.1986

Christin McMurran, *The Band-Aid Heir Left All He Owned to His Widow, but His Children Claim It Was Just Seward's Folly*, „The People", 26.05.1986

Frank J. Prial, *Accord Eludes Lawyers in Johnson Estate Case*, „The New York Times", 2.06.1986

Barbara Goldsmith, *Dark Inheritance*, „Vanity Fair", October 1986

Elżbieta Cichocka, *Kolejny milion dolarów*, „Gazeta Wyborcza", 10.05.1989

Henryk Jezierski, *Ratunek dla Lenina*, „Polityka", 17.06.1989

David Margolick, *Lech's American Angel*, „The New York Times", 8.10.1989

Andrzej Mozołowski, *Burza w szklance Tołpy*, „Polityka", 17.03.1990

Jerzy Baczyński, *Bóg stworzył mnie Polką*, „Polityka" 1990, nr 14

Irena Markiewicz, *Kopciuszek przed sądem*, „Super Express", 9.10.1992

Anna Bikont, Piotr Bikont, *Daję, więc mam*, „Gazeta Wyborcza", 10.09.1993

Mariusz Urbanek, *Kopciuszek z Jasnej Polany*, „Polityka" 1994, nr 19

Fairways In Paradise, „The Inquirer", 7.07.1996

Spór o zamek, „Super Express", 26.09.1997

Aneta Augustyn, *Jak to z torfem było*, „Gazeta Wyborcza", 13.10.2000

Dominika Wielowieyska, *Pracy nam tu nie zabraknie*, „Gazeta Wyborcza", 8.12.2001
Włodzimierz Kalicki, *Księga nad księgami*, „Gazeta Wyborcza", 9.03.2002
J.D. Reed, *Seward's Follies*, „The New York Times", 30.06.2002
Magdalena Grzebałkowska, Dorota Karaś, *Księga jak dom*, „Gazeta Wyborcza", 22.07.2002
Maciej Piotrowski, *Tajemnice Barbary Piaseckiej Johnson*, „Życie", 18.10.2002
Nie miałam pieniędzy, tylko katar, Joanna Szczęsna rozmawia z Barbarą Toruńczyk, „Gazeta Wyborcza", 4.12.2002
Robert Moreń, *Basiu, daj!*, „Polityka", 21–28.12.2002
Liliana Śnieg-Czaplewska, *Tak naprawdę mieszkam w marzeniach*, „Viva" 2003, nr 3
Campbell Robertson, *Boldface Names*, „The New York Times", 30.07.2003
Aneta Augustyn, *Nie chciał wołgi z Gruszką*, „Gazeta Wyborcza", 12.11.2004
Susan Warner, *The Family Behind the Company*, „The New York Times", 10.04.2005
Bogdan Wróblewski, *Afera FOZZ raz jeszcze*, „Gazeta Wyborcza", 18.08.2005
Katarzyna Włodkowska, *Dar dla milionerki*, „Gazeta Wyborcza", 28.06.2007
George Gurley, *Fierce People*, Observer.com, 20.08.2007
Longina Grzegórska-Szpyt, *Panie, kup pan zamek*, „Newsweek", 15.08.2010
Elżbieta Podolska, *Poznań straci obraz Tintoretta*, „Głos Wielkopolski", 6.04.2013
Joanna Solska, *Zmienne koleje losu Barbary Piaseckiej Johnson*, „Polityka", 10–16.04.2013
Rafał Kalukin, *O tym, jak Barbara Piasecka Johnson stoczni nie kupiła*, „Newsweek", 13.04.2013
Joanna Kuciel Frydryszak, *Elizabeth Wittlin-Lipton: Zasady na czas wojny i pokoju*, „Wysokie Obcasy Extra", 22.08.2013
Piotr Miączyński, Leszek Kostrzewski, *Odchodzi cesarz polskiego konsultingu*, „Gazeta Wyborcza", 18.11.2013

The Museum of the Visitation Chapel Removal of the Barbara Piasecka Johnson Collection, Portail Officiel du Gouvernement Princier – Monaco, 28.04.2014
Aneta Augustyn, *Eliksir profesora Tołpy*, „Gazeta Wyborcza", 16.06.2014
Adam Zadworny, *Oceaniczni uciekinierzy*, „Gazeta Wyborcza", 8.09.2014
David Margolick, *Maid in Heaven*, „Town & Country", February 2015
Aneta Augustyn, *Akta W. Preparat Tołpy, czyli torf, który miał leczyć raka*, „Gazeta Wyborcza", 3.04.2015
Alina Treptow, *Tołpa nęci inwestorów*, „Puls Biznesu", 25.09.2016

Filmy

Born Rich, reż. Jamie Johnson (2003)
Fierce People, reż. Griffin Dunne (2005)
One Percent, reż. Jamie Johnson (2006)

Strony internetowe

www. sothebys.com
www.kilmerhouse.com
www.thedailybeast.com
www.wpt.up.wroc.pl

SPIS ILUSTRACJI

s. 147 – *John H. Evans Library Digital Collections*, dostęp: 25.01.2017 r., https://digcollections.lib.fit.edu/items/show/113

s. 163 – © NY Daily News via Getty Images

s. 186, 189, 202, 205, 207, 211 – CC BY Image courtesy of The Courtroom Sketches of Ida Libby Dengrove, University of Virginia Law Library; Johnson v. Johnson Trial, Sketches: 4507, 4508, 4908, 4798, 4842, 4839

s. 217 – © Yvonne Hemsey / Hulton Archive / Getty Images

s. 284 – fot. Wojtek Laski / East News

s. 298 – fot. Adam Hawałej / CAF / PAP

s. 307 – fot. Stanisław Jakubowski / PAP

s. 326 – fot. Jacek Turczyk / PAP

s. 328 – fot. Tomasz Kamiński / Agencja Gazeta

s. 331 – SGP / BEW Photo

s. 349 – Alamy / BEW Photo

s. 355 – fot. Roman Jocher / PAP

SPIS TREŚCI

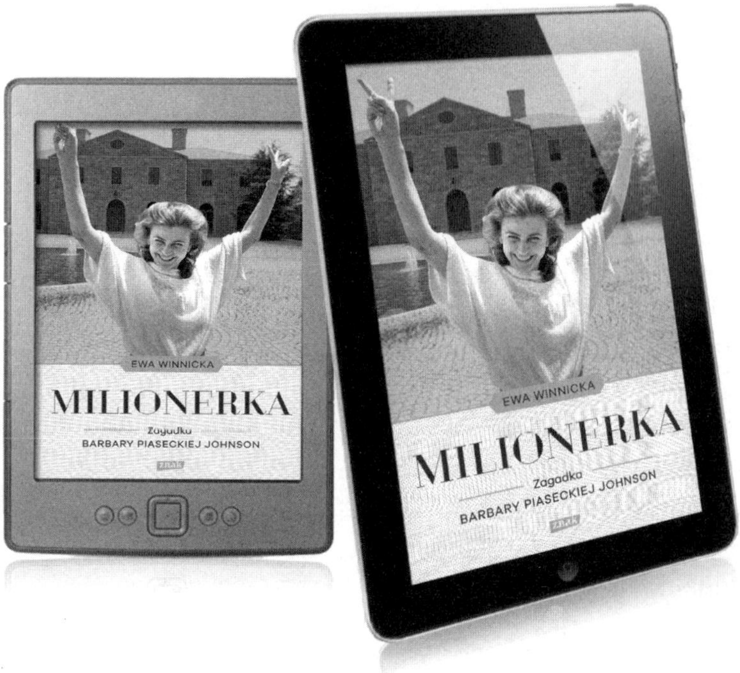
EWA WINNICKA
MILIONERKA
Zagadka
BARBARY PIASECKIEJ JOHNSON